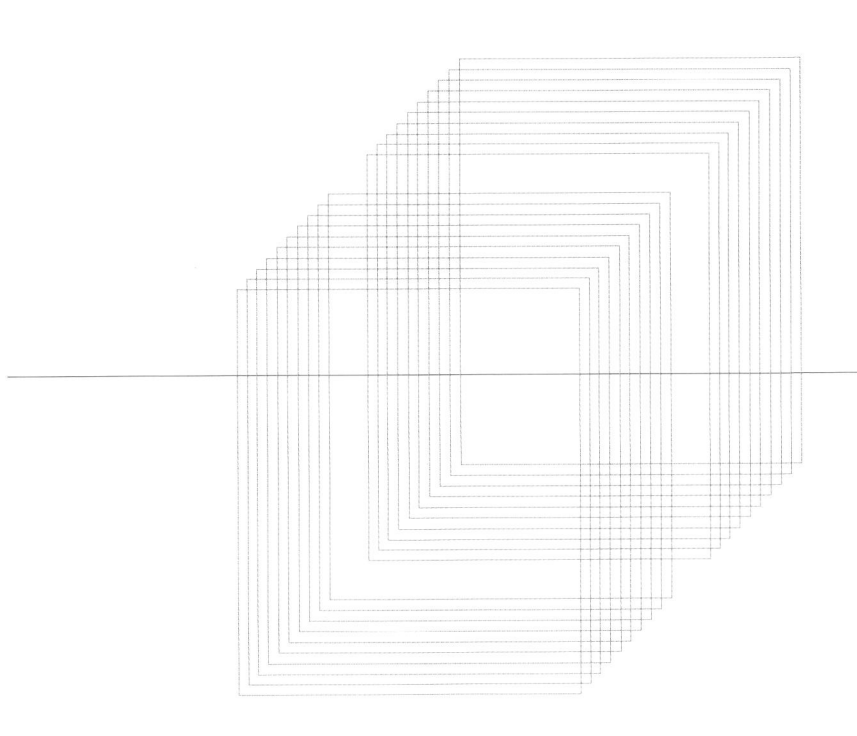

"法与新科技"论丛

链上正义

Justice on Chain

A Chinese Solution to Blockchain Justice

区块链司法的中国方案

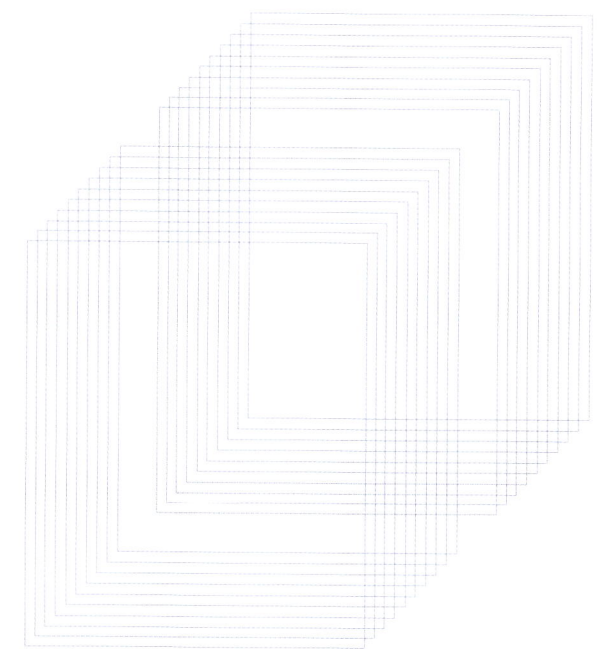

马明亮 李伟 著

社会科学文献出版社
SOCIAL SCIENCES ACADEMIC PRESS (CHINA)

程序正义理论一直在路上

代序

如何实现程序正义？纵观历史，不同时代给出了不同的答案，这取决于当时人们可用的技术和他们的信仰体系。自20世纪90年代以来，互联网不断地改变着世界经济体系和人类组织社会合作的能力。这对程序正义理论影响甚巨。法学教授马明亮与技术专家李伟博士合著的《链上正义：区块链司法的中国方案》，便对数字时代程序正义理论的变迁作了初步解读，探讨了基于区块链司法的分布式正义理论。

该著作以生产力为视角将司法范式分为线下司法与线上司法，而线上司法基于不同的底层技术又分为传统互联网司法与区块链司法。这三种司法形态适用不同的程序正义评价体系：基于线下司法的传统正当程序理论；基于互联网司法的技术性正当程序理论；基于区块链司法的分布式正义理论。

概括地讲，传统正当程序理论强调裁判者的独立、中立、公开、参与等核心要素，力图通过为诉讼程序设置标准来实现程序的正当化；而在数字时代，算法主导、自动决策的智能司法则侵蚀了传统正当程序所推崇的有效参与、公开透明等正当程序要素。不仅如此，智能司法所附带的算法黑箱及问责问题，传统正当程序理论对此也无能为力。在此背景下，算法正当程序、数字正当程序等概念频频出现，技术正当程序理论应运而生。其要义在于，如何提高自动化决策系统中所嵌入规则的透明性、问责制和准确性问题。

本书认为，广义的看，通过区块链技术赋能的互联网司法机制都可以纳入分布式司法的范畴，即区块链司法。它是一种去中心化的司法模式，即司法权运行由集中式走向分布式，体现了司法权的下放与分散，相应的理论可以称为分布式正义理论。该理论可以视为对技术性正当程序的补充与发展，追求更高水平、更广泛的数字正义。虽然作者未能于本书中构建出分布式正义理论的全景，但其结合区块链司法这一样态，讨论了分布式正义的内涵及其评价要素，指出分布式正义不仅意味着司法权的分散式运行，更包含司法的可信与协作精神。其正义性的评价要素包括技术、法律与社会价值三个维度。这些学术论断对刑事司法制度在数字时代如何改革与完善有着重要的启示意义。

本书作者马明亮，北京大学法学院硕士研究生毕业之后，开始跟随我研习刑事诉讼法学。读博期间，他就对程序正义理论产生了浓厚的兴趣并产出了系列作品，其中，《中外法学》2004年第1期长达27000字的论文《正义的妥协：协商性司法在中国的兴起》率先提出了协商性司法这一极具创新性的概念，并初步讨论了隐含其中的协商性程序正义理论。在此基础上，马明亮完成了博士论文《协商性司法：一种新程序主义理念》并顺利通过答辩。其中的很多理念与主张对我国后续的认罪认罚从宽制度试点与立法确立均具有借鉴意义。毕业至今，他一直执教于中国人民公安大学。期间，他不断思考如何将刑事诉讼法学理论与公安执法实践相结合，探索程序正义理论研究的新路径与新思维，发表于《政法论坛》的文章《非法证据排除规则与警察自由裁量权》便是其中的代表作之一。近年来，随着数字技术不断融入司法领域并带来了系列挑战，他开始关注数字司法的实践问题与背后的理论变迁，本书便是其探索道路上的一次大胆尝试。希望马明亮一直拥有"探索未知的学术好奇心"，在数字程序正义领域产出更多作品，为中国数字司法的理论与实践贡献力量。

北京大学法学院教授　长江学者
陈瑞华
癸卯年八月

迈向更高层次的数字正义：当互联网司法遇见区块链

自序

在社会的逐步数字化态势下，"技术+"的理念与实践无不深刻影响其至重塑着传统的司法生态。传统司法机制与实践探索之间的错位掀起了"信息技术+法律制度"的研究浪潮，区块链司法当属其中浓墨重彩的一笔。

直观而言，区块链技术是以一种通过去中心化、去信任的方式，来集体维护一个可靠数据库的方案。其肇始于以中本聪为化名的学者在2008年11月发表的论文《比特币：一种点对点式的电子现金系统》之中。论文首次提出了比特币这一去中心化加密货币的概念，区块链则是其底层支撑技术。随着比特币的进一步发展，区块链的技术优势凸显，逐渐脱离比特币成为一种应用更加广泛的技术。

从技术特点来看，区块链不仅是一项技术革新，其在其他领域的深度应用还意味着治理的变革：有望发展成为实现价值互联的全新信息化基础设施，从而重构社会信任格局。这将引发行业变革并催生新业态，其所带来的对信任方式和协作机制的变革，被公认为将在众多场景中产生颠覆性影响力。由此，区块链技术被誉为继蒸汽机、电力、信息和互联网科技之后，目前最具潜力、可触发第五轮颠覆性革命浪潮的技术。科技界普遍认为，与人工智能等信息技术的结合，使区块链技术具备了五大特性与功能：基于密码技术的抵御攻击性的安全功能；基于不可篡改性、信息透明性的可信功能；基于全程可追溯性的可审计、监督功能；基于区块链智能合约的高度自动化功能；基于区块链+隐私计算的数据安全与隐私保护功能。

区块链行业可分为两大领域：链圈与币圈。"链圈"主要是围绕区块链的底层技术开发、应用场景落地等话题展开，关注区块链作为一种技术和生态对未来的影响和颠覆。"币圈"则围绕各种数字代币、虚拟代币、加密货币展开讨论，关注的是代币的升值还是贬值，加仓还是减仓，重仓还是清仓。目前，国家对两者的态度大相径庭，对"币圈"包括虚拟货币在内的数字资产交易问题秉承严控的立场。比如，鉴于虚拟货币交易炒作活动会扰乱经济金融秩序，滋生赌博、非法集资、诈骗、传销、洗钱等违法犯罪活动，严重危害人民群众财产安全，2021年9月24日中国人民银行等十部门发布了《关于进一步防范和处置虚拟货币交易炒作风险的通知》，明确境外虚拟货币交易所通过互联网向我国境内居民提供服务属于非法金融活动，金融机构和非银行支付机构不得为虚拟货币相关业务活动提供服务。2022年9月2日全国人民代表大会常务委员会通过的《中华人民共和国反电信网络诈骗法》第25条则明确规定，严禁任何单位和个人帮助他人通过虚拟货币交易等方式洗钱。鉴于涉及元宇宙等"新型投资方式"的犯罪行为层出不穷，中国银保监会处置非法集资部际联席会议办公室于2022年2月18日发布了《关于防范以"元宇宙"名义进行非法集资的风险提示》，重点针对以"元宇宙"为名目开展的涉嫌非法集资、诈骗等违法犯罪活动的手法和风险予以提示。2022年4月13日，中国互联网金融协会、中国银行业协会、中国证券业协会联合发布《关于防范NFT相关金融风险的倡议》，要求坚决遏制NFT（Non-Fungible Token，指非同质化代币）金融化证券化倾向，从严防范非法金融活动风险。

对区块链技术应用，我国在政策层面则大力扶持。在国家《"十四五"规划纲要》的"加快数字发展，建设数字中国"篇章中，区块链被列为"十四五"七大数字经济重点产业之一，成为发展数字经济和建设数字中国的重要载体。近年来，随着政策红利的持续释放，我国区块链技术应用和产业生态加速演进，区块链与实体经济加速融合，有力支撑了国家重大战略，应用边界不断扩展，在智慧农业、司法存证、疫情防控、数字政府等关键领域以及实现"碳达峰、碳中和"等国家重大战略方面的价值不断体现，为各行业数字化转型提供了新的驱动力。

数字法院、数字检察与数字公安的兴起，预示着基于互联网技术的智能司法时代悄然将至。如同"达摩克利斯之剑"的传统互联网技术在实现输出高效、便捷功能的同时，也自带技术性隐患，实践中呈现出三方面问题。（1）数字技术的自动化隐患问题。数字技术所带来的司法自动化，在提高司法效率、节省司法成本的同时，也在弱化诉讼的对抗性，降低了诉讼过程中的司法审查效能，个人的诉讼权利保障受到挤压。（2）"跑"在互联网上的数据信息可信性问题。例如，基于人工智能的大数据挖掘使司法机关取证能力呈现指数级增长，但这同时也带来涉案信息被技术性编辑或伪造的可能，进而引发数字时代的司法信任危机。（3）互联网技术背景下的数据安全问题。

不同的司法部门、第三方机构之间出于信息被泄露、篡改等安全隐忧，易滋生"信息孤岛"、"数据壁垒"等现象，这极大阻碍了实践中司法大数据生态体系的形成。

而区块链技术可以通过共识算法、智能合约、治理、跨链、隐私计算等实现"可信协作"，从而解决信息交换与共享中的信任和安全问题。由此，区块链的四大核心技术（分布式账本技术、共识机制、智能合约及密码学技术）及其带来的技术优势，可以有效缓解前述隐患，弥补互联网司法的技术性短板，填补数字司法的空白。

鉴于此，司法实践中，区块链技术与互联网司法系统结合的深度与广度不断拓展，在线诉讼的兴起与普及又使其"百尺竿头，更进一步"。自2017年以来，我国司法实务部门已经在多个领域探索区块链技术的融入问题，区块链司法的谱系逐渐完备：如"司法存证"链，"司法鉴定"链，"司法公证"链，"仲裁"链，增强诉前调解协议约束力和执行力的"司法链智能合约"，地方司法厅局的"区块链法律服务"链等。除了法院、司法行政机关推动之外，企业与研究机构也在探索应用场景，比如中国商业联合会于2021年发布了《区块链电子合同流程规范》。其中，具有里程碑意义的规范是最高人民法院2021年8月1日施行的《人民法院在线诉讼规则》，其首次规定了区块链存证的效力范围，明确了区块链存储的数据上链后推定未经篡改的效力；同时确立了区块链存储数据上链后以及上链前的真实性审核规则。自此，区块链证据及其规则体系初步形成。当然，适用的案件范围也不限于民事、行政诉讼案件，也包括刑事速裁程序案件，减刑、假释案件以及因其他特殊原因不宜线下审理的刑事案件。这不仅意味着区块链技术与诉讼规则的融合，更是进一步拓展了区块链司法模式的发展道路。最高人民法院2022年5月23日发布的《关于加强区块链司法应用的意见》明确了总体目标与技术路线图；12月9日又发布了《最高人民法院关于规范和加强人工智能司法应用的意见》，明确指出要加快推进司法数据库、数据服务平台、司法知识库、人工智能引擎、知识服务平台和司法区块链平台等系统的建设和集成。

无独有偶，最高人民检察院在《法治信息化工程深化设计方案（2022-2025年）》中，针对作为支撑平台的区块链，明确了检察机关将探索如下应用场景：基于区块链的防篡改功能，用于公益诉讼的取证与存证；基于区块链+隐私计算，实现司法机关之间的数据共享；基于智能合约的电子换押，保障链上、链下信息的一致性；适用于涉案企业合规信息化平台，解决众多主体之间所交互数据的完整性与一致性；基于区块链的互联网阅卷等等。

在区块链赋能预警方面，2021年7月，中共中央办公厅、国务院办公厅印发了《关于依法从严打击证券违法活动的意见》，指出要丰富证券执法手段，有效运用大数据、人工智能、区块链等技术，建立证券期货市场监测预警体系，构建以科技为支撑的现代化监管执法新模式，提高监管执法效能，加强对严重违法隐患的排查预警，做到有效预防、及时发现、精准打击。

在此背景下，笔者与李伟工程师合著此书，算是对区块链司法应用的中国方案做一个梳理与初步的研讨，旨在抛砖引玉并推动区块链司法的发展。本书有四个特点。

一是技术与法律的有机融合。本书由法学博士与工学博士协力而成，作者写作期间的反复讨论，实为司法原理与区块链技术原理的碰撞过程、法律规则与技术规则的融合过程。区块链司法塑造的互"链"生态，既涉及诉讼程序、证据制度，又涉及区块链的行业与技术标准，讲究技术与法律的良性互动，区块链司法版图在"自创生"中逐渐完善。

二是此书属于领域法学的作品。近年来，领域法学作为一种新兴的法学研究范式，受到法学理论界的持续关注，它具有突破学科壁垒，淡化部门立法色彩，有效解决新兴社会问题等功能。本书研究内容涵盖区块链技术的基本原理、区块链司法的基本理论体系两个维度。前者包括区块链的内部结构与外部技术优势、区块链技术的历史演进与当代预测；后者包括区块链司法的概念、区块链司法的生发背景、区块链司法的特征与价值、区块链司法的类型、区块链司法的正义理论、"链上正义"的评价要素等内容。

三是此书立足于数字技术与法治的双重前沿问题。根据维基百科的定义，Web3.0是结合了去中心化和代币经济学等概念，基于区块链技术的全新互联网迭代方向。Web3.0的愿景是让每位互联网的使用者都能掌握自己的数字身份、资产和数据，进而在网络时代掌握自己的命运。随着区块链、数字资产等行业的发展，以区块链为底层架构的web3.0时代渐行渐进。2023年4月11日，香港Web 3.0协会正式成立，该协会作为跨业界和非牟利的机构，旨在响应国家和香港特区政府的号召，促进香港数码新世界Web 3.0"第三代互联网"生态环境的建设。香港特区行政长官李家超出席成立仪式时表示，Web 3.0的发展正值黄金起点，这项颠覆性的技术能改变许多原有的商业运作模式，同时创造更多新的机遇。从法律的视角来看，区块链司法是Web 3.0技术的法治应用场景，它在数字法治体系中的地位也将日益凸显。

四是此书致力于"让区块链技术研发人员与司法界人士都能看懂且有收获"。作为一部法律与技术结合的跨界作品，鉴于法律人与技术人员知识结构的差异，本书容易陷入"两头不讨好"的窘境。为避免此尴尬，我们在文字表达与原理解释方面，秉承"深入浅出、文图并茂"之思路，对一些关键的区块链司法应用模式，通过图表等可视化方式予以表达，便于读者的阅读。

传统的互联网司法在当下的数字时代呈现多种局限性，同时这也凸显了区块链司法的多种优势。当然，无论是理论体系方面还是制度建设方面，区块链司法仍存在诸多问题值得探讨。比如，如何有效消弭区块链技术本身的局限性？作为多种技术的集大成者，区块链司法必然存在相应的技术成本问题，结合具体的司法应用场景应选择何种"区块链+"模式以实现成本收益的平衡？又如，书中所提及的区块链司法的分布式正义理论仅限于宏观的框架性分析，未来如何将其细化为具有实践意义的测评标准，以及它与技术性正当程序之间是什么关系，又如何实现"技术治理"与"治理技术"的协同与平衡，等等。解决上述问题需要法律与数字技术专家的通力合作。同时，我们也期待学界与实务部门围绕web3.0时代的司法模式这一主题展开更广泛的讨论。

在成书过程中，杭州趣链科技有限公司高级副总裁匡立中，重庆市先进区块链研究院常务副院长贺东梅以及研究人员武君、方博宇围绕区块链技术问题提供了大量资料与学术建议，同时制作了系列区块链司法模式流程图，在此一并致谢。

马明亮　李伟
2023年5月6日

目录
CONTENTS

第一篇
区块链技术原理、中国政策与立法　　/001

第 1 章
区块链的框架与逻辑
▷

本章要目 003
引　言 004
一　区块链是什么？ 004
二　区块链：多种技术的集大成者 011
三　区块链的技术魅力：区块链之于数据的价值 024
四　"千人千面"的区块链：类别分析 028
五　区块链的架构演进：从货币、金融到社会 032
六　以区块链为底层架构的Web 3.0时代 038

第 2 章
区块链技术的中国政策与立法
▷

本章要目 049
引　言 050
一　政策扶持与法律规制的谱系 050
二　区块链技术创新应用的政策 058
三　区块链技术标准的政策与法律 063
四　区块链技术治理的立场、体系与路径 074

第3章
区块链的产业生态：迈向"信任链"与"协作链"
▷

本章要目 082

引　言 083

一　四处开花的应用试点：元宇宙与NFT 083

二　区块链为监管方式的改变带来了机遇 085

三　联盟链与私有链将成为主流应用方向 085

第二篇
区块链技术在司法领域的应用探索　/087

第4章
区块链+数字警务的"区块链警务模式"
▷

本章要目 090

引　言 091

一　涉虚拟货币犯罪的区块链侦查平台 093

二　公安机关作为节点的刑事司法联盟链 106

三　跨部门、跨区域警务协作链 113

四　基于区块链的犯罪预防体系 117

五　"区块链警务"的中国展望 119

第5章
区块链+数字检察的"区块链检察模式"
▷

本章要目 152

引　言 153

一　基于区块链的类案监督 155

二　基于区块链的非羁押人员数字监管 157

三　基于区块链的社区矫正系统 164

四　基于区块链的减刑假释信息化办案平台 169

五　区块链技术在公益诉讼检察中的应用 175

六　区块链助力数字检察的前景展望 185

第6章
区块链+智慧法院的"区块链法院模式"
▷

本章要目 199
引　言 200
一　区块链助推智慧审判："让可信数据多跑路" 203
二　区块链助推智慧诉讼服务 220
三　区块链助推智慧执行 233
四　区块链助推智慧法院管理 239
五　区块链法院的未来展望 243

第7章
区块链+司法行政机关的"区块链法治模式"
▷

本章要目 249
引　言 250
一　基于区块链的行政执法监督 251
二　基于区块链的刑罚执行监督 256
三　基于区块链的公证 262
四　基于区块链的司法鉴定 270
五　基于区块链的人民调解 275
六　基于区块链的普法 277
七　未来展望 279

第三篇
区块链司法与"链上正义"　　　　　/281

第8章
区块链司法的兴起
▷

本章要目 283
引　言 284
一　区块链司法的内涵与技术架构 284
二　区块链司法的生发逻辑 289

三　区块链司法的价值 293

第9章　"链上正义"：评价体系与面临的挑战

本章要目 297
引　言 298
一　司法正义的评估标准与决定因素 298
二　程序性正义理论的历史迭代 300
三　"链上正义"的评价要素：技术、法律与社会价值要素 305
四　"链上正义"面临的挑战 307

第10章　"链上正义"的体系化准备：司法系统重塑与技术治理

本章要目 318
引　言 319
一　司法理念与程序机制的重塑 320
二　司法区块链技术治理的顶层设计 323
三　司法区块链的技术标准建设 329
四　司法区块链的技术算法规制 331
五　司法区块链的技术安全评估与测评体系建设 333
六　司法区块链的伦理风险规范 337

结语　区块链司法的中国推进路径

本章要目 340
一　顶层设计：发展目标和技术路线图 341
二　基础准备：区块链技术与司法的复合型人才储备 344
三　推进策略与研发重点 345

第一篇

区块链技术原理、中国政策与立法

链上正义：区块链司法的中国方案

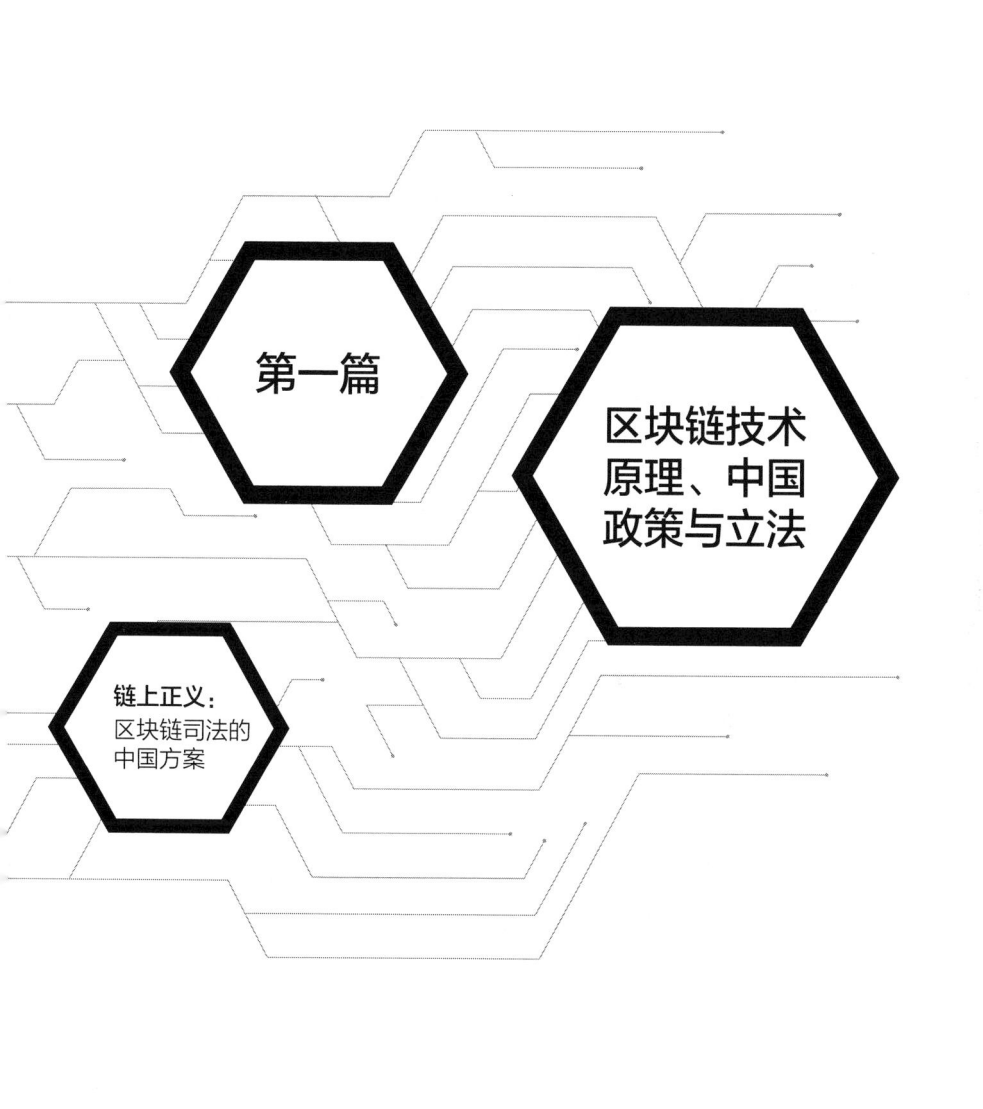

区块链虽然具有"千人千面"的属性，但本质上是一种分布式账本技术，是一个去中心化的数据库。它是互联网发展到一定阶段的必然产物，其功能在于让互联网从信息互联网向价值互联网转变。因为区块链构建的"账本"以开放透明、不可篡改、对等互联、易于追溯的特征，让数字资产的价值在互联网上高效地流通，使我们不仅可以通过互联网传播信息，同时可以进行价值表示与价值转移。

从生产力的视角来看，区块链是一项技术革新，而从生产关系的视角来看，区块链的深度应用意味着社会治理的变革：有望发展为实现价值互联的全新信息化基础设施，重构社会信任格局。这也是为什么政府对"币圈"、"矿圈"秉承严控与打击的立场，而对区块链技术应用却予以大力扶持。目前，区块链的应用已延伸到医疗、版权、司法、媒体、资产管理等多个领域。随着扶持政策的不断发布，我国区块链技术在应用领域有越来越多的落地案例，逐步形成区块链生态，整体发展迈入新的阶段。同时区块链技术也开始以融合创新、业务驱动为导向加速发展，即从狭义的区块链技术应用向广义的可信协作网络构建发展。

第 1 章 区块链的框架与逻辑

本章要目

引 言
一 区块链是什么？
（一）区块链的定义
（二）区块链的构成要件：区块、链、节点、区块头与区块体
（三）链上信息与链下信息
二 区块链：多种技术的集大成者
（一）核心技术
（二）扩展技术
（三）配套技术
（四）技术发展方向：以"高效、安全与便捷"为目标，以纵向技术融合与横向开放发展相结合为路径
三 区块链的技术魅力：区块链之于数据的价值
（一）通过分布式存储确保数据安全
（二）通过防篡改功能确保数据的真实性
（三）通过可追溯性功能实现数据的可审计性
（四）通过共识机制实现数据的一致性
四 "千人千面"的区块链：类别分析
（一）以行业为标准：币圈、矿圈与链圈
（二）以去中心化程度为标准：公有链、联盟链与私有链

五　区块链的架构演进：从货币、金融到社会
　　（一）区块链1.0：可编程货币
　　（二）区块链2.0：可编程金融
　　（三）区块链3.0：可编程社会
六　以区块链为底层架构的Web 3.0时代
　　（一）互联网的Web 1.0、Web 2.0与Web 3.0："可读、可写与拥有"
　　（二）区块链：Web 3.0的核心基础设施
　　（三）基于区块链的Web 3.0的优势：从信息互联网到价值互联网
　　（四）趋势：区块链化的全新互联网（区块链网络）日渐成型

引　言

区块链技术自诞生之日起，即凭借其密码化结构、P2P网络、共识机制、智能合约等机制，具有去中心化、防篡改、可追溯等特性，成为当前信息化发展的热点。科技界普遍认为，区块链技术的广泛应用将引发行业变革并催生新业态，其所带来的信任方式和协作机制，将在众多场景中带来颠覆性影响，被誉为目前最具潜力，有可能继蒸汽机、电力、信息和互联网科技之后触发颠覆性革命浪潮的技术。那么，区块链是什么，其技术原理是什么，它和比特币是什么关系，以及产业应用前景如何？鉴于其复杂性与广博性，在此只能做一管窥蠡测，概览性地解释区块链技术的原理及其应用。

一　区块链是什么？

（一）区块链的定义

区块链（Blockchain）的正式诞生源于两个标志性事件：

2008年11月1日，一位自称中本聪（Satoshi Nakamoto）的人发表了《比特币：一种点对点的电子现金系统》（"Bitcoin: A Peer-to-Peer Electronic Cash System"）一文，阐述了基于P2P网络技术、加密技术、时间戳技术、区块链技术等的电子现金系统的构架理念；2009年1月3日，中本聪公布比特币系统的第一个区块——创世区块，世界上第一个区块链数据诞生。[1]区块链通常被公众认为是比特币的底层技术，中本聪则被认作区块链的创造者。但事实上并非如此，区块链作为一系列技术的集合应用，其应用技术早在20世纪80年代就已出现，而中本聪实则只是将这些技术以一种非常机智的方式混合应用而已。

我们可以从不同角度解读区块链的内涵：从内部结构来看，它本质上是一个去中心化的数据库，一个建立在P2P网络上的分布式数据库，是一串使用密码学方法相关联产生的数据块，每一个数据块中包含了一批次比特币网络交易的信息，用于验证其信息的有效性（防伪）和生成下一个区块；从科技层面来看，区块链涉及数学、密码学、互联网和计算机编程等很多科学技术问题；从应用视角来看，区块链是分布式数据存储、点对点传输、共识机制、加密算法等计算机技术在互联网时代的创新应用模式。[2]

---

[1] 王焕然等：《区块链社会：区块链助力国家治理能力现代化》，机械工业出版社，2020，第8页。
[2] 工业和信息化部：《中国区块链技术与应用发展白皮书（2016）》，2016年10月18日发布，非公开出版物，第1页。

(二)区块链的构成要件:区块、链、节点、区块头与区块体

1.区块、链与节点

以数据块为单位存储数据即为区块(Block)。之后不断有新的区块增加上去,每个区块都记录和保存了一定的信息,并带有时间戳。时间戳(Timestamp),即一个带有即时时间的数字邮戳[①],它记录了区块数据的写入时间以证明主链上各区块按照时间顺序依次排列。时间戳技术为未来基于区块链的互联网和大数据增加了时间维度,从而有利于区块链技术在公证、司法等时间敏感领域塑造新业态。

不同区块之间按照时间顺序、通过某种算法相连,这就是链(Chain)。所以,区块链就是一个又一个区块组成的链条。这个链条被保存在所有的服务器中,只要整个系统中有一台服务器可以工作,整条区块链就是安全的。

这些服务器在区块链系统中被称为节点,它们为整个区块链系统提供存储空间和算力支持。如果要修改区块链中的信息,必须征得半数以上节点的同意并修改所有节点中的信息,而这些节点通常掌握在不同的主体手中,因此篡改区块链中的信息是一件极其困难的事。区块链中的节点一般包含四个功能:路由通信、账本存储、参与共识与钱包服务。以是否参与共识为标准,节点可分为共识节点和非共识节点。共识节点也称验证节点,是指参与区块链网络中共识投票、交易执行、区块验证和记账的节点。非共识节点,亦称为非验证节点,其主要负责

---

① 俞学劢:《区块链的4大核心技术》,《金卡工程》2016年第10期。

同步验证节点生成的区块，执行交易，将交易和执行结果进行存储。①

按存储内容不同，节点可分为全节点和轻节点，全节点指同步所有区块链数据的节点，轻节点指仅参与同步和校验区块头（header）信息、验证交易存在性的节点。一般适用于存储有限的移动设备端。随着区块链发展到2.0阶段，全节点又产生了新的子类别——超级节点。超级节点收集网络中的交易、验证交易、打包至区块并与其建立连接的任何节点进行通信，一个可靠的超级节点通常会一直运行下去，带领并促进区块链项目的发展。

2.区块头、区块体与哈希值

区块的数据结构一般分为区块头和区块体（body），如图1-1所示。其中，区块头用于链接到前一个区块并且通过时间戳特性保证历史数据的完整性；区块体则包含经过验证的、区块创建过程中产生的所有交易信息。②

区块头一般包括父区块哈希值（Hash值）、版本号、时间戳、难度、随机数与默克尔根（Merkle根）。父区块哈希值记录的是该区块的上一个区块的哈希值。区块链通常不直接保存原始数据或者交易记录，而是保存其哈希函数值即密码哈希函数的输出值。那么，何为哈希值？哈希值就是文件的身份证，不过比身份证还严格。它是根据文件大小、时间、类型、创作者与机器等计算出来的。哈希值就是将"账

---

① 邱炜伟、李伟主编《区块链技术指南》，中国工信出版集团、电子工业出版社，2022，第47页。
② 袁勇、王飞跃：《区块链技术发展现状与展望》，《自动化学报》2016年第4期。

页信息"通过哈希算法，计算得到的一串字符密码。哈希算法就是区块链保证交易信息不被篡改的单向密码机制（下文详述）。

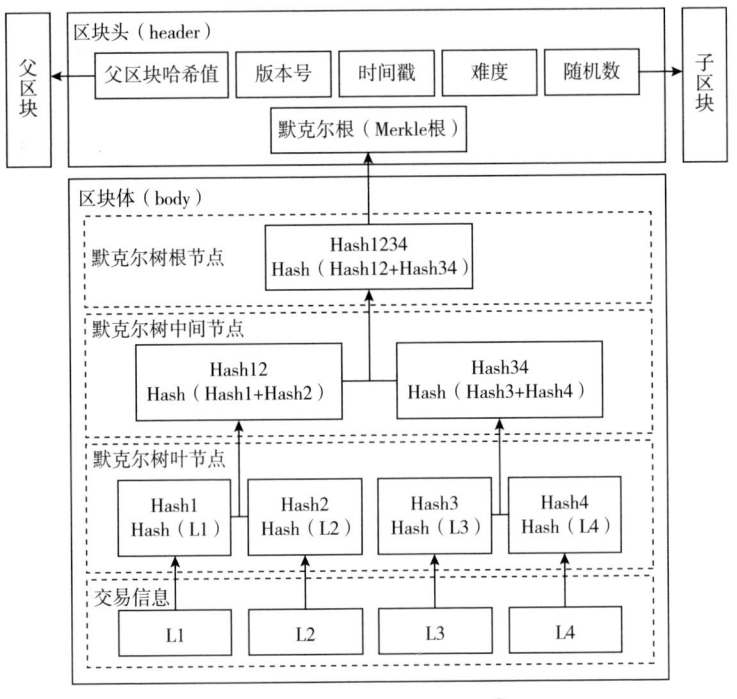

图1-1 区块链数据结构[1]

我们通过区块链浏览器网站如www.btc.com，随便拷贝一个交易哈希，如下：

00740f40257a13bf03b40f54a9fe398c79a664bb21cfa2870ab07888b21eeba8。

---

[1] 本图由杭州趣链科技有限公司贺东梅、方博宇、武君等人制作。后文的图表，凡不做特殊说明的，皆为贺东梅等人制作。

区块头中一般包含的父区块哈希值指向上一个区块的地址（头哈希），如此递推可以回溯到区块链的第一个头部区块，也就是创世区块。每个区块的区块头都具有唯一的识别符，即头哈希值。任何节点都可以简单地对区块头进行哈希计算并独立获取该区块的哈希值。[①]

版本号的功能是标识区块遵守的验证规则。难度记录的是该区块链工作量证明的难度目标。时间戳在前文已有解释，在此不再赘述。随机数可以起到计数器的作用。

那么，区块体里的默克尔树是什么？默克尔树是一种数据结构，主要目的是快速计算哈希值。这种特殊的数据结构主要表现在以二叉树的形式（每个节点只会延伸出两个节点）对交易数据进行存储。在计算哈希值时，首先计算出每笔交易数据的哈希值，将计算出的哈希值两两结合后再计算一次哈希值，不断重复这个过程，直到区块中存放的所有交易数据形成最终的一个哈希值，也称默克尔根。默克尔根也就是这个区块的哈希值。

这种特殊的存储方式带来的好处主要有两点：一是因为哈希值是层层计算的，只要修改一个就会使区块哈希发生改变；二是可以解决传统存储方式寻找某次交易困难的问题。传统的数据存储方式寻找某一次交易只能进行逐个匹配，直到找到与所需要的交易信息一致的数据才会结束，这样会使寻找时间随着交易量的上升而快速增加。而使用默克尔树的存储方式，寻找某次交易只用进行总交易数的对数次数的匹配。比如总共有16个交易信息，传统的存储方式要寻找某一次交易，需要最多

[①] 蔡晓晴等：《区块链原理及其核心技术》，《计算机学报》2021年第1期。

进行16次匹配，而默克尔树的存储方式则只需要log2（16），即4次匹配，这之间的差距只会随着数据量的上升越变越大。所以，默克尔树的独特数据结构使得区块头中仅需含有根节点数据，不必封装全部数据，由此极大地提高了区块链的运行效率和可扩展性。

（三）链上信息与链下信息

链上信息与链下信息分别是什么？两者如何关联？申言之，什么信息能够"上链"？诸如图像、视频、PDF，以及大体量数据集的文件，能否上链？如果文件在"链下"，两者如何关联？

"上链"意味着"共识"和"存储"，两者缺一不可。交易不经过共识，则不能保证一致性和正确性，无法被链上所有参与者接受；共识后的数据不被多方存储，意味着数据有可能丢失或被单方篡改，如此就带来数据冗余问题。让区块链无差别地保存海量数据，则会不堪重负，所以合理的做法是计算文件的数字指纹（比如Hash值），并与其他一些可选信息一起上链，如作者、持有人签名、访问地址等。

文件的数据信息不在链上。那么，文件放在哪儿？目前一般有两种方式，一种是符合安全保护的线下储存，另一种是平行链。如此，区块链的容量更高、成本更低。两者的关系是：文件在链上"确权"、"锚定"和"寻址"，并明文要求在链下传输并进行链上互验，如此一来，无论是成本、效率还是隐私安全都得到了保证（见图1-2）。

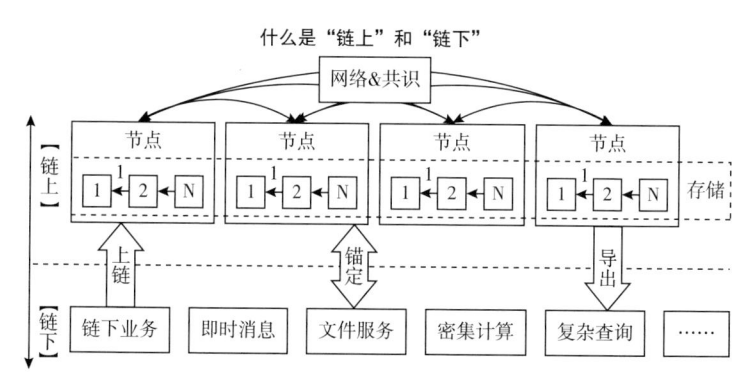

图1-2　链上与链下信息的关系①

二　区块链：多种技术的集大成者

区块链作为一种综合性技术，其技术组成按重要程度可分为核心技术、扩展技术、配套技术三类（如图1-3所示）。目前，三者组成的区块链体系已逐步成形，未来将继续在数据流通、网络规模、技术平台安全等方面创新演进。②

（一）核心技术

2014年"以太坊"③的诞生，奠定了区块链系统的五大核

---

① 《一文说清"链上"和"链下"》，https://blog.csdn.net/FISCO_BCOS/article/details/116230994，最后访问时间：2022年7月11日。
② Yue X., Wang, H., Jin, D., et al., "Healthcare Data Gateways: Found Healthcare Intelligence on Blockchain with Novel Privacy Risk Control", *Journal of Medical Systems*, Vol.40, No.10, 2016, pp.1-8.
③ 以太坊（Ethereum），是旨在打造一个运行智能合约的开放平台。该平台按照智能合约所约定的逻辑自行执行，理想状态下将不存在攻击、欺诈等问题。参见杨保华、陈昌编著《区块链原理、设计与应用》（第2版），机械工业出版社，2020，第110~111页。

```
┌─────────────────────────────────────────────────────────────────┐
│       协同治理      可扩展性       互操作性        安全隐私      │
│ 扩展  链下治理      分片机制      应用层互操作     系统安全      │
│ 技术  链上治理      侧链\多链      链间互操作      合约安全      │
│                    DAG结构       链下数据互操作    隐私保护      │
└─────────────────────────────────────────────────────────────────┘

┌─────────────────────────────────────────────────────────────────┐
│      密码算法    互操作性     共识机制    智能合约    数据存储    │
│ 核心 基础密码算法 结构化网络   确定型共识  合约语言    账本数据    │
│ 技术 高级密码算法 非结构化网络 非确定型共识 执行环境    状态数据    │
│                 混合型网络                                       │
└─────────────────────────────────────────────────────────────────┘

┌─────────────────────────────────────────────────────────────────┐
│       系统管理         操作运维          基础设施                │
│ 配套  系统加盟         云链融合         通用基础设施              │
│ 技术  合规审理        软硬件一体机      专用基础设施              │
└─────────────────────────────────────────────────────────────────┘
```

图 1-3 区块链技术图谱示意图

心技术：密码算法、对等式网络、共识机制、智能合约与数据存储。[①]

1.密码算法

区块链的密码学基础为非对称加密技术和哈希算法。

（1）非对称加密技术：公钥、私钥与区块链钱包

非对称加密，是指在加密和解密时分别使用不同的密钥。加密密钥是公开的，称为公钥；解密密钥是不公开的，故又称为私钥。公钥和私钥虽不相同，但是在数学上是一一对应关系。

---

① 工业和信息化部：《中国区块链技术与应用发展白皮书（2016）》，2016年10月18日发布，非公开出版物，第22页。

区块链正是利用非对称加密算法，采用公钥、私钥加密信息并发送给接收者，之后接收方使用加密算法和密钥再解密信息。这需要重点解释两个问题。

一是用户如何使用公钥与私钥？每个用户持有一对密钥，其中公钥用于数字签名的验证，私钥则用于数字签名的生成。用户利用非对称加密技术对链上数据进行加密时，利用接收者的公钥对信息进行加密，当接收方收到数据后，再利用自身的私钥进行解密。

二是区块链钱包是什么？一般来说，区块链钱包就像加密货币的银行储物柜。它们向用户显示账户余额、ICO令牌、比特币或其他必要的数字支付解决方案。简单来说，区块链钱包是一种存储数字货币独特身份的软件程序。区块链钱包通过提供一流的安全性来支持不同方之间的资金转移。区块链中的钱包地址就如同银行卡号一样，是交易过程中最为重要的信息之一。该地址实际可由公、私钥推导得出，用户通过随机算法产生一个256位的二进制数作为私钥。比如，在比特币系统中私钥通过ECDSA（椭圆曲线数字签名算法）生成公钥，公钥经过SHA 256和RIPEMD 160计算得到公钥哈希，公钥哈希添加前缀且通过双SHA 256添加后缀校验码，最后通过Base58算法得到唯一的以0x为开头的42个字符串，即为该用户的钱包地址。[①]因此，钱包地址就相当于公钥的另一种形式。[②]

---

① 林增贤：《比特币交易网络分析》，东南大学2019年工程硕士学位论文，第8页。
② 有论者认为，比特币的账户、钱包地址和公钥等概念是基本重合的，参见杨晓晨、张明《比特币：运行原理、典型特征与前景展望》，《金融评论》2014年第1期，第43页。

与传统银行卡号不同，在区块链网络中地址数量的上限空间极大，为2的N次方，根据不同链的特性不同，N可以达到160甚至更大。任何一个用户都可以随意生成"无数"个地址，只要他持有私钥就可以随意构造并发起一次区块链交易。这一过程虽然可以通过公开的区块链数据获取，但也只能看到地址之间的交易，而无法进一步获知更多的信息，这就是区块链的匿名性。以比特币为例，目前，BTC浏览器使得任何人都可以查询到任何钱包地址的比特币交易。例如，当我们输入任意钱包地址如"0xd03a4ec546266a66ff8bf0a82744df8417e75bd4"时，即可得到该地址进行的所有交易及链上详细信息（如图1-4所示），这也是公有链系统的优势所在。

图1-4 "0xd03a4ec546266a66ff8bf0a82744df8417e75bd4"钱包地址交易信息

（2）哈希算法

哈希算法一般指散列算法，其原理为密码哈希函数，可以简单理解为：任意输入值映射为一个固定长度的数字摘要即哈希值，区块链系统通过哈希算法使得链上存储的不是原始数据，而是其对应的哈希值。一般哈希函数具有输入消息长度任意、输出哈希值长度固定等特性，而密码哈希函数除了具备这些特性外，还具备碰撞阻力和隐秘性。

第一，碰撞阻力，是指无法找到两个不同的输入消息 x、y，使其哈希值相同。[①]这一特性说明，以密码哈希函数为底层算法的区块链无法实现仅篡改内容而不改变哈希值，即哈希算法具有碰撞阻力。碰撞是指两个输入值不相同，但是输出值相同的情形。输入值的范围无限，但是输出值的范围有限，所以，碰撞在理论上一定是存在的。[②]事实上，哈希算法是难以实现碰撞的，以区块链通常使用的 SHA 256 算法为例，它的输出值为一个 256 位的二进制字符串，故输出值有 2^{256} 种情况，因此发生一次碰撞的概率可以忽略不计，人为制造碰撞更是几乎不可能的，这也正是区块链上数据的防篡改功能所在。

第二，隐秘性，即不能倒算。简单来说，仅利用输出值而计算输入值这种倒算在哈希算法中几乎不可能实现。如果通过输出值计算输入值，只能采取穷举法，而哈希算法输入值的范围是无限的，因此倒算是不可能的。这就保证了采用哈希算法技术的区块链上数据的安全性，持有原始数据的节点在数据上链后会产生对应的唯一哈希值，而其他节点仅凭哈希值却无法破译出原始数据。

[①] 黄芸芸、蒲军：《零基础学区块链》，清华大学出版社，2020，第43页。
[②] 段夕华：《区块链的原理与机制》，《团结》2019年第4期，第19页。

2.对等式网络与节点设置

区块链使用了基于互联网的P2P网络架构,即对等式网络。① 网络中每个参与节点贡献一部分计算能力、存储能力与网络连接能力。通过网络,这些能力作为共享资源被其他对等节点直接访问,访问过程中不需要再经过中间实体,所以,每个节点既是资源和服务的使用者,又是整个资源和服务的提供者,每个网络节点以"扁平"的拓扑结构相互连通,整个网络中无特殊地位的节点,每个节点都可以对任意对等节点做出响应,从而提供资源。②

P2P技术优势明显。第一,可扩展性。区块链节点可以自由加入、退出,网络系统实现自由扩展。第二,健壮性,节点不需要通过中心索引服务器发现数据,系统不会单点崩溃。第三,高性价比,基于区块链的边缘计算和分布式存储网络,不需要支付高昂的宽带费用,普通用户也可以参与区块链。第四,隐私保护,基于区块链的分布式存储网络,用户通过私钥对数据进行分片加密,可有效保障用户数据的私密权利。第五,负载均衡,区块链通过限制节点连接数等配置可以实现资源优化,避免网络阻塞。③

3.共识机制

共识机制是区块链系统成员节点在区块链的操作(如建块、

---

① 又称P2P网络。P2P是对等互联网络技术、点对点技术(peer-to-peer)的简称。
② 蔡晓晴等:《区块链原理及其核心技术》,《计算机学报》2021年第1期,第105页。
③ 武岳、李军祥:《区块链P2P网络协议演进过程》,《计算机应用研究》2019年第10期,第2882页。

交易验证等）方面一致确认的方式。① 由于区块链是去中心化分布式系统，没有中心化记账节点确保每笔交易在所有节点上的记录的一致性，因此共识机制的作用就是实现区块链各节点之间的数据一致性和操作同步性，它是区块链系统的关键技术之一。现有的主流共识技术主要有工作量证明机制（PoW）、权益证明机制（PoS）、股份授权证明机制（DPoS）和拜占庭容错共识机制（PBFT）等。②

不同共识机制的特点迥异，其适用场景也不同。比如，采用PoW协议的区块链，它适用于较大规模的网络，也是迄今为止最成熟的共识协议。与之相比，PBFT则更适用于小型的全连通网络。区块链可根据需求并结合实际情况（如节点数量、容错性、性能效率等指标）选择适合的共识算法。

4. 智能合约

智能合约（Smart contract）的概念，最早由密码学家Nick Szabo于1995年提出，它是一种运行在区块链系统中的可编程模块，基于P2P网络并且没有第三方的可信程序执行环境，是一

---

① Gramoli, V., "From Blockchain Consensus Back to Byzantine Consensus", *Future Generation Comput Syst*, Vol.107, No.6, 2020, p.760.
② 工作量证明机制（Proof of Work，简称PoW）可以简单理解为一份证明，证明用户做过一定量的工作，证明完成某项任务所花费的精力与所达到的水平。权益证明机制（Proof of Stake，简称PoS）也称股权证明，即要求用户证明自己拥有一定数量的数字货币所有权。股份授权证明（Delegated Proof of Stake，简称DPoS）是一种基于投票选举的共识算法，类似于代议制民主，用户选出几个代表来运营网络。拜占庭容错共识（Practical Byzantine Fault Tolerance，简称PBFT）就是要确保诚实的将军们在受到叛徒干扰的情况下也能达成共识。应用到分布式区块链系统中，每个将军是一个节点，拜占庭容错就是要保证该系统能够容忍一定程度的拜占庭失效，让诚实节点（将军）免受恶意节点的影响，达成共识、保证系统正常运行。

种可验证、防篡改、可追溯的计算机编程协议。Szabo在其论文中，将智能合约定义为"一种计算机化的交易协议，可以执行合同的条款。一般目的是满足常见的契约条件（例如支付条款、扣押权、机密性，甚至是强制执行），将恶意攻击和意外情况降至最低，并最小化对受信中介的需求。相关的经济目标包括降低欺诈损失、仲裁和执行成本以及其他交易成本"。[①]

智能合约的运行机理如图1-5所示，通常情况下，智能合约经过各方签署后，以程序代码的形式附着在区块链数据上，经过P2P网络传播和节点验证后记入区块链的特定区块中。智能合约封装了预定义的若干状态及转化规则、触发合约执行的情景、特定情景下的应对行动等，区块链可实时监控智能合约的状态，并通过核查外部数据源，确认满足特定触发条件后激活并执行合约。

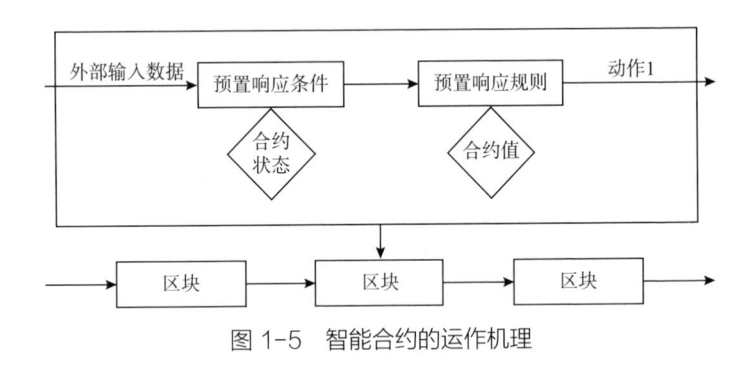

图1-5　智能合约的运作机理

智能合约具有自治、自足、去中心化、不可逆等特征。自治性是指系统一旦满足合约条件就会自动触发合约启动，合约

---

① 陈晓红、任剑等：《区块链技术及应用发展》，清华大学出版社，2020，第103页。

一旦启动就会自动运行，不需要其他签署方进行任何干预；自足则意味着合约能够通过提供服务或发行资产来获取资金，并在需要时使用这些资金；去中心化意味着智能合约是去中心化存储和验证的程序代码而非通过中心化实体来保障执行的合约，因此其能在很大程度上保证合约的公平和正义性。[①]不可逆性是指该程序代码一旦启动运行就不能重新开始，这是一个不能更改的单向进行的流程。

5.数据存储

数据存储主要包含两部分技术。一是数据结构，在区块链技术中，数据以区块的方式永久储存。区块按时间顺序逐个先后生成并连接成链。区块头维持与上一区块的关联从而形成链状结构，区块体则包含了经过验证的、区块创建过程中产生的所有交易信息。二是数据库，区块链在磁盘上既可以文件形式存储，也可以数据库形式存储。文件存储更便于日志形式的追加操作，数据库存储更易实现查询与修改。[②]区块链系统从数据库的数据结构组织形式来看，一般分为键值（Key-Value）型和关系型两种。区块链系统中存在大量哈希计算、交易，区块都依靠哈希值进行标识，所以底层数据库通常都选择了键值型数据库。

（二）扩展技术

随着区块链应用向纵深发展，行业对区块链技术的要求逐

[①] 袁勇、王飞跃：《区块链技术发展现状与展望》，《自动化学报》2016年第4期，第485页。
[②] 邵奇峰、金澈清、张召、钱卫宁、周傲英：《区块链技术：架构及进展》，《计算机学报》2018年第5期，第976页。

渐提高，由此催生了一系列扩展技术，主要包括：针对可扩展性问题的扩容技术、针对互操作性问题的跨链协同治理技术以及针对数据安全问题的隐私保护技术。

1. 针对可扩展性问题的扩容技术

可扩展性是提升系统性能的关键技术。广义的可扩展性包括性能可扩展和功能可扩展：性能可扩展专注于横向扩展交易吞吐量；功能可扩展专注于横向扩展区块链服务能力。

从整体上讲，扩容方案分为链上扩容和链下扩容。链上扩容包括区块扩容、并行扩容和架构扩容。区块扩容指通过提高单个区块的大小上限增加区块内的交易数量，从而提高交易吞吐量。并行扩容主要通过在原有架构基础上增加子链、并行链以分担部分交易处理，即通过多链技术实现扩容。架构扩容是通过新型的区块链架构达到交易扩容的目的。链下扩容也称第二层扩容，主要是在不改变主链本身架构的情况下新增一层通道，实现功能和性能的扩展，大致包括侧链技术、状态通道和链下协同。侧链技术是在主链之外还存在一条独立的区块链，这条区块链上有独立的账本、交易类型、共识机制、智能合约，通过双向锚定的方式可以实现数字资产在主链和侧链上的互转，是一种在不改变主链的情况下扩展主链性能的方式。[①]

2. 针对互操作性问题的跨链协同治理技术

区块链跨链技术可以解决不同区块链平台之间跨链难等问题，实现链间的互操作性。常见的跨链机制有公证人机制、哈

---

① 郭上铜、王瑞锦、张凤荔：《区块链技术原理与应用综述》，《计算机科学》2021年第2期，第278页。

希时间锁定机制等。

3. 针对数据安全问题的隐私保护技术

安全隐私一直是数字化的焦点问题。作为去中心化的账本系统，区块链的不同节点安全防护能力参差不齐，导致系统存在被攻击的风险。加强隐私保护，不仅需要传统的数据加密、权限控制与数据加工技术，还需要零知识证明、同态加密等密码算法，以期共同实现数据的"可用不可见"。

（三）配套技术

区块链应用过程中需要配套技术来提升系统安全性，优化使用体验，加速区块链技术的落地发展。云计算作为区块链的配套技术，能够助力身份管理、权限管理、资源管理、安全审查等功能的实现，有效改善数据信任基础问题并简化运维操作，提升运维效率。

目前，"区块链+云计算"模式建立的"BaaS平台"（Blockchain as a Service，区块链即服务平台）逐渐成熟，其以云计算为基础，通过融合区块链底层、集成开发工具、智能合约管理、自动化运维、数字身份等功能，实现区块链底层和应用一站式自动化运维治理。[①]

（四）技术发展的方向：以"高效、安全与便捷"为目标，以纵向技术融合与横向开放发展相结合为路径

目前，区块链基础功能架构趋于稳定并朝着"高效、安全、

---

① 中国信息通信研究院：《区块链白皮书（2021）》，2021年12月发布，第10页。

便捷"目标持续演化。核心技术优化、扩展技术融合和跨链技术突破正成为技术演化的重点方向。随着底层平台、BaaS等相关技术逐渐步入成熟期,探索纵向技术融合与横向开放发展正在成为支撑数据价值可信流转的新方向。

1. 核心技术的优化

根据零壹财经·零壹智库2022年发布的《中国区块链产业全景报告（2021）》,对区块链的技术演进趋势以及面临的问题做了总结：2021年区块链整体技术未有明显突破,但核心技术的渐进式创新仍在持续。其中,对等网络、共识机制、智能合约的优化改进最为突出。国内区块链技术呈点状突破态势,对于细分技术领域边界的探索力度不断加大,整体技术水平持续提升。

2. 扩展技术的融合

区块链与其他相关技术如物联网、隐私计算、云计算和人工智能的结合日趋紧密。

（1）区块链与物联网的结合。物联网设备可有效提升上链数据的真实性,而区块链能为数据要素流转和价值挖掘提供可信保障,二者结合不仅能够促进数据要素发挥作用,而且可以促进区块链在物联网的应用拓展。近年来,区块链与其他技术（如大数据和人工智能等）集成的增长趋势明显,企业也越来越关注如何将区块链应用于物联网。由于5G网络的采用,物联网市场获得了高速增长。遗憾的是,5G物联网市场的预期潜力却受到极其分散的物联网生态系统的限制。从理论上讲,区块链技术似乎是应对各种5G物联网挑战的最合适和最有效的方式。由于区块链的自动加密和不被篡改属性,它可能有助于解决安全性和可扩展性方面的许多问题,预计2022年将听到更多该领域的试点项目和初始用例。[①]

（2）区块链与隐私计算的结合。二者的结合能够取长补短，将隐私计算技术嵌入区块链底层设施，在实现数据"可用不可见"的基础上，可以促进多方数据的协作和共享，这就为实现数据价值共享提供了新的技术路径和解决思路。

（3）区块链与云计算的结合越发紧密，BaaS有望成为公共信任基础设施。以云计算为基础，通过融合区块链底层、集成开发工具、智能合约管理、自动化运维、数字身份、跨链服务等功能，实现区块链底层和应用一站式开发与部署。目前，BaaS已成为越来越多的商业公司采用的一种方式，公司之间对BaaS的需求也正在稳步增长。

（4）区块链与人工智能的结合。目前，人工智能面临的主要挑战与其模型如何做出决策有关，比如，人工智能助长了偏见和歧视。而使用区块链，可以跟踪用于人工智能模型的训练数据的来源，并查看从数据输入到结论的所有步骤的踪迹。如果通过增加信任将决策和相关数据记录在区块链上，那么，审核人工智能模型的决策过程将变得更加容易。此外，区块链和人工智能还可以结合用于数据保护、创建不同的数据集和数据货币化。[②]

[①] 《2022年区块链的10大趋势！》，腾讯新闻网，https://xw.qq.com/cmsid/20220214A022N100，最后访问时间：2022年9月3日。

[②] 区块链可以帮助验证数据的质量和合法性，它与人工智能结合将会有效地促进人工智能的发展，因为去中心化的区块链有希望通过点对点连接来解决安全问题。安子贤：《基于人工智能与区块链算力协同的新型共识机制研究》，电子科技大学，硕士学位论文，2022年，第2页。

3.跨链技术的突破

随着区块链在应用领域的不断探索，多个领域的企业或行业（如支付结算、医疗病例）都将以区块链技术为基础建立新的业务系统，使跨链协作、互通成为区块链应用发展的必然趋势。可以说，跨链技术是区块链实现价值互联网的关键，区块链的互联互通将成为越来越重要的议题。①

目前，不同区块链平台之间跨链难、上层应用系统与底层链切换难、链上链下可信交互难的"三难问题"逐渐凸显。其中，链间互操作尤其重要，也是行业公认的焦点难题。跨链互通技术手段主要包括公证人机制、侧链/中继链、哈希时间锁定、分布式私钥控制四类，这些跨链项目从技术层面验证了链间互操作的可行性，但受制于技术、应用、流程机制等因素，整体上仍处于早期阶段。②

三 区块链的技术魅力：区块链之于数据的价值

（一）通过分布式存储确保数据安全

区块链技术通过对密码学算法和计算机网络技术的创新应用，构建了去中心化分布式存储机制。全网所有节点均存储数据，摆脱了传统的分布式数据库对中心节点的依赖，信

---

① 邢萌：《银保监会陈伟钢：跨链技术是区块链实现价值互联网的关键》，证券日报网，http://www.zqrb.cn/jrjg/hlwjr/2020-08-17/A1597656971106.html，最后访问时间：2022年6月19日。
② 零壹财经·零壹智库：《中国区块链产业全景报告（2021）》，2022年3月发布，第13~15页。

任全网所有节点则保证了数据记录的真实性和不可抵赖性。①具体而言：第一，区块链数据库借助非对称加密技术保护数据，实现数据存储安全；第二，在技术角度讲，通常情况下，去中心化的程度越高，数据被泄露的概率就越低，②隐私数据越安全，所以，区块链系统具有隐私数据保护的天然优势；第三，多节点存储维护提升了风险防控能力与系统容错能力，能有效地避免传统单点风险等攻击隐患，使得数据安全更上一层楼。

（二）通过防篡改功能确保数据的真实性

区块链技术通过全冗余存储架构和哈希值的数据结构形成数据存储新业态。首先，区块链属于分布式全冗余架构即各节点均记录全部数据，在共识层规制下，任何篡改数据的行为都必须得到多方同意。例如，若对PoW共识机制的区块链系统进行篡改，攻击者需要拥有全系统超过51%的算力并同时进行修改，这在理论上几乎不可能实现。而且，攻击行为一旦发生，全过程会被全网见证，该系统便丧失信任，所以，从现实角度分析，一个理智的个体不会实施攻击行为。③

其次，区块链系统采取哈希值数据结构，相邻的区块之间，后序区块可对前序区块进行验证，篡改某一区块的数据信

---

① 郑昌兴：《浅析区块链技术》，《电脑知识与技术》2018年第14卷第31期，第56页。
② 苏晔：《基于区块链技术的数据开放公众参与模式研究》，《西北民族大学学报（哲学社会科学版）》2022年第3期，第118页。
③ 华为区块链技术开发团队：《区块链技术及应用》，清华大学出版社，2019，第97页。

息必然导致后序区块头的哈希值发生变化,[①]密码学技术的哈希算法在数据存储结构层面保证防篡改,进而实现数据保真。

(三)通过可追溯性功能实现数据的可审计性

区块链的可追溯性特征作为信用背书消除了传统数据存储、检索、监管的弊端,链式结构与时间戳技术成为保障区块链在数据信息审计领域发展的重要"着力点"。[②]

第一,区块链的链式结构(如图1-6)决定了每个区块均不仅记录本区块内的详细交易信息,而且包含指向前一个区块的哈希值,故任何数据都可以通过此链式结构顺藤摸瓜地找到数据源。区块链这一"可溯源性"特性使得任何一笔交易都有完整记录,这有利于数据监管的公开透明,促进数据信息良性发展。

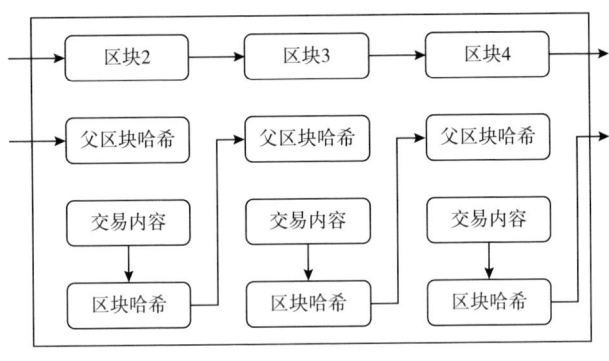

图1-6 区块链链式结构图

---

① 代闯闯等:《区块链技术研究综述》,《计算机科学》2021年第48卷第S2期,第504页。
② 刘海英:《"大数据+区块链"共享经济发展研究——基于产业融合理论》,《技术经济与管理研究》2018年第1期,第93页。

第二，任何一个区块头均加盖时间戳，以表明区块数据写入的时间，主链上各区块按照时间顺序依次排列。通过时间维度的记录更利于追本溯源，从而实现数据信息的审计监管。

（四）通过共识机制实现数据的一致性

分布式共识起源于点对点通信中的基本问题——拜占庭将军问题。中世纪时期，拜占庭帝国为取得战争的胜利，需要在军队内部可能存在叛徒和敌军的情况下，仅通过两两传递消息的方式达成一致意见。换成区块链技术术语来表达，即存在恶意节点的情况下，如何保证其他节点达成一致的协议、做出正确的决定。[①]

区块链系统中的各个节点为了达成共识，解决拜占庭将军问题，即在网络存在少量恶意节点的前提下确保网络数据的一致性，[②] 一系列共识机制"应需而生"。目前来看，如果各个节点都按照共识机制的规则和标准进行数据的生成、验证和存储，就能保证数据信息的"真相只有一个"。

综上，区块链作为具备价值意义的互联网技术，它兼顾安全和效率，其广泛适用可以有效地破解数据壁垒与数据孤岛现象，实现数据安全高效互通共享。

[①] See Lamport, L. Shostak, R. Pease, M., "The Byzantine Generals Problem", *ACM Transactions on Programming Languages and Systems*, Vol.4, No.3, 1982, pp.382–401.

[②] 张志威等：《区块链的数据管理技术综述》，《软件学报》2020年第31卷第9期，第2903~2925页。

四 "千人千面"的区块链：类别分析

区块链技术根据不同的标准有不同的划分方式。比如，根据去中心化程度不同可以分为：公有链、联盟链与私有链；根据应用范围可以分为基础链与行业链；根据原创程序可分为原链与分叉链；根据链与链的关系可分为主链和侧链；根据层级关系可以划分为母链和子链。[①]

（一）以行业为标准：币圈、矿圈与链圈

目前，区块链行业大体上可以分为三大领域：币圈、矿圈与链圈，三者相互关联也特征迥异。"币圈"是围绕各种加密数字货币来讨论，关注的是加密数字货币的价值波动以及代币众筹（ICO）。[②]币圈内部大致分为两种：一是专注基于区块链技术的主流货币，例如比特币、以太币等真正依托于区块链技术研发出来的货币；二是数字货币筹资即发行新币。根据2017年9月人民银行等七部门联合发布的《关于防范代币发行融资风险的公告》，中国境内的代币融资已被全面叫停。就是说，国家支持区块链技术但不支持极易形成诈骗的ICO项目。

"矿圈"指的是专注于"挖矿"的"矿工"人群。从早期的普通电脑便可实施"挖矿"发展至今为专业的矿机挖矿与矿池

---

① 云瑶、徐少山：《区块链技术概述》，《质量与认证》2020年第5期，第57页。
② 首次代币发行（Initial Coin Offering，简称ICO）也称首次代币发售、区块链众筹，是用区块链把使用权和加密数字货币合二为一，来为开发、维护、交换相关产品或者服务的项目进行融资的方式。

挖矿，用户为了获得虚拟货币奖励所付出的成本不断攀升。

"链圈"则致力于区块链的底层技术开发、应用场景落地等问题。他们积极探索"区块链+"模式，主要关注区块链技术对未来生态将产生怎样的影响。

（二）以去中心化程度为标准：公有链、联盟链与私有链

从本质上来说，区块链是一个采用分布式一致性算法的数据库。根据不同的应用场景，可以分为应用于公众的公有链，需要授权使用的私有链和联盟链（即许可型区块链）。公有链、联盟链和私有链在性能、隐私、安全和准入性方面拥有不同的特点并各有优劣。从实践来看，它们在不同的应用场景发挥着不同的作用。

1. 公有链

公有链也称非许可链，是允许任何人参与、数据完全对外开放的区块链类型。公有链没有中心服务器，链上节点可以任意加入或退出、读取或交流数据，可以说真正地实现了去中心化。另外，区块链通过密码学原理来保证交易的防篡改性，并且采用激励机制从而实现了仅依靠技术的去中心化信任体系。公有链由于信用自建、技术公开的技术特点使得其适用于数字货币、电子商务、互联网金融等场景，比特币和以太坊即为目前的典型应用。

以以太坊为例，展示其交易运行流程。[1]一般来说，交易生命周期包含如下步骤。

---

[1] 邱炜伟、李伟主编《区块链技术指南》，中国工信出版集团、电子工业出版社，2022，第31~32页。

（1）交易生成

由用户在客户端构建一笔区块链交易,附上可证明交易正确性的私钥签名,向某个区块链节点发送这笔交易。

（2）交易广播

节点在收到上述交易并验证私钥签名的正确性后,向全网节点广播这笔交易。

（3）交易共识

共识节点（挖矿节点）在收集了一定数量的交易,或者收集了一段时间的交易后,将交易按照手续费高低进行排序并打包,随后进行挖矿。挖矿成功的节点将广播这批交易。

（4）交易执行

节点在收到这批交易后,依次执行其中的交易。值得一提的是,以太坊不仅支持直接的转账操作,还支持智能合约的部署与调用,后者的执行过程将在节点的虚拟机中进行。

（5）交易存储

在这批交易全部执行完成后,节点对执行结果进行构造,并将相应的区块数据、账本数据写入数据库（具体流程参见图1-7）。

2. 联盟链

联盟链也称许可链,其成员均需要通过身份认证后方能上链成为节点,每个节点读取数据的范围、数据交流的权限也都受联盟共同制定的规则制约。整个联盟链网络由全体联盟成员共同维护,它通过各联盟机构的网关节点接入网络,共识过程也由预先选好的节点来控制,[①]因此,联盟链是介于公有

---

① 付凯等:《区块链安全测试方案研究》,《信息通信技术与政策》2018年第12期,第63页。

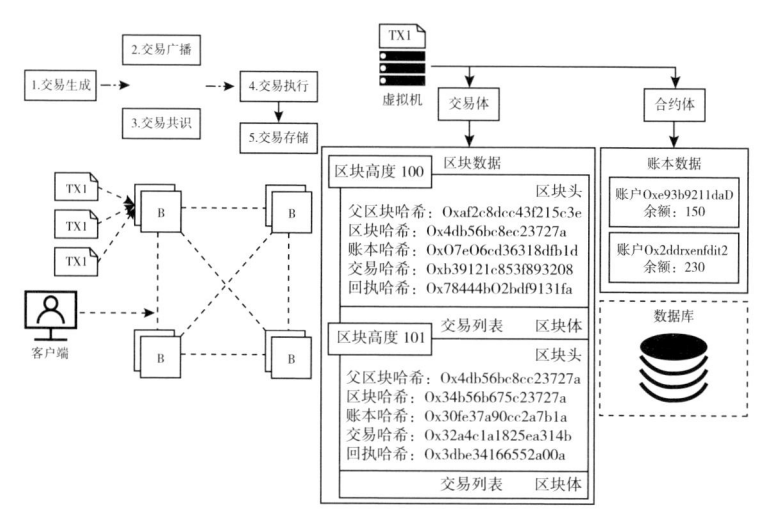

图1-7 以太坊交易流程

链和私有链之间的多中心化区块链系统。相比公有链与私有链，其效率更高、成本更低、安全性更强。因此，联盟链更适用于某个系统机构间或者有关联的机构之间，比如银行之间的交易。

3.私有链

与公有链和联盟链相比，私有链属于完全封闭的中心化区块链。它仅允许私有组织从内部写入数据，不仅数据的开放程度由组织内部来决定，而且共识过程也由组织来制定规则。所以，私有链的所有权限都是由中心化机构决定的。虽然私有链属于中心化系统，但仍与传统的中心化数据库有本质区别，它具备区块链多节点运行的通行结构，安全透明并且可以追溯。结合其特点，私有链更适用于组织的内部审计、企业供应链管理等场景。

三者的详细区别，参见表1-1。

表1-1 公有链、联盟链和私有链的比较

	联盟链	公有链	私有链
定义	联盟成员参与共识,去中心且高效	人人可参与链上共识,完全去中心但效率低	完全封闭,中心化
监管	可加入监管节点,全链监管	全匿名,难监管	完全透明,可追溯
共识机制	RBFT/BFT,Raft	PoW比特币/PoS以太坊	RBFT/BFT,Raft
应用层面	供应链金融、司法存证、数字政务、物流溯源、跨境支付	数字资产、匿名交易、去中心化应用	组织内部审计、企业供应链管理

五 区块链的架构演进：从货币、金融到社会

自2009年区块链诞生以来,其不断发展演进,大致经历了三个阶段：以比特币系统的公布所形成的区块链1.0时代,以智能合约为依托的区块链2.0时代,以智能化物联网多应用场景为趋势的区块链3.0时代。[①]

（一）区块链1.0：可编程货币

区块链1.0是区块链发展的初期阶段,是指以比特币、莱特币为代表的去中心化数字货币。在区块链1.0阶段,比特币是当之无愧的主角,其运用分布式记账技术使得整个交易过程去中心化。比特币是基于P2P网络架构的虚拟货币系统,根据代码情况,比特币架构总体上分为两部分,一部分是前端,包

---

① 陈晓华：《5G时代数字经济与区块链发展趋势》,《领导科学论坛》2020年第16期,第38页。

括钱包或图形化界面；另一部分是运行在各个节点的后台程序，包括数字签名、挖矿、脚本引擎等功能（如图1-8所示）。

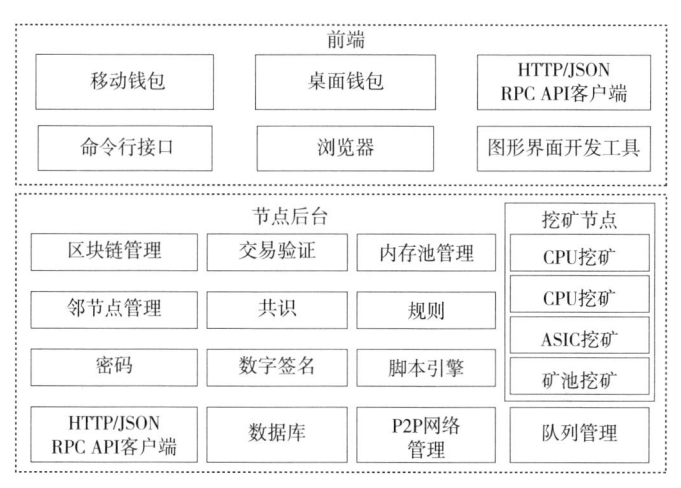

```
┌─────────────────────前端─────────────────────┐
│  ┌──────────┐  ┌──────────┐  ┌─────────────┐│
│  │ 移动钱包 │  │ 桌面钱包 │  │  HTTP/JSON  ││
│  │          │  │          │  │ RPC API客户端││
│  └──────────┘  └──────────┘  └─────────────┘│
│  ┌──────────┐  ┌──────────┐  ┌─────────────┐│
│  │命令行接口│  │  浏览器  │  │图形界面开发工具││
│  └──────────┘  └──────────┘  └─────────────┘│
└─────────────────────────────────────────────┘

┌──────────────节点后台──────────────┐ ┌挖矿节点┐
│ ┌────────┐ ┌────────┐ ┌────────┐  │ │CPU挖矿│
│ │区块链管理│ │交易验证│ │内存池管理│  │ └──────┘
│ └────────┘ └────────┘ └────────┘  │ ┌──────┐
│ ┌────────┐ ┌────────┐ ┌────────┐  │ │CPU挖矿│
│ │邻节点管理│ │  共识  │ │  规则  │  │ └──────┘
│ └────────┘ └────────┘ └────────┘  │ ┌──────┐
│ ┌────────┐ ┌────────┐ ┌────────┐  │ │ASIC挖矿│
│ │  密码  │ │数字签名│ │脚本引擎│  │ └──────┘
│ └────────┘ └────────┘ └────────┘  │ ┌──────┐
│ ┌────────┐ ┌────────┐ ┌────────┐  │ │矿池挖矿│
│ │HTTP/JSON│ │ 数据库 │ │P2P网络 │  │ └──────┘
│ │RPC API客户端│        │ 管理   │  │ ┌──────┐
│ └────────┘ └────────┘ └────────┘  │ │队列管理│
└───────────────────────────────────┘ └──────┘
```

图1-8 比特币架构

（二）区块链2.0：可编程金融

区块链2.0即可编程金融，其核心理念是将区块链作为可编程的分布式信用基础设施，扩展链上实用程序，并运用智能合约保证程序的有效执行。区块链2.0最典型的案例为以太坊。区块链2.0提供了一套新的协议支撑新型的去中心化应用，如果用互联网协议来做类比，区块链1.0就相当于TCP/IP协议，而区块链2.0就相当于HTTP、SMTP和FTP等高级协议。[1]

区块链2.0的基础技术架构为数据层、网络层、共识层、激励层与智能合约层。数据层、网络层与区块链1.0内容相同。共

---

[1] 邹均等：《区块链技术指南》，机械工业出版社，2016，第80页。

识层较1.0相比内涵更加丰富，因各种共识机制各有利弊，故设置多种共识机制以应对不同场景。区块链2.0用智能合约层代替了区块链1.0中的应用层，智能合约层包括虚拟机①、脚本代码、智能合约。智能合约是区块链2.0中的核心技术之一，该技术可以实现依据代码触发交易，能够消除人为干预因素，降低信任成本，因此可以真正地实现区块链可编程。

非同质化通证NFT（Non-Fungible Token）②即基于区块链技术的非同质化数字资产，可以称为区块链2.0技术下的产物。NFT继承了区块链技术的基本特征，并在发展迭代过程中逐渐呈现出诸多区别于比特币、以太币等同质化通证的技术优势。第一，不可分割性。NFT具有独特且唯一的标识，最小单位为1且不可被分割为更小的单位。第二，独一无二性。NFT利用区块链技术赋予每个数字资产一张专属的数字证书，不可互换、不可篡改、不可复制。③

（三）区块链3.0：可编程社会

区块链1.0和区块链2.0是我们已经经历和正在经历的技术阶段，目前，区块链正在向3.0迈进。它不仅可以重塑货币、支付、金融及经济形态等方面，更广泛地看，还可以超越货币和经济，

---

① 虚拟机是指通过软件模拟的具有完整硬件系统功能的、运行在一个完全隔离环境中的完整计算机系统。区块链是运用虚拟机运行代码来实现智能合约的。
② NFT中文常翻译为"非同质化通证/代币"。非同质化通证是相对于比特币、以太坊等同质化通证而言的，两者都是代币，都记录在区块链中。区别在于，同质化通证可以进行分割甚至无限拆分，不同类别的同质化通证之间也可以相互替代与交换。但是，NFT不可替代且不可分割，并且具有唯一性。其重要价值在于，解决了数字资产的所有权问题。
③ 郭全中：《NFT及其未来》，《新闻爱好者》2021年第11期，第37页。

走向政务、科学、社交、文化、工业、艺术等领域,我们可以大胆构想,区块链技术将广泛而深刻地改变人们的生活方式,重构整个社会,成为促进社会经济发展的理想框架。[1]

目前元宇宙概念即为 Web 3.0 时代的原始启蒙项目。元宇宙必将成为基于区块链技术体系和运作机制支撑下的可信数字化价值交互网络以及以区块链为核心的 Web 3.0 数字新生态。

元宇宙(Metaverse)由美国科幻作家尼尔·斯蒂芬森(Neal Stephenson)于1992年在其著作《雪崩》中提出,是指一个与现实世界平行、相互影响并且始终在线的数字虚拟世界。[2] 根据赛迪智库电子信息研究所、江苏省通信学会联合编写的《元宇宙产业链生态白皮书(2022年)》,元宇宙分为基础设施层、核心层和应用服务层(参见图1-9)。区块链技术属于基础设施层中的新技术基础设施。NFT、虚拟货币属于元宇宙产业链中的消费端应用服务。基于去中心化网络的NFT、虚拟货币,可以实现元宇宙中的价值归属、流通、变现和虚拟身份认证。

第一,如同真实世界建立在法定货币上一样,未来的元宇宙不可避免地需要数字货币,因此,元宇宙中将通过比特币、以太币等发展较为成熟的虚拟货币实现流通、支付和结算。[3]

第二,随着NFT技术的不断成熟和落地场景的不断深入,

---

[1] 邱炜伟、李伟主编《区块链技术指南》,中国工信出版集团、电子工业出版社,2022年,第10页。
[2] 参见赛迪智库电子信息研究所、江苏省通信学会《元宇宙产业链生态白皮书(2022年)》,2022年5月发布,第5页。
[3] 李鸣等:《区块链:元宇宙的核心基础设施》,《计算机工程》2022年第6期,第30页。

应用服务层	消费端应用服务		行业端应用服务		政府端应用服务	
	数字人	数字货币	虚拟工厂	虚拟医疗	民事诉讼	公共设施预定
	虚拟社交	虚拟办公	虚拟课堂	数据交易	投资洽谈	市长室办公室
	虚拟主播	虚拟游戏	BIM/CIM地图服务		城市规划	急救中心
	非同质化代币（NFT）		沉浸式乐园	……	信访咨询	……
	虚拟地产	……				

核心层	终端入口		时空生成		交互体验	
	手机	PC	操作系统	开发引擎	动作捕捉	眼动追踪
	电视	芯片	3D建模	实时渲染	语音交互	力反馈
	可穿戴设备	传感器	数字孪生	导航定位	即时定位与地图构建（SLAM）	
	显示器件	光学模组	产业平台		脑机接口	空间音频
	VR/AP/XR/MR终端		游戏平台	社交平台	虚拟社会结构	
	车载/工控/教育/医疗等行业终端		办公平台	交易平台	安全体系	信用体系
			融媒体平台		道德伦理	意识形态

基础设施层	通信网络基础设施		算力基础设施		新技术基础设施	
	5G/6G网络	物联网	数据中心	智能计算中心	云计算	区块链
	工业互联网	卫星互联网	边缘计算	分布式存储	人工智能	

图1-9 元宇宙产业链全景图[①]

它会成为建构并达成元宇宙的重要基础设施，即元宇宙会是NFT的真正未来。[②] 在元宇宙这样的三维空间中，社会和经济活动像

---

① 赛迪智库电子信息研究所、江苏省通信学会联合编写：《元宇宙产业链生态白皮书（2022年）》。
② 郭全中：《NFT及其未来》，《新闻爱好者》2021年第11期，第39页。

现实一样运行，需要有相关技术实现资产权属证明和价值互换（参见图1-10）。一方面，NFT解决了元宇宙中身份认证和确权问题。以区块链技术为基础的NFT，作为基于独特身份认证的各种价值载体，理论上其具有承载虚拟物品及资产系统的作用。[①] 另一方面，NFT解决了元宇宙的价值传递问题。NFT对元宇宙原生资产权属的确认能力使得资产可以实现全域流转，因此，可以称之为元宇宙交易系统的关键中介、连接现实世界和虚拟世界的纽带。

元空间	内容呈现	位置感知	人机互动	感官触达	环境支持
元应用	工业制造	社交娱乐	文化旅游	社会治理	电子商务	金融服务

元服务	内容运营	加密货币	跨链	隐私计算	数字资产	模拟仿真
	环境渲染					数字人
	3D引擎	交付交易	数据管理	数字身份	资产管理	制作引擎

元系统	云计算	数字签名	时序服务	激励机制	数字孪生
	大数据		共识机制		人工智能
	人机交互	分布式账本		加密算法	信息安全

元网络	点对点通信	分布式存储	分布式计算	分布式网络

图1-10　以区块链为核心的元宇宙技术参考模型[②]

---

① See Lik-Hang Lee, Tristan Braud, et al., *All One Needs to Know about Metaverse: A Complete Survey on Technological Singularity, Virtual Ecosystem, and Research Agenda*, Journal of Latex Class Files, Vol. 14, No. 8, 2021, pp. 35-36.
② 李鸣等：《区块链：元宇宙的核心基础设施》，《计算机工程》2022年第6期，第26页。

六　以区块链为底层架构的Web 3.0时代

Web（World Wide Web）即全球广域网，又称万维网，是一种基于超文本的、全球性的、动态交互的、跨平台的分布式图形信息系统。Web 1.0、Web 2.0、Web 3.0，也可称为互联网1.0、互联网2.0、互联网3.0。科技界一般使用Web 1.0、Web 2.0、Web 3.0的简称，以此代表互联网迭代演进的三个不同时代。[①]

（一）互联网的Web 1.0、Web 2.0与Web 3.0："可读、可写与拥有"

在国际与中国互联网发展的30年左右的时间里，瑞达网络公司的创始人诺瓦·斯皮瓦克（Nova Spivack）以10年为一个周期，将网络发展的第一个10年（1990~2000年）作为"信息单向发布的Web 1.0时代"，第二个10年（2000~2010年）视为"互动参与的Web 2.0时代"。[②] 斯皮瓦克认为，Web 3.0是"网络发展的第三个10年，即2010年至2020年"，它"将统计学、语言学、开放数据、计算机智能、集体智慧和用户在网上生成的内容全部集合到一起"。[③]

1.Web 1.0是第一代互联网。这是第一次有了可访问和商业

[①] 刘艳红：《Web 3.0时代网络犯罪的代际特征及刑法应对》，《环球法律评论》2020年第5期，第100页。
[②] 刘琼、任树怀：《论Web 3.0下的信息共享空间》，《图书馆》2011年第2期，第83页。
[③] 周易军编著《Web 3.0时代的服装网络营销：理论与实务》，经济日报出版社，2016，第3页。

化的基本网页。第一批网络浏览器出现在 Web 1.0 期间，第一批允许连接（通过拨号）的互联网服务提供商，以及第一批网络开发工具，像 Java 和 Javascript 等软件语言也起源于这一时期。其特征是作为发布信息的"门户网站"而存在[①]。由于构建门户网站的 SMTP、HTTP[②]等公开协议不能对互联网用户身份进行识别和认证，因此，网络社交、在线支付等功能也就无法实现。

2.Web 2.0 的诞生。随着互联网技术的蜕变，互联网在网速、光纤基础设施和搜索引擎等方面都取得了发展，用户对社交、音乐、视频分享和支付交易的需求也因之大幅上升。在此背景下，Web 2.0 得以诞生。在 Web 2.0 时代，互联网变得更加社交化。随着社交网络的激增、移动设备的无处不在以及对移动互联网的访问推动了社交媒体、短视频、网络直播等移动互联网服务的发展。

与 Web 1.0 相比，Web 2.0 的主要优势是用户可以和网络交互。但是，两者仍然都遵循中心化的设计，[③]这容易产生数据垄断问题。而且，Web 1.0 和 Web 2.0 仅是信息网络，虽然可以传播文字、图片、声音、视频等信息，但缺乏安全可信

[①] 赵怡晨、卢阳、翟铭雪：《区块链技术：Web3.0+税务的一种可能性》，《现代商业》2021 年 4 月 28 日。

[②] SMTP（Simple Mail Transfer Protocal）协议，即简单邮件传输协议，目标是向用户提供高效、可靠的邮件传输。HTTP（Hyper Text Transfer Protocol）协议，即超文本传输协议，指的是在网络、网络之间或者是计算机用户之间进行网络传输和文件传输的一种超文本传输协议，对计算机安全和网络安全起着至关重要的作用。

[③] 陈根：《从 Web 2.0 到 Web 3.0，从中心化到去中心化》，《新浪专栏·创事记》，https://tech.sina.com.cn/csj/2022-02-15/doc-ikyamrna0913910.shtml，最后访问时间：2022 年 4 月 12 日。

的价值传递技术支撑。在计算机世界,若没有可信机制,由电子信息承载和传送的价值很容易被随意复制和篡改,引发价值伪造与"双花"(Double Spending)以及隐私保护缺失等问题。①

3.Web 3.0的诞生。Web 3.0是一个建立在区块链上的去中心化在线环境。目标是建立一个由开放的、链接的、智能的网站和在线应用程序组成的去中心化互联网。与Web 2.0相比,Web 3.0将更加身临其境且易于使用,同时保持个人数据的安全性和隐私性。美国伦斯勒理工学院副教授吉姆·亨德勒(Jim Hendler)将2008年确定为Web 3.0时代的开端。②

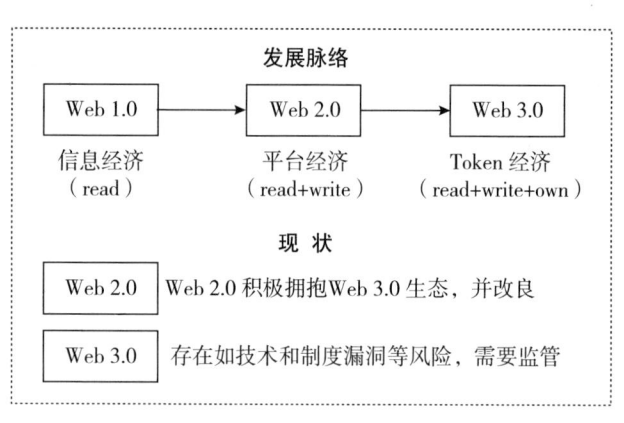

图1-11 发展脉络图

---

① 还有,用户在算法面前缺乏自主权,这导致算法滥用、算法作恶等问题日益突出。参见姚前《Web 3.0:渐行渐近的新一代互联网》,《中国金融》2022年第6期。其中,双花问题,又称双重支付,虽然这在现实生活中是行不通的,但在加密数字货币系统中,由于数据的可复制性,使得系统可能存在同一笔数字资产因不当操作被重复使用的情况。

② J. Hendler, W. Halland, N. Contractor, "Web Science: Now More Than Ever", *Computer*, Vol.51, No.6, 2018, pp.12—17.

Web 2.0以效率优先，Web 3.0则更强调兼顾公平，这两种侧重将成为未来用户选择应用的重要标准。考虑到Web 3.0仍处于发展初期，预计Web 2.0与Web 3.0二者长时间内或共存。另外，公开透明、更公平的分配机制等也有望成为Web 2.0改良的重点方向。[①]

4. Web 1.0、Web 2.0与Web 3.0之对比。以太坊联合创始人Gavin Wood在2018年的文章《我们为什么需要Web 3.0》中提道："Web 3.0将催生一个全新的全球数字经济模式，创造新的商业模式和市场，打破像Google和Facebook这样的平台垄断，并产生大量自下而上的创新。"[②]

Web 3.0世界将充分开放化，用户在其中的行为将不受生态隔离的限制，用户可以（基于基础逻辑）自由畅游在Web 3.0世界；用户数据隐私将通过加密算法和分布式存储等手段得到保护；在Web 3.0世界，内容和应用将由用户创造和主导，充分实现用户共建、共治，同时用户将分享平台（协议）的价值。[③]

Web 3.0是全方位互动的时代。其特征是个性化、互动性和精准的应用服务。用户的应用体验与分享，对网站流量和产品营销具有决定性作用。[④]我们可以从交互、媒介、组织形式、基

---

① 彭小准、董晨晨：《Web 3.0、元宇宙与金融科技的发展》，《金融科技时代》2022年第30卷第8期，第24页。
② 唐一白：《Web 3.0或是元宇宙：如何通向未来网络世界的核心？》，《科学中国人》2022年第1期，第29页。
③ 《Web 3.0：开放、隐私、共建，开启互联网新阶段》，腾讯网，https://new.qq.com/omn/20220525/20220525A09OFQ00.html，最后访问时间：2022年6月15日。
④ 崔婉秋、杜军平等：《基于用户意图理解的社交网络跨媒体搜索与挖掘》，《智能系统学报》2017年第6期，第761~762页。

础设施、控制权等几个角度将 Web 3.0 与 Web 1.0 和 Web 2.0 时代进行对比。

（1）交互方式：Web 1.0 以"可读"（read）为主，而 Web 2.0 用户参与感更强，"可读+可写"（read+write），Web 3.0 则是"可读+可写+拥有"（read+write+own），以用户为中心，强调生态各个参与方拥有相应权利。为了在没有互联网平台账户的条件下可信地验证身份，Web 3.0 利用区块链分布式账本技术，发证方、持证方和验证方之间可以端到端地传递信任。

（2）媒介：Web 3.0 有希望结合元宇宙等新技术，突破时间、空间的限制，利用更强的算力，在 Web 2.0 的交互式内容方面升级为具有完备世界观的虚拟经济体。如果把大多数 Web 2.0 的应用比喻成一个"娱乐乐园"，则 Web 3.0 的应用更像一个"完整的经济体"，其一方面可以覆盖人们社交、娱乐等需求；另一方面，可以依赖经济体获取相应收入，甚至成为工作本身。

（3）组织形式：Web 3.0 的组织形式以相互关联的系统代替 Web 2.0 时代的平台。典型的组织形式为 DAO（Decentralized Autonomous Organization）——去中心化自治组织，一言以蔽之，它是一种将组织的管理和运营规则以智能合约的形式编码在区块链上，从而在没有集中控制或第三方干预的情况下自主运行的组织形式。DAO 可以理解为一种高度自治的社区，其生产激励来源于代币，组织内部的决策基于共识机制下组织内部成员的投票，而投票权则基于代币。

（4）基础设施：区块链是 Web 3.0 最底层的基础设施之一。区块链使得 Web 3.0 网络具备去中心化、开放性、独立性、安全性等特点。此外，Web 3.0 也可以兼容 Web 1.0 和 Web 2.0 的基础设施。

（5）控制权：Web 3.0更类似Web 1.0的去中心化基础架构，基于区块链和代币经济体系，其应用架构、治理结构等都呈现去中心化状态。[1]

三者详细的比较参阅表1-2。

从Web 1.0时代的"读报纸"到Web 2.0时代的"开会"，终于发展到了Web 3.0时代的"私人定制"。在Web 3.0时代，不再是人找信息而是信息找人。[2]

表1-2　Web 1.0、Web 2.0、Web 3.0的比较

	Web 1.0	Web 2.0	Web 3.0
范式	平台创造 平台所有 平台控制 平台受益	用户创造 平台所有 平台控制 平台分配	用户创造 用户所有 用户控制 协议分配
交互方式	可读	可读+可写	可读+可写+拥有
媒介	静态文本	交互内容	虚拟经济体
组织形式	公司	平台	网络
基础设施	个人PC	手机&云	区块链

（二）区块链：Web 3.0的核心基础设施

区块链与Web 3.0的关系，论者的描述有所不同，比如，区

---

[1] 肖亚翠等：《移动互联：从Web 1.0到Web 3.0》，《第21届中国数字广播电视与网络发展年会暨第12届全国互联网与音视频广播发展研讨会论文集》，2013。

[2] 殷慧霞：《Web 3.0及其教育应用探究》，《信息技术与信息化》2018年第6期，第163页。

块链是实现Web 3.0的一种技术路径;①Web 3.0是基于区块链技术的分布式管理网络,实现去中心化,释放数据价值的互联网环境;②区块链是Web 3.0的基础设施或底层架构;等等。鉴于Web 3.0的发展离不开区块链、智能合约、代币等基础设施的建立和普及,我们认为,区块链是互联网发展到一定阶段的必然产物,是在低成本、高效、快捷的基础上对其安全可信及多元价值传递与贡献分配体系的完善。所以,将区块链定义为Web 3.0的核心基础设施为宜。

从Web 3.0生态要素的视角分析,Web 3.0是基于区块链技术、以用户为主体的网络生态。在Web 3.0中,用户为满足自身需求进行交互操作,并在交互中利用区块链技术,从而实现价值的创造、分配与流通。整个用户交互、价值流通的过程就形成了Web 3.0生态。

Web 3.0的生态组成模块包括:(1)用户身份:用户使用钱包,掌握多个虚拟化身,参与Web 3.0网络生态的交互;(2)用户交互:通过区块链技术进行用户交互,从而实现价值的创造、分配与流通;(3)用户组织:用户形成自治组织,在协作中为Web 3.0生态创造各种应用、工具、协议等;(4)底层支撑:区块链从技术层为Web 3.0提供底层支撑。③具体而言,最初为点对点账本技术,即用户共同维护的公共账本。而以太坊在区块

---

① 参见赵怡晨、卢阳、翟铭雪《区块链技术:Web 3.0+税务的一种可能性》,《现代商业》2021年第12期,105页。
② 张德成、王植青:《开放教育资源的智能聚合与个性化建构——基于Web 3.0的开放教育资源建设》,《现代教育技术》2008年第8期,第90页。
③ 刘艳:《三层技术架构撑起Web 3.0——走近下一代互联网(上)》,《科技日报》2022年7月11日第6版,第1页。

链上添加了智能合约，使得在区块链上编程、应用开发成为可能。由此诞生的各种去中心化应用便构成了 Web 3.0 生态。而分布式存储则构建了 Web 3.0 的数据存储层。在 Web 3.0 生态中，用户身份、用户交互、用户资产、用户组织等产生的数据都需要以去中心化的方式进行存储，从而使数据无须托管在第三方中心化平台，数据价值因此真正为用户所有、用户所掌握。①

（三）基于区块链的 Web 3.0 的优势：从信息互联网到价值互联网

根据维基百科定义，Web 3.0 结合了去中心化和代币经济学等概念，是基于区块链技术的全新互联网。Web 3.0 的愿景是让每位互联网的使用者都能掌握自己的数字身份，资产和数据，进而在网络时代掌握自己的命运。②随着区块链、数字资产等行业的发展，Web 3.0 因此受到越来越广泛的关注。Web 3.0 是去中心化的下一代互联网架构，比当前的互联网更自由、更公平、更安全。③有论者进一步归纳为三方面的优势。

第一，Web 3.0 是用户与建设者拥有并信任的互联网基础设施。通过公、私钥的签名与验签机制、分布式账本技术与智能合约，Web 3.0 不仅赋予用户自主管理身份，而且打破了中心化模式下数据控制者对数据的天然垄断，赋予了用户真正的数据

---

① 吴胜、高俊芳、蒲筱哥：《Web 3.0 数据整合的挑战与对策》，《情报探索》2013 年第 6 期，第 90 页。
② 参见马明亮《基于 Web 3.0 的数据库设计和程序开发研究》，《信息技术与信息化》2020 年第 4 期。
③ 周端明：《物联网架构下的 Web 信息数据库系统设计与开发》，《中国新通信》2019 年第 14 期，第 159~160 页。

自主权。同时,可提供一种全新的自主可控数据隐私保护方案。最终建成全新的信任与协作关系。

第二,Web 3.0是安全可信的价值互联网。它以密码学技术为基础,通过分布式共识机制,完整、不可篡改地记录价值转移(交易)的全过程。其中,智能合约是分布式账本上可以被调用的、功能完善、灵活可控的程序,具有透明可信、自动执行、强制履约的优点。当它被部署到分布式账本时,程序的代码便公开透明。用户对可能存在的算法滥用、算法偏见及算法风险均可随时检查和验证。

第三,Web 3.0是立体的智能全息互联网。[①]之所以称Web 3.0是立体的智能全息互联网,因为它依托智能终端设备实现了真正的"任何时间"(Anytime)、"任何地点"(Anywhere)、"任何方式"(Anyway)。同时,Web 3.0还将Web 2.0的社交思路与具体产业相结合,由此,"互联网+"激发出各行各业巨大的创造力和生产力,产生源源不断的数据资源。让互联网摇身变为一个泛在的数据库,大数据(BigData)、人工智能(AI)、虚拟现实技术(VR)的运用推动着人类社会朝着智能化、个性化、定制化的方向发展。另外,Web 3.0还实现了诸多技术的新突破,它以"个性化"为中心,强调用户参与和用户体验,从提供广泛服务向提供深度个性服务拓展,这意味着Web 3.0时代的网络社会有了更加广泛的参与主体、更加细化的用户分类和更

---

① 姚前:《Web 3.0:渐行渐近的新一代互联网》,《中国金融》2022年第6期,第14~17页。

加多元的用户需求。①

总之，区块链能够为互联网提供有效的信任机制和价值传递方式，让数据可信、资产可信、合作可信成为可能。所以，拥有区块链的 Web 3.0 是价值互联网。

（四）趋势：区块链化的全新互联网（区块链网络）日渐成型

那么，Web 3.0 是否可以称为区块链网络？目前来看，Web 3.0 只能称为以区块链为基础架构的网络，因为区块链还没有像 TCP/IP 协议一样成为互联网的标准底层协议。②但不可否认的是，以区块链作为底层技术支撑的互联网在不断走向成熟，区块链化的全新互联网，在不远的将来会悄然而至。目前比较主流的观点认为，区块链作为 Web 3.0 及价值互联网的底层技术，被视为继大型计算机、个人电脑、信息互联网之后的新一轮颠覆式创新，未来会在全球范围内引起一轮新的产业变革。

需要注意的问题是，正如货币政策的"不可能三角"一样，以区块链为基础架构的 Web 3.0 也存在去中心化、安全和效率的"不可能三角"。在传统意义上，任何一个体系都应该拥有足够的安全性，而 Web 3.0 又强调去中心化特征，由此，其效率较低的问题也开始凸显。这也是造成区块链性能低下的主要原因——去中心化导致每笔交易都要在所有节点上达成一致。所

---

① 喻少如、陈琳：《Web 3.0 时代下网络社会的软法治理》，《哈尔滨工业大学学报（社会科学版）》2019 年第 3 期，第 9 页。

② TCP/IP（Transmission Control Protocol/Internet Protocol，传输控制协议/网际协议）是指能够在多个不同网络间实现信息传输的协议簇。

以，解决效率问题只能另辟蹊径，如链下合约（决策）、侧链等。但越复杂的机制由于开源的特性，越容易带来潜在安全漏洞，从而招致黑客的攻击。主流区块链比如比特币、以太坊等都在"不可能三角"的某个特性上做出了优化和权衡。①

---

① 戴一挥等：《银行业区块链应用分析》，《金融科技时代》2022年第30卷第5期，第1页。

第 2 章 区块链技术的中国政策与立法

本章要目

引　言
一　政策扶持与法律规制的谱系
　　（一）三阶段：步入视野、发展规划与工程化
　　（二）从国家信息化规划到立体化的法律规则
二　区块链技术创新应用的政策
　　（一）围绕"数字产业"的区块链技术创新应用
　　（二）区块链技术与人工智能、大数据、物联网等信息技术的集成创新应用
三　区块链技术标准的政策与法律
　　（一）区块链技术标准的内涵与种类：国际标准、国家标准、行业标准、地方标准和团体标准
　　（二）政策、实施机构与《密码法》
　　（三）区块链技术标准的制定
　　（四）区块链标准化的三大难题：术语定义不统一；标准差别与重叠；制定过程缺乏代表性与透明性
四　区块链技术治理的立场、体系与路径
　　（一）治理立场："促进发展和监管规范"并举
　　（二）《区块链信息服务管理规定》：我国第一部区块链监管规范
　　（三）治理方向：技术算法规制、标准制定、安全评估审查与伦理治理
　　（四）治理路径：弹性治理与行业自律

引 言

区块链政策对我国区块链产业的发展有着重要的指导作用,目前,发展区块链技术和产业也已经被视为国家战略。2020年以来,中央和地方与区块链相关的政策思路是,大力鼓励区块链技术发展的同时,对虚拟货币的打击仍维持高压态势。在此,重点梳理针对区块链技术的扶持政策与法律规制的谱系。

一 政策扶持与法律规制的谱系

(一)三阶段:步入视野、发展规划与工程化

从2009年区块链诞生至今,我国对区块链技术的扶持政策与法律规制可以分为三个阶段。一是步入视野与蓄力阶段(2009~2016年)。自2009年比特币系统所采用的区块链底层技术开始步入我们的视野,到2013年,以比特币为首的虚拟货币市场高速升温,并掀起了第一轮虚拟货币投资与炒作热潮。同时,异常的金融风险引起了我国政府的密切关注与监管,中国人民银行联合多部委发布了《关于防范比特币风险的通知》。至此,区块链的底层技术与技术价值开始逐步进入大众与国家战略的视野。

二是发展规划阶段(2016~2021年)。2016年12月,国务院发布了《"十三五"国家信息化规划》,区块链技术首次在我国被作为国家级战略性前沿技术写入规划。同年,工业和信息化部发布了《中国区块链技术和应用发展白皮书(2016)》,总

结了国内外区块链的发展现状和典型应用场景，重点介绍了我国区块链技术的发展路线图以及未来区块链技术标准化方向和进程，为我国区块链技术"十三五"期间的标准化与发展前景指明了方向。

2019年10月，在中共中央政治局第十八次集体学习时，习近平总书记强调，要把区块链作为核心技术自主创新的重要突破口，明确主攻方向，加大投入力度，着力攻克一批关键核心技术，加快推动区块链技术和产业创新发展。其间，完善区块链相关的法律法规与技术标准成为政府监管机构和行业龙头企业的关注重点，《区块链信息服务管理规定》与《中华人民共和国密码法》（以下简称《密码法》）相继颁行。2020年，政府工作报告首提"新基建"的概念，将区块链、人工智能、云计算等技术列入新一代信息基础设施范畴。2021年3月，区块链被列为"十四五"规划七大数字经济重点产业之一。

同时，地方政府对区块链技术的重视程度也逐步提升。统计结果显示，2016年至2021年9月，全国26个省份共发布区块链专项以及包含区块链发展内容的政策文件达117份。其中，广东省、山东省、河北省、北京市等地出台了区块链专项政策，浙江省、陕西省、上海市等地将区块链技术写入地方"十四五"规划，着力推进当地区块链产业体系健康发展。[①]

其中，北京市与上海市将区块链发展重心放在赋能服务与经济发展领域，而江苏省则放在赋能城市发展方面，广东省

---

① 中国信息通信研究院：《区块链白皮书》，第28页，http://www.caict.ac.cn/kxyj/qwfb/bps/202112/P020211224394830046624.pdf，最后访问时间：2022年9月3日。

与山东省的区块链发展规划致力于技术的研发,浙江省则重点围绕区块链技术打造人才、技术、标准、应用、产业的全生态典范。

表2-1 地方政府有关区块链的"十四五"规划

发布主体及名称	主要内容
北京市政府《北京市"十四五"时期高精尖产业发展规划》	打造面向未来的高精尖产业新体系,做优区块链与先进计算等四个"北京服务"创新链接产业;力争到2025年区块链与先进计算产业实现营业收入超6000亿元[①]
上海市政府《上海市数字经济发展"十四五"规划》	数字新赛道新动能持续壮大。在人工智能、区块链、云计算、大数据等重点领域集中突破一批关键技术,在智能网联汽车、可穿戴设备、智能机器人等方面培育一批重磅产品,数字技术创新和数字产品供给能力显著提升[②]
江苏省政府《江苏省国民经济和社会发展第十四个五年规划和2035年远景目标纲要》	打造安全可靠的区块链底层平台,推动基于云计算的BaaS公共服务平台部署,打造城市区块链大数据共享、协同、管控平台;建设省区块链信息服务综合管理平台,"以链治链"构建区块链安全检测管理体系,实现全省"一链统管";支持苏州争创区块链发展先导区[③]
广东省政府《广东省国民经济和社会发展第十四个五年规划和2035年远景目标纲要》	持续实施重点领域研发计划,积极参与国家重点研发计划和国家技术创新工程,强化前沿技术和颠覆性技术研究,支持企业在人工智能、区块链、量子信息、生命健康、生物育种等前沿领域加强研发布局[④]

---

① 《北京市"十四五"时期高精尖产业发展规划》(京政发〔2021〕21号),第27页。
② 《上海市数字经济发展"十四五"规划》(沪府办发〔2022〕11号),第4页。
③ 《江苏省国民经济和社会发展第十四个五年规划和2035年远景目标纲要》(苏政发〔2021〕18号),第65页。
④ 《广东省国民经济和社会发展第十四个五年规划和2035年远景目标纲要》(粤府〔2021〕28号),第27页。

续表

发布主体及名称	主要内容
山东省政府《山东省国民经济和社会发展第十四个五年规划和2035年远景目标纲要》	加快建设自主可控区块链基础设施,推进新基建密码区域应用示范,打造全球有影响力的区块链产业集群;编制区块链产业发展规划,支持山东区块链研究院发展[①]
浙江省政府《浙江省区块链技术和产业发展"十四五"规划》	到2025年,将浙江打造为国内领先、国际一流的区块链技术创新高地、应用高地、人才高地,形成完备的区块链产业生态,成为区块链产业健康有序发展典范[②]

三是技术应用和产业工程化阶段(2021年~)。该阶段的特点是,区块链技术创新、应用发展与监管机制完善同步进行,着重思考生态建设问题。2021年3月,区块链被写入《中华人民共和国国民经济和社会发展第十四个五年规划和2035年远景目标纲要》(以下简称《目标纲要》),规划提出打造数字经济新优势,加快推动数字产业化。推动区块链技术创新,以联盟链为重点发展区块链服务平台和金融科技、供应链管理、政务服务等领域的应用方案,完善监管机制。[③]细分起来,表现为如

---

① 《山东省国民经济和社会发展第十四个五年规划和2035年远景目标纲要》(鲁政发〔2021〕5号),第36页。
② 《浙江省区块链技术和产业发展"十四五"规划》(浙发改规划〔2021〕139号)。
③ 需要提及的是,由于虚拟货币容易与洗黑钱、非法集资等违法犯罪活动联系在一起,且虚拟货币"挖矿"碳排放和能源消耗量大,虚拟货币生产和交易等环节容易对资本市场造成负面影响,不利于推动经济社会高质量发展,因此,多省市在2021年出台了系列整治虚拟货币"挖矿"、打击炒作交易行为的相关政策。零壹财经·零壹智库:《中国区块链产业全景报告(2021)》,第15~16页,零壹智库,http://www.199it.com/archives/1414517.html,最后访问时间:2022年9月3日。

下几个重要方向。

1. 区块链被列为七大新兴数字产业之一。《目标纲要》将区块链列为七大新兴数字产业之一，明确提出了区块链技术创新、应用发展、监管机制完善的三大重点任务，特别强调了以联盟链为重点，发展金融科技应用。

2. 建设区块链产业生态体系。2021年6月，工业和信息化部和中央网信办印发的《关于加快推动区块链技术应用和产业发展的指导意见》指出，要聚力解决制约技术应用和产业发展的关键问题，进一步夯实我国区块链发展基础，加快技术应用规模化，建设具有世界先进水平的区块链产业生态体系，实现跨越发展。

3. 试点推进。2021年9月，中央网信办、中央宣传部等18个部门和单位组织开展国家区块链创新应用试点工作，联合发布了《关于组织申报区块链创新应用试点的通知》。试点主要包括综合性试点和特色领域试点两类。综合性试点原则上是在地级及副省级行政区域开展的跨（多）行业应用，由中央网信办牵头负责。特色领域试点是在"区块链＋制造"、"区块链＋跨境金融"等领域开展的行业性试点，由中央宣传部、国务院办公厅电子政务办公室、最高人民法院、最高人民检察院、司法部等16个部门和单位分别牵头负责。其中，与司法领域有关的四个方面是："区块链＋法治"、"区块链＋审判"、"区块链＋检察"、"区块链＋版权"。

试点工作的整体推进将有力促进数字经济发展、助力数字中国建设，各项任务部署充分考量了区块链作为技术手段在优化业务流程、降低运营成本方面的作用，同时也注重发挥区块链作为管理手段在提升协同效率、建设可信体系方面的优势，形成"16+1"的试点工作整体布局，既有力推动了区块链在各行各业间的贯通发展，又在多主体参与、多业务协同、跨地区合作、数据有序共享流动的场景开展了实践探索与创新突破。

国家区块链创新应用试点工作自开展以来，相继印发了2份文件：《关于组织申报区块链创新应用试点的通知》与《关于印发国家区块链创新应用试点名单的通知》。分别从试点的组织管理机制、试点任务部署和整体工作安排等角度描绘了试点建设的总体思路框架，面向2023年完成试点各项建设任务的总体目标，以及围绕试点各阶段工作需求统筹规划实施路径。

4. 区块链技术的发展与监管同步进行。2021年12月，国务院发布的《"十四五"国家信息化规划》，提及区块链达23次之多，对区块链技术的发展与监管提出了系统化的要求：探索区块链技术的治理原则与标准、统筹构建区块链等算力与算法中心、推动区块链在数据流通中的创新应用、建设区块链信息化标准、保护区块链技术知识产权、推动区块链融合制造业、完善区块链技术审查与法律监管、推动区块链技术与行业健康有序发展等。

5. 加快区块链技术工程化、产业化，打造多元创新生态体系。2022年1月，国务院发布的《"十四五"数字经济发展规划》，要求提高区块链技术基础研发能力，加快区块链技术工程化、产业化，打造多元创新生态体系。在2022年的地方政府报告中，一些地方政府也将区块链技术发展作为新一年的工作计划，主要以加速区块链技术研发、打造区块链数字产业、形成省内示范产业园集群为主。

表2-2 部分地方政府有关区块链的2022年政府工作报告

发布主体及名称	内容
内蒙古自治区政府《2022年内蒙古自治区政府工作报告》	在2022年的政府工作主要任务中要求,推进数字产业化,以"呼包鄂乌"、赤峰为重点打造各具特色的数字产业园区,加快发展区块链等数字产业[①]
江苏省政府《2022年江苏省政府工作报告》	在2022年的工作重点中,要求抢抓战略性新兴产业发展的新"窗口期",推动车联网、信息技术应用创新、区块链等新技术场景化应用[②]
陕西省政府《陕西省2022年政府工作报告》	在2022年的重点工作中,要求发展数字经济核心产业,积极培育以区块链、人工智能、卫星互联网、空天地海一体化等为重点的新兴数字产业[③]
青海省政府《2022年青海省政府工作报告》	在2022年主要目标中,提出推进5G网络和千兆光网建设,逐步发展云计算、大数据、区块链、人工智能等新一代信息技术产业,建好数据中心和大数据产业园[①]

由此可见,地方政府在区块链技术在地发展、区块链技术产业化,以及为区块链科技企业营造良好的营商环境方面不遗余力,营造了许多良好的政策环境。从技术扶持角度看,各地政府大力鼓励与支持区块链技术的创新研究,鼓励区块链技术与大数据、人工智能、隐私计算技术等进行融合研究。从产业

---

① 《2022年内蒙古自治区政府工作报告》,内蒙古自治区政府网站,https://www.nmg.gov.cn/zwgk/zfggbg/zzq/202103/t20210317_1192976.html,最后访问时间:2022年1月20日。
② 《2022年江苏省政府工作报告》,江苏省政府网站,http://www.jiangsu.gov.cn/art/2022/1/25/art_33720_10583547.html,最后访问时间:2022年1月20日。
③ 《陕西省2022年政府工作报告》,陕西省政府网站,http://www.shaanxi.gov.cn/zfxxgk/zfgzbg/szfgzbg/202201/t20220124_2208694_wap.html,最后访问时间:2022年1月19日。

扶持角度，多地政府通过设立专项人才引进补贴、技术创新补贴、设立区块链产业园及专项实验室、设立转向投资基金等方式，对区块链技术在地化产业发展进行引导与促成。从应用扶持角度，多地政府大力鼓励与支持区块链技术与金融、供应链、电商、物流、公益、农业、政务、司法等领域的深度融合，即"区块链+"应用。近年来，已经有不少政务、司法平台结合区块链技术应运而生，成为中国政府数字治理的新生技术力量。[①]

综上，自区块链上升为国家战略以来，政府对区块链产业重视程度日益提升。在政策的扶持下，我国拥有完备的产业链及丰富的落地场景。2020年区块链产业政策规模呈井喷式增长，而2021年出台的政策则维持在同一水平。中国信息通信研究院的《区块链白皮书（2021年）》指出，从区块链技术的演进趋势来看，区块链开始步入以"信任链"、"协作链"为导向的新发展阶段。

（二）从国家信息化规划到立体化的法律规则

国务院2016年的《"十三五"国家信息化规划》、2021年的《"十四五"国家信息化规划》与2021年的《目标纲要》，为区块链技术的规划与发展指明了方向与道路。可以说，区块链技术俨然成为第四次工业革命浪潮中推动信息互联网升级为价值互联网的重要手段。

在区块链技术的法律规制方面，法律层面主要有《中华人民共和国网络安全法》、《中华人民共和国电子商务法》、《中华

[①] 《2022年青海省政府工作报告》，青海省政府网站，http://www.qinghai.gov.cn/zwgk/system/2022/01/29/010402521.shtml，最后访问时间：2022年1月21日。

人民共和国电子签名法》《密码法》；行政法规层面，主要有《中华人民共和国计算机信息系统安全保护条例》《互联网信息服务管理办法》等；部门规章层面，主要有央行的《中国人民银行金融消费者权益保护实施办法》、国家互联网信息办公室的《区块链信息服务管理规定》、人社部的《网络招聘服务管理规定》。当然，大部分规则是从信息技术这一宏观层面对区块链技术予以规范的，针对性比较强的则主要集中于2019年相继颁行的《区块链信息服务管理规定》与《密码法》。《密码法》为以密码学为基础技术之一的区块链奠定了发展基础。

从宗旨与路径上看，我国遵循创新发展与规制同步进行的原则。这集中体现于《"十四五"国家信息化规划》，重大任务和重点工程中的第（十）项：建立健全规范有序的数字化发展治理体系，坚持促进发展和监管规范两手抓、两手都要硬，在发展中规范、在规范中发展，建立全方位、多层次、立体化监管体系，把监管和治理贯穿创新、生产、经营、投资全过程。

二 区块链技术创新应用的政策

在鼓励区块链技术创新与应用方面分为两个维度：一是推动区块链技术的创新应用；二是推动区块链技术与其他信息技术的集成创新应用。

（一）围绕"数字产业"的区块链技术创新应用

围绕《"十三五"国家信息化规划》的要求，中央及各部委在农业、商业、工业互联网等领域都做出了重要规划，力图通过区块链技术促进产业升级。比如，2017年1月，商务部发布了《关于进一步推进国家电子商务示范基地建设工作的指导意见》，要求在商务领域，推动示范基地创业孵化，促进大数据、云计算、物联网、人工智能、区块链等技术的创新应用；2017年8月，国务院发布《关于进一步扩大和升级信息消费持续释放内需潜力的指导意见》，提出在扩大与升级信息消费领域开展基于区块链、人工智能等新技术的试点应用；2017年10月，国务院发布《关于积极推进供应链创新与应用的指导意见》，提出要研究利用区块链、人工智能等新兴技术，建立基于供应链的信用评价机制。2021年的《"十四五"国家信息化规划》，优先行动之（三）：前沿数字技术突破行动，其中，要求开展区块链创新应用试点，聚焦金融科技、供应链服务、政务服务、商业科技等领域开展应用示范。从政策文件与地方探索来看，区块链技术应用于诸多领域。

1. 区块链赋能物流与邮政

2017年12月，国家邮政局《关于推进邮政业服务"一带一路"建设的指导意见》，提出与沿线国家交流邮政业和互联网、大数据、云计算、人工智能及区块链等融合发展的经验，联合开展科技应用示范；2018年2月，工业和信息化部办公厅《关于组织开展信息消费试点示范项目申报工作的通知》，提出积极探索利用区块链技术开展信息物流全程监测，推进物流业信息消费降本增效。

2. 区块链赋能工业互联网应用

2017年11月，国务院发布《关于深化"互联网+先进制造业"发展工业互联网的指导意见》，要求促进区块链等新兴前沿技术在工业互联网中的研究与探索。

2018年6月，工信部发布《工业互联网发展行动计划

（2018-2020年）》，鼓励推进边缘计算、深度学习、区块链等新兴前沿技术在工业互联网的应用研究。

2020年4月，工信部发布《关于推动工业互联网加快发展的通知》，指出在工业互联网建设领域，要引导平台增强区块链等新技术的支撑能力，强化设计、生产、运维、管理等全流程数字化功能集成。

3. 区块链赋能智能学习、文化产业

2018年4月，教育部发布《教育信息化2.0行动计划》，提出积极探索基于区块链等新技术的智能学习效果记录、转移、交换、认证等有效方式，形成泛在化、智能化学习体系，推进信息技术和智能技术深度融入教育教学全过程，打造教育发展国际竞争新增长极。2021年6月，国务院印发《全民科学素质行动规划纲要（2021-2035年）》，要求推进科普与大数据、云计算、人工智能、区块链等技术深度融合、创新升级，加强"科普中国"建设，充分利用现有平台构建国家级科学传播网络平台和科学辟谣平台。

2020年11月，文旅部发布《关于推动数字文化产业高质量发展意见》，明确支持5G、大数据、云计算、人工智能、物联网、区块链等在文化产业领域的集成应用与创新，建设一批文化产业数字化应用场景。

4. 区块链赋能金融行业

2019年8月，中共中央、国务院发布《关于支持深圳建设中国特色社会主义先行示范区的意见》，要求支持在深圳开展数字货币等创新应用，促进与港澳金融市场互联互通和金融（基金）产品互认；在推进人民币国际化上先行先试，探索创新跨境金融监管；2021年10月，中国人民银行、中央网信办等五部门发布《关于规范金融业开源技术应用与发展的意见》，不仅要求推进区块链技术在政务服务、民生服务、物流、会计等领域探索应用，而且提出探索自主开源生态，重点在基础软件领域和区块链等新兴技术领域加快生态建设，利用开源模式加速推动信息技术创新发展；2021年11月，国务院发布《提升中小企业竞争力若干措施》，提出支持金融机构深化运用区块链等技术手段，改进授信审批和风险管理模型，持续加大小微企业首贷、续贷、信用贷、中长期贷款投放规模和力度。

5. 区块链赋能智慧税务建设

2021年8月11日，新疆维吾尔自治区党委办公厅、自治区人民政府办公厅印发《自治区关于进一步深化税收征管改革的实施意见》并发出通知，要求加快推进智慧税务建设，稳步推进税收信息系统数字化升级和智能化改造，推动区块链技术在社会保险费征收、房地产交易和不动产登记等方面的应用。

6. 区块链赋能乡村产业

2020年2月，中共中央、国务院发布《关于抓好"三农"领域重点工作确保如期实现全面小康的意见》，明确指出，依托现有资源建设农业农村大数据中心，加快区块链、智慧气象等现代信息技术在农业领域的应用。

2021年11月，农业农村部发布《关于拓展农业多种功能，促进乡村产业高质量发展的指导意见》，明确指出，发挥农村电商在对接科工贸的结合点作用，实施"互联网+"农产品出村进城工程，利用5G、云计算、物联网、区块链等技术，加快网络体系、前端仓库和物流设施建设，把现代信息技术引入农业各个环节，建立县城农产品大数据，培育农村电商实体及网络直播等业态。

其间，2021年8月13日，《北京市"十四五"时期乡村振兴战略实施规划》已正式印发。要求发展智慧农业，大力推进应用场景建设，加快区块链等新一代信息技术在农业领域应用，推进农业生产经营和管理服务数字化改造。

7. 区块链赋能人力资源保障

2021年11月，人力资源社会保障部等五部门发布《关于推进新时代人力资源服务业高质量发展的意见》，明确实施"互联网＋人力资源服务"行动，创新应用大数据、人工智能、区块链等新兴信息技术，推动招聘、培训、人力资源服务外包、劳务派遣等业态提质增效。

8. 区块链赋能区域经济发展

2021年8月，"京津冀征信链"共建协议签约和启动仪式举行。"京津冀征信链"将依托长安链底层技术，实时、安全、多层次、多维度地传输与共享数据，适时实现京津冀三地涉企信用信息的互联互通，为京津冀区域发展提供高质量的征信服务。

（二）区块链技术与人工智能、大数据、物联网等信息技术的集成创新应用

对此，我国多项政策提出规划，比如，2017年7月，国务院发布《新一代人工智能发展规划》，明确要求促进区块链技术与人工智能的融合，建立新型社会信任体系；2021年10月，商务部、中央网信办、发改委联合发布《"十四五"电子商务发展规划》，要求从深化创新驱动、优化要素配置、统筹发展安全入手，深度挖掘数据要素价值，推动区块链等先进技术的集成创新和融合应用，实现电子商务的高质量发展。

三 区块链技术标准的政策与法律

区块链标准是发展区块链技术和实现产业运用的关键环节之一，直接影响区块链技术的发展路径。未来，在以区块链为基础的价值传递网络上，用算法和软件来构建信任基础是远远不够的，还需要标准为区块链增信。在技术开发的正确时间制定正确的标准，可以确保互操作性、产生信任并有助于确保技术的易用性。[①]

我国是最早开展区块链标准化工作的国家之一，早在2016年10月，随着中国区块链技术和产业发展论坛成立，我国就开启了区块链和分布式记账技术领域的标准化工作。工信部下属的可信区块链、中国电子技术标准化研究院等机构，进行了系列团体标准、行业标准，乃至国家标准的研究、制定工作。国内的区块链企业、区块链专家还积极参与国际标准的制定。

（一）区块链技术标准的内涵与种类：国际标准、国家标准、行业标准、地方标准和团体标准

区块链技术标准是指对于在区块链技术应用中，针对需要统一协调的事项所应制定的标准。从推动主体与适用范围来看，区块链技术标准分为国际标准、国家标准、行业标准、地方标

[①]《2022年区块链的10大趋势！》，腾讯网，https://xw.qq.com/cmsid/20220214A022N100，最后访问时间：2022年9月3日。

准和团体标准。《密码法》第22条①、23条②表明了国家对于构建标准化体系的态度：组织、鼓励和支持建立相关技术标准化。国家建立和完善商用密码标准体系。国务院标准化行政主管部门和国家密码管理部门依据各自职责，组织制定商用密码国家标准、行业标准。国家支持社会团体、企业利用自主创新技术制定高于国家标准、行业标准相关技术要求的商用密码团体标准、企业标准。国家推动参与商用密码国际标准化活动，参与制定商用密码国际标准，推进商用密码中国标准与国外标准之间的转化运用。国家鼓励企业、社会团体和教育、科研机构等参与商用密码国际标准化活动。

从内容来看，我国区块链标准体系框架最早是在区块链技术和产业发展论坛中提出的，论坛将区块链标准划分为基础、过程和方法、可信和互操作、业务和应用、信息安全五大类。③其中，不同领域的侧重点不同，比如央行在2020年实施的《金融分布式账本技术安全规范》中，规定了区块链在金融分布式账本技术的安全体系，包括基础硬件、基础软件、密码算法、

---

① 《中华人民共和国密码法》第22条："国家建立和完善商用密码标准体系。国务院标准化行政主管部门和国家密码管理部门依据各自职责，组织制定商用密码国家标准、行业标准。国家支持社会团体、企业利用自主创新技术制定高于国家标准、行业标准相关技术要求的商用密码团体标准、企业标准。"
② 《中华人民共和国密码法》第23条："国家推动参与商用密码国际标准化活动、参与制定商用密码国际标准，推进商用密码中国标准与国外标准之间的转化运用。国家鼓励企业、社会团体和教育、科研机构等参与商用密码国际标准化活动。"
③ 工业和信息化部信息化和软件服务业司指导，中国区块链技术和产业发展论坛编写《中国区块链技术与应用发展白皮书（2016）》，第55页。工业和信息化部网站，http://ec.whu.edu.cn/uploads/soft/171211/1_1616199501.pdf，最后访问时间：2022年9月3日。

节点通信、账本数据、公式协议、智能合约、身份管理、隐私保护、监管支撑、运维要求和治理机制等方面①。

近来，中共中央印发《国家标准化发展纲要》，提出了区块链的标准化工作要求。区块链标准化对于降低技术交流难度、避免成本重复、规范行业发展、提升监管质效具有重要意义，能够有效降低产业成本，促进区块链应用和产品的落地，完善产业发展机制。有论者总结到，区块链技术标准主要解决如下几个核心问题。第一，什么是区块链。组织和行业统一规范的建立，必须基于对基本内涵的一致理解。形成标准化的认知，不仅有利于厘清行业边界、降低交流和交易环节的难度，还能够帮助投资者、监管者进行风险防范，防止中小投资者落入打着区块链旗号的骗术陷阱。第二，如何利用区块链。尽管区块链技术应用在短期内取得了显著成效，但是不可否认其仍处于发展初期，大众对于区块链及其应用的认知受限。区块链作为一种技术支撑，要应用在法律、金融甚至延伸至社会生活管理等领域，有赖于使用者、从业者的理解和思维。区块链技术标准化具有对内对外双重效益：一方面，区块链从业者的统一认知能够建立技术共识，满足产品应用交流的效率需求；另一方面，形成标准便于传统领域从业者理解和接受区块链，从源头上拓展区块链应用场景，实现各行业思维的融通结合。第三，如何管理区块链。国际上对于区块链的态度都是相对谨慎的，因为新兴的技术既代表着无量的机遇，也意味着极大的风险。构建起区块链的国际化标准，利于打通国际技术交流壁垒，共同应对新技术带来的挑战，打消各国对于技术

---

① 《金融分布式账本技术安全规范》，腾讯网，https://new.qq.com/omn/20211129/20211129A08SGR00.html，最后访问时间：2022年3月11日。

应用的疑虑,从而将区块链优势辐射至世界各国,为全球区块链技术应用和产业发展贡献中国方案。第四,区块链技术涉及的安全性问题。当今数据隐私和安全受到广泛重视,其不仅涉及一国(或地区)的网络信息安全,还关涉参与者的隐私安全。为此,必须明确区块链技术的安全规范,根据实际情况制定统一安全标准,保障使用和参与者的信息安全的同时加强系统监管和治理。①

(二)政策、实施机构与《密码法》

1.标准要求与发展目标

在区块链技术的标准制定方面,工信部在《软件和信息技术服务业发展规划(2016-2020年)》中,要求区块链等领域创新达到国际先进水平,② 2016年10月,工信部发布《中国区块链技术和应用发展白皮书(2016)》提出了区块链标准化路线图,明晰了区块链的主要特点和应用领域。

2019年10月24日,中共中央政治局就区块链技术发展现状和趋势进行第十八次集体学习。习近平总书记在讲话时明确提出,"要加强区块链标准化研究,提升国际话语权和规则制定权"。据此,区块链的国际与国内技术标准需要同步发展。

2021年的《"十四五"国家信息化规划》,优先行动之(三):前沿数字技术突破行动,推进区块链技术应用和产业生

---

① 赵磊:《区块链如何监管:应用场景与技术标准》,《中国法律评论》2018年第6期,第177~185页。
② 《软件和信息技术服务业发展规划》,发展规划司,https://www.ndrc.gov.cn/fggz/fzzlgh/gjjzxgh/201706/t20170622_1196824.html?code=&state=123,最后访问时间:2022年3月12日。

态健康有序发展,便是其中的重要内容。进一步的要求是,构建区块链标准规范体系,加强区块链技术测试和评估,制定关键基础领域区块链行业应用标准规范。

工业和信息化部发布的《2021年工业和信息化标准工作要点》,也明确指出,大力开展与推进包括区块链在内的新技术新产业新基建标准的研究与制定。

2.组织实施机构

2017年,我国便开始着手建立区块链国家标准,为实现对这一新兴市场的规范引导而构建区块链标准体系。[①]工信部在2018年发布的《信息化和软件服务业标准化工作要点》中,提出要大力推动组建全国信息化和工业化融合管理标准化技术委员会、全国区块链和分布式记账技术标准化委员会。[②]2019年11月,国家标准化管理委员会正式启动区块链和分布式记账技术等一批技术委员会筹建工作。[③]2021年10月,全国区块链和分布式记账技术标准化技术委员会成立。[④]

3.相关法律依据

目前主要体现为《密码法》第22、23条规定,明确了商用密码的国家标准、行业标准、地方标准、团体标准、企业标准

---

① 柏亮、孙翼:《中国区块链标准蓝皮书(2020)》,第10页,零壹智库,https://www.sgpjbg.com/baogao/65551.html,最后访问时间:2022年2月2日。
② 《2018年信息化和软件服务业标准化工作要点》,工业和信息化部网站,http://www.gov.cn/xinwen/2018-03/23/content_5276941.htm,最后访问时间:2022年3月11日。
③ 柏亮、孙翼:《中国区块链标准蓝皮书(2020)》,第10页,零壹智库,https://www.sgpjbg.com/baogao/65551.html,最后访问时间:2022年2月2日。
④ 《第一届全国区块链和分布式记账技术标准化技术委员会成立》,《工信微报》,https://www.cnbeta.com/articles/tech/1196735.htm,最后访问时间:2022年6月9日。

以及国际标准的参与与制定主体,这为区块链标准化提供了参考依据。

（三）区块链技术标准的制定

根据零壹财经·零壹智库2022年3月发布的《中国区块链产业全景报告（2021）》,截至2021年底,我国已经发布了153项区块链标准,其中包含8项国家标准、3项行业标准、18项地方标准、70项区块链团体标准以及54项企业标准。目前,我国对区块链技术标准的制定主要体现在基础设施方面,应用和服务方面占比较小。而且,区块链技术的国家标准和国际标准尚在起草、征求意见过程中。

1. 国际标准

我国作为区块链技术的应用大国,在推动区块链标准的制定方面同样发挥着重要的作用。2016年9月,国际标准化组织（ISO）成立了区块链和分布式记账技术委员会（ISO/TC 307）,主要负责制定区块链和分布式记账技术领域的国际标准,随后,我国也积极参与了协助制定国际标准。2020年4月13日,工信部发布《全国区块链和分布式记账技术标准化技术委员会组建公示》,公示了委员入围名单。该技术委员会于2018年3月由工信部信息化和软件服务业司筹建,主要是为了加快树立我国区块链和分布式记账技术标准化路线图,提前布局重点技术标准研制,适时推动国际标准化工作。[①]

实践中,区块链企业、学者专家积极参与国际标准化组

---

① 邢萌:《我国已提出30项区块链相关标准》,证券日报网,http://www.zqrb.cn/jrjg/hlwjr/2020-06-12/A1591954609225.html,最后访问时间:2022年9月3日。

织区块链安全标准的制定工作,为国际电信联盟电信标准化部门(ITU-T)贡献了《分布式账本的参考架构》、《分布式账本技术评估准则》、《基于ICN和区块链技术的去中心化物联网通信体系结构》、《基于区块链的数字版权管理安全要求》、《基于区块链分布式账本的电子发票通用框架》等数个草案。同时,参与到IEEE提出的《区块链在物联网领域的应用框架(P2418.1)》、《区块链系统的标准数据格式(P2418.2)》的制定工作之中。[①]

2021年7月,国际电信联盟电信标准化部门第13组(SG13)会议期间,在中国电信研究院区块链团队的共同努力下,由中国电信牵头的两项区块链标准,经与来自中、美、英、加、韩多国专家多轮讨论协商,最终正式立项通过。[②]

2.国家标准

我国于2017年便着手建立区块链国家标准,从顶层设计推动区块链标准体系的建设工作。2017年5月16日,中国区块链技术和产业发展论坛发布了首个政府指导下的国内区块链基础标准:《区块链和分布式账本技术参考架构》,对区块链产业生态的发展意义重大。同年12月,首个区块链国家标准《信息技术区块链和分布式账本技术参考架构》(计划编号:20173824-T-469)正式立项,我国进一步加快了区块链标准化的步伐。

工信部电子工业标准化研究院区块链研究室主任李鸣表示,

[①] 《抢占话语权 中国区块链标准化"元年"——全球区块链标准图谱》,鸵鸟区块链网,https://www.tuoniaox.com/news/p-350702.html,最后访问时间:2022年6月9日。

[②] 零壹财经·零壹智库:《中国区块链产业全景报告(2021)》,第8页,http://www.199it.com/archives/1414517.html,最后访问时间:2022年9月3日。

目前有关区块链国家标准计划已经公布，相关部门也将组建全国区块链和分布式记账技术标准化委员会。区块链国家标准包括基础标准、业务和应用标准、过程和方法标准、可信和互操作标准、信息安全标准等方面，并将进一步扩大标准的适用性。[①]从第六届区块链国际论坛上获悉，截至2021年，国家级区块链标准仍处于制定过程之中。由中国电子技术标准化研究院主导的《信息技术区块链和分布式记账技术参考架构》国家标准完成了上海征求意见会议，该项标准有望成为国内首个区块链技术国家标准。[②]

概言之，我国区块链标准化工作基本符合了技术发展要求，采用"团体标准先行，带动国家标准、行业标准研制"的总体思路，在顶层架构、技术服务、数据信息安全等方面搭建起一致规范，取得了初步成效。截至2021年10月，我国虽然尚未正式发布国家标准的规范性文件，但已经有8项标准列入制定计划，具体归口单位、名称及状态如表2-3所示。

表2-3 目前我国暂定的区块链国家标准制定计划[③]

归口单位	标准名称	状态
全国信息技术标准化技术委员会	信息技术区块链和分布式账本技术参考架构	正在审查
全国区块链和分布式记账技术标准化技术委员会	信息技术区块链和分布式账本技术智能合约实施规范	正在起草

---

① 梁倩：《区块链技术国家标准将制定》，《经济参考报》2018年5月10日。
② 《区块链技术国家标准正加速制定》，上海证券报·中国证券网，http://news.cnstock.com/news, yw-202010-4609963.htm, 最后访问时间：2021年7月1日。
③ 刘坤阳、张勇：《区块链技术标准化发展现状及策略选择》，《标准科学》2022年第2期，第26页。

续表

归口单位	标准名称	状态
全国区块链和分布式记账技术标准化技术委员会	信息技术区块链和分布式账本技术存证应用指南	正在起草
全国区块链和分布式记账技术标准化技术委员会	信息技术区块链应用服务中间件参考架构	正在起草
全国区块链和分布式记账技术标准化技术委员会	信息技术区块链和分布式记账技术系统测试要求	正在起草
全国区块链和分布式记账技术标准化技术委员会	信息技术区块链和分布式记账技术术语	正在征求意见
全国信息技术标准化技术委员会	信息安全技术区块链信息服务安全规范	正在征求意见
全国信息技术标准化技术委员会	信息安全技术区块链技术安全框架	正在征求意见

3.行业标准、地方标准和团体标准

目前来看，我国的团体标准相对发达。比如，2018年，工业与信息化部中国电子技术标准化研究院组织制定了《区块链隐私保护规范》、《区块链智能合约实施规范》、《区块链存证应用指南》、《区块链技术安全通用规范》四大团体标准。[①]据互链脉搏统计的数据，截至2019年，国内共有1项区块链国家标准、16项区块链团体标准、13项区块链行业标准被提出。[②]2021年是

---

① 《工信部推出四大新区块链官方标准加速标准化建设》，金融界网，https://baijiahao.baidu.com/s?id=1620273011758661675&wfr=spider&for=pc，最后访问时间：2021年6月20日。
② 《抢占话语权 中国区块链标准化"元年"——全球区块链标准图谱》，鸵鸟区块链网，https://www.tuoniaox.com/news/p-350702.html，最后访问时间：2022年6月9日。

中国区块链标准化工作突飞猛进的一年,其中,新增5项国家标准、1项行业标准、3项地方标准、44项区块链团体标准以及29项企业标准。①

(四)区块链标准化的三大难题:术语定义不统一;标准差别与重叠;制定过程缺乏代表性与透明性

当前,我国区块链标准化工作仍处于起步阶段,国家标准的建设是一项系统而复杂的工程,全新领域规则的制定不可能一蹴而就。虽然团体标准和行业标准的制定和实施已经初具规模,但由于国家标准的研制进程相对缓慢,当下的标准化构建尚未对区块链行业和应用起到理想的引领和推动作用。②

目前,我国对区块链技术标准的研究仍以基础设施为主,应用层面的标准有待进一步开发。而在应用层面,目前主要聚焦于数字凭证与金融领域。互链脉搏根据工信部2019年公示的"区块链拟定标准体系框架",根据标准所属类别将63项区块链标准予以进一步的分析,发现半数标准属于业务和应用标准;25%属于基础标准,包括ISO的《术语和概念》、《参考架构》、中国电子技术标准化研究院的《区块链和分布式账本技术参考架构》等;16%属于信息安全标准,如CCSA的《区块链平台安全技术要求》、《区块链数字资产存储与交互防护技术

---

① 零壹财经·零壹智库:《中国区块链产业全景报告(2021)》,第8页,http://www.199it.com/archives/1414517.html,最后访问时间:2022年9月3日。
② 刘坤阳、张勇:《区块链技术标准化发展现状及策略选择》,《标准科学》2022年第2期,第27页。

规范》、中国区块链技术和产业发展论坛的《区块链隐私保护规范》等。

对此,未来区块链的标准化建设方向是在基础设施建设的基础之上,进一步向应用层面研究和拓展,更多站在用户立场上进行考量,从共识机制、智能合约、信息安全等方面加强规范与治理,建立对区块链产业的技术共识,增进对于区块链技术的认可和信任,打造安全可信、统一规范、适用性强的产业。① 然而,就目前而言,我国在区块链标准化过程中还面临着以下三大难题,亟需从业者与监管者搭建沟通机制,从行业定义、标准内容与范围以及制定过程等方面切入,为构建统一的团体标准、行业标准乃至国家标准夯实基础。

第一,区块链行业缺乏统一的定义和术语。这是该行业发展需要突破的关键问题。目前,不同机构对区块链相关术语缺乏统一性和确定性的定义,尽管这些差异似乎微乎其微,但会在整个标准的开发和实施过程中被放大,并直接影响各机构对区块链相关技术的合理解释。

第二,标准内容和范围的差别与重叠。这主要体现在以下几个方面:1. 区块链标准在技术堆栈的分层方法因组织而异,比如,面向网络的标准与面向应用层的标准;2. 区块链在垂直行业的应用中涉及金融机构、合规机构等多主体,而不同主体在制定标准时缺乏一致性步调;3. 区块链与其他高度标准化的技术领域重叠,如密码学、零知识证明等,这些技术也对区块

---

① 《区块链技术发展的九大趋势》,百度文库,https://wenku.baidu.com/view/167a3846bb4ae45c3b3567ec102de2bd9605dec6.html,最后访问时间:2022年9月3日。

链标准和技术轨迹存在重大影响。

第三，标准制定过程缺乏代表性与透明性。因为标准会受到多种因素影响，包括地理因素、制定者的专业和角色、地区基础设施、监管和文化等，这会导致标准制定过程中代表性不足并产生负面影响，比如，制定主体的专业知识导致标准研发方向有所"偏好"，所制定的标准未必使技术的最终使用者受益。另外，制定标准的"角色"还会导致标准化过程透明度低并带来不利隐忧，如生产者开展的标准化工作引发消费者在该过程中受到排斥甚至是剥削的担忧。①

四 区块链技术治理的立场、体系与路径

（一）治理立场："促进发展和监管规范"并举

2021年的《"十四五"国家信息化规划》重大任务和重点工程之（十）从平台治理、技术规则、市场主体、网络空间等方面展开，要求建立健全规范有序的数字化发展治理体系，坚持促进发展和监管规范并举，建立全方位、多层次、立体化的监管体系，把监管和治理贯穿进创新、生产、经营、投资的全过程。厘清政府和市场的关系，推动有效市场和有为政府更好结合，激发各类市场主体活力，促进数字中国持续健康有序发展。

---

① 零壹财经·零壹智库：《中国区块链产业全景报告（2021）》，第13页，http://www.199it.com/archives/1414517.html，最后访问时间：2022年9月3日。

（二）《区块链信息服务管理规定》：我国第一部区块链监管规范

我国区块链监管的规范依据主要体现于2019年颁行的《区块链信息服务管理规定》（下文简称《管理规定》）。这是我国第一部针对区块链信息服务进行监管的规范性文件。同时，为实施该《管理规定》，区块链信息服务备案管理系统也已上线。2019年3月30日，网信办正式公布了第一批备案的区块链产品服务。

《管理规定》第1条即表明了其制定宗旨：促进区块链行业健康有序发展，明确区块链信息服务提供者责任，维护各市场主体合法权益，规避和防范安全风险，为区块链行业的监管与治理提供法律依据。

《管理规定》第1条规定："为了规范区块链信息服务活动，维护国家安全和社会公共利益，保护公民、法人和其他组织的合法权益，促进区块链技术及相关服务的健康发展，根据《中华人民共和国网络安全法》、《互联网信息服务管理办法》和《国务院关于授权国家互联网信息办公室负责互联网信息内容管理工作的通知》，制定本规定。"

《管理规定》从区块链信息服务提供者、监管层（互联网信息办公室）的监督管理和行业自律及社会监督、监管方式（信息备案）的必要性和法律责任等方面予以规定。主要内容分为8个方面。

1.监管对象

《管理规定》第2条规定了区块链信息服务的监管对象，即区块链信息服务提供者的内涵。区块链信息服务监管范围较广，包括基于区块链技术的所有信息服务活动，这有利于控制网络风险。该条是《管理规定》对调整范围的规定，也明确了监管机关的主要监管对象。

2. 监督管理机构与行业自律

《管理规定》第3条[①]明确了区块链的监督管理机构，指定专门机构分别负责对全国、各省、自治区、直辖市内区块链信息服务的监管执法工作。

《管理规定》第4条[②]则是对行业组织提出了建设要求，强调加强行业自律，鼓励行业组织建立业内规范、主动接受监督，提升行业规范水平，促进区块链行业行稳致远。

3. 区块链信息服务提供者的安全管理责任与管理制度

《管理规定》依照立法根据、技术定义、监管对象、监管机构的逻辑顺序制定，同样对信息服务提供者的责任做出了明确规定，这集中体现于第5条[③]的内容：强调落实信息内容安全管理责任，具体包括采取身份认证、制定预案、制定规则制

[①] 《区块链信息服务管理规定》第3条规定："国家互联网信息办公室依据职责负责全国区块链信息服务的监督管理执法工作。省、自治区、直辖市互联网信息办公室依据职责负责本行政区域内区块链信息服务的监督管理执法工作。"

[②] 《区块链信息服务管理规定》第4条规定："鼓励区块链行业组织加强行业自律，建立健全行业自律制度和行业准则，指导区块链信息服务提供者建立健全服务规范，推动行业信用评价体系建设，督促区块链信息服务提供者依法提供服务、接受社会监督，提高区块链信息服务从业人员的职业素养，促进行业健康有序发展。"

[③] 《区块链信息服务管理规定》第5条规定："区块链信息服务提供者应当落实信息内容安全管理责任，建立健全用户注册、信息审核、应急处置、安全防护等管理制度。"

度、采取技术措施等,也包括安全评估、安全审查、检测评估等义务,对用户信息保密的保护制度和信息规范收集、使用的义务。由此可见,区块链涉及的信息安全管理尤其受到重视,需要严格遵守安全义务,防范技术风险,这对于信息服务提供者提出了更高的要求。

4.区块链信息服务提供者的技术合规要求

为了实现区块链信息服务提供的安全运行,《管理规定》第6条[①]对区块链信息服务提供者应具备的技术能力做出了规定。

5.区块链信息服务管理规则和平台公约

区块链监管也需要自律监管。《管理规定》第7条[②]即针对信息服务提供者与使用者的权利义务进行了初步阐明。

6.区块链信息服务提供者的事先认证与事后备案制度

这主要体现于《管理规定》第8条[③]与第11条[④]的规定之

[①] 《区块链信息服务管理规定》第6条规定:"区块链信息服务提供者对于法律、行政法规禁止的信息内容,应当具备对其发布、记录、存储、传播的即时和应急处置能力,技术方案应当符合国家相关标准规范。"

[②] 《区块链信息服务管理规定》第7条规定:"区块链信息服务提供者应当制定并公开管理规则和平台公约,与区块链信息服务使用者签订服务协议,明确双方权利义务,要求其承诺遵守法律规定和平台公约。"

[③] 《区块链信息服务管理规定》第8条规定:"区块链信息服务提供者应当按照《中华人民共和国网络安全法》的规定,对区块链信息服务使用者进行基于组织机构代码、身份证件号码或者移动电话号码等方式的真实身份信息认证。用户不进行真实身份信息认证的,区块链信息服务提供者不得为其提供相关服务。"

[④] 《区块链信息服务管理规定》第11条规定:"区块链信息服务提供者应当在提供服务之日起十个工作日内通过国家互联网信息办公室区块链信息服务备案管理系统填报服务提供者的名称、服务类别、服务形式、应用领域、服务器地址等信息,履行备案手续。"

中，包括服务使用者的身份信息认证的法律依据及信息服务提供者进行信息服务备案的程序要求。

7.区块链新产品、新应用和新功能的安全评估义务

《管理规定》第9条[①]规定了区块链信息服务提供者的安全评估义务，应当报相应监管机构进行安全评估。

8.合法性要求

《管理规定》第10条[②]规定了区块链信息服务提供者的禁止性义务，从事信息服务活动必须以遵守法律规定为前提。

可以说，该《管理规定》建立了相对健全的区块链监管体系，包括监管的主体、监管方式、被监管主体的义务与相应法律责任。其出台不仅有利于通过备案规范良莠不齐的区块链市场，保护普通投资者、从业者的合法利益，而且有利于打击各种打着区块链幌子的诈骗、洗钱、非法集资等违法犯罪活动。《管理规定》的意义更多体现在引导方面，为区块链这一新兴产业确立初步发展方向，划定管理边界和范围，为信息服务提供者和使用者提供行为规范指引，从而牵引区块链的技术优势增进社会福祉。[③] 但是，总体来看，我国区块链信息服务提供者的合规义务尚未明确，具体监管机制和要求仍停留在原则性规定

[①] 《区块链信息服务管理规定》第9条规定："区块链信息服务提供者开发上线新产品、新应用、新功能的，应当按照有关规定报国家和省、自治区、直辖市互联网信息办公室进行安全评估。"

[②] 《区块链信息服务管理规定》第10条规定："区块链信息服务使用者也不得利用区块链信息服务从事危害国家安全、扰乱社会秩序、侵犯他人合法权益等法律、行政法规禁止的活动，不得利用区块链信息服务制作、复制、发布、传播法律、行政法规禁止的信息内容。"

[③] 赵磊、石佳：《依法治链：区块链的技术应用与法律监管》，《法律适用》2020年第3期，第34页。

层面，有待于在管理架构中进一步解释和完善。

（三）治理方向：技术算法规制、标准制定、安全评估审查与伦理治理

1.建设技术规则治理体系

这主要体现于2021年《"十四五"国家信息化规划》的重大任务和重点工程之（十）：建立健全规范有序的数字化发展治理体系。明确要求建设技术规则治理体系。这主要分为两个方向：一是建立和完善数字技术应用审查机制和监管法律体系，具体包括开展技术算法规制、标准制定、安全评估审查、伦理论证等工作，明确人工智能、区块链等关键应用法律主体及相关责任；二是构建科技伦理治理体系，这有赖于国家科技伦理委员会的统筹指导，加强对于科技伦理的评估和协调，推动相关研究与探索，注重监管与发展共进；此外，应提供跨学科技术支撑进行综合分析研判，着力制定科技伦理规范领域的治理准则和指南。

2.治理的重点

2021年《"十四五"国家信息化规划》的优先行动之（三）：前沿数字技术突破行动，其目标是：到2023年，人工智能、区块链、量子信息等前沿数字技术研发取得明显进展，在若干行业落地一批融合应用示范；到2025年，前沿数字技术创新生态体系日益完备，行业级融合应用示范标杆不断涌现，产业规模快速提升。

其中的重要内容也是治理的重点：推进区块链技术应用和产业生态健康有序发展。而如何实现技术应用的安全则是重中之重的问题。虽然区块链具有公开透明、难以篡改、可靠加密、

防DDoS攻击等优点，但是，从工程上来看，它的安全性仍然受到基础设施、系统设计、操作管理、隐私保护和技术更新迭代等多方面的制约。未来需要从技术和管理方面全局考虑，加强基础研究和整体防护。①

具体分为三个方向：一是着力推进密码学、共识机制、智能合约等核心技术研究，支持建设安全可控、可持续发展的底层技术平台和区块链开源社区；二是构建区块链标准规范体系，加强区块链技术测试和评估，制定关键基础领域的区块链行业应用标准规范；三是建立适应区块链技术机制的安全保障与配套支撑体系。

（四）治理路径：弹性治理与行业自律

2021年《"十四五"国家信息化规划》的重大任务和重点工程之（十）：建立健全规范有序的数字化发展治理体系。其围绕治理路径问题指出了两个方向。一是探索市场主体弹性治理，具体如下：1.构建以市场主体为核心的全流程弹性监管机制，实施事前信用核查和信用承诺、事中信用评估分级和分类检查、事后奖惩和信用修复的全链条全领域监管；2.探索触发式等创新监管机制，推动优质创新产品和服务先行先试；3.发展基于数据与信用的分级分类监管体系，实施企业信用信息依法公示、社会监督和失信惩戒；4.完善跨部门协同监管机制，促进顶层制度设计与基层技术实现融通，打造线上线下沟通机制，提升

---

① 邢萌：《银保监会陈伟钢：跨链技术是区块链实现价值互联网的关键》，证券日报网，http://www.zqrb.cn/jrjg/hlwjr/2020-08-17/A1597656971106.html，最后访问时间：2022年6月19日。

数字化治理质效。二是加强行业自律引导，在强调从业人员组织、服务活动合规的同时，开展技术安全与风险专题教育宣传，增强社会公众风险意识和责任意识，维护各市场主体的合法权益，加大技术优势辐射。

第 3 章

区块链的产业生态：迈向"信任链"与"协作链"

本章要目

引　言
一　四处开花的应用试点：元宇宙与NFT
　（一）区块链进军元宇宙
　（二）NFT正在为区块链引入更多用例
二　区块链为监管方式的改变带来了机遇
三　联盟链与私有链将成为主流应用方向

引 言

目前，区块链的应用已延伸到医疗、版权、司法、媒体、资产管理等多个领域。中国信息通信研究院发布的《区块链白皮书（2021年）》指出，随着政策红利的持续释放，我国区块链技术应用和产业生态加速演进，开始步入以"信任链"、"协作链"为导向的新发展阶段。区块链技术已经步入工程化的发展期，朝着多层次融合创新、业务驱动优化的方向演进，即从狭义的区块链技术应用转向广义的可信协作网络构建。

一 四处开花的应用试点：元宇宙与NFT

目前，普遍公认的区块链最大的应用场景是金融行业，因为伴随区块链诞生的比特币，本质属性即为金融。[①] 而金融系统使用区块链技术能够解决信息不流通问题，还可以节省更多的成本和时间。除此之外，区块链将会快速渗透到各行各业，解决行业痛点，例如：游戏行业，解决游戏资产产权问题；制造行业，解决假品牌供应问题；医疗行业，解决医疗档案互通问题；金融行业，解决快速跨境支付问题。在此，我们重点提及两个新兴领域：元宇宙与NFT。

---

① 刘琳媛：《区块链技术在我国金融市场的运用和监管研究》，硕士学位论文，上海财经大学，2020年，第50页。

（一）区块链进军元宇宙

元宇宙概念越发流行，其主要具有以下几个优势：（1）增加用户参与度：虚拟现实会增加用户在线时间，从而刺激内容消费；（2）挖掘新的内容市场：元宇宙为虚拟内容的创造和销售提供了巨大机会；（3）创造新经济细分领域：Facebook创始人Zuckerberg表示，元宇宙应拥有自己的综合经济体系；（4）提供新型交流空间：元宇宙可将相隔数千公里的人相聚一起，提供无缝交流的环境。这一虚拟概念已引起全球一些知名企业的关注。不过，不论是"中心化"或"去中心化"元宇宙的迭代都需要解决数据的准确性和可靠性问题，而这正是区块链发挥作用的地方。将区块链应用于元宇宙，可以将用户数据存储在一个防篡改的共享账本上，从而保证用户数据的安全性。由于区块链账本是可以公开验证的，这将在这些新兴的虚拟环境中创造更多的信任。[①]

（二）NFT正在为区块链引入更多用例

NFT是当前区块链技术中最热门的趋势之一。NFT是在区块链上生成的不可复制的唯一代币，首次将稀缺性原则引入了数字资产。NFT为区块链带来了无数的新用例，已超出了艺术品和数字收藏品范畴。音乐行业是最早接受NFT的行业之一，艺术家们开始将他们的歌曲代币化并直接出售给粉丝。这种方式可以实现向唱片公司、音乐家、经纪人和所有相关方自动支付版权费。[②]

---

① 李锡雯编译《2022年区块链行业四大发展趋势》，https://www.weiyangx.com/402248.html，最后访问时间：2022年6月17日。

② 李锡雯编译《2022年区块链行业四大发展趋势》，https://www.weiyangx.com/402248.html，最后访问时间：2022年6月17日。

二 区块链为监管方式的改变带来了机遇

区块链技术的发展和成熟,对于监管方式的变革无疑带来了极大机遇。区块链行业的快速发展,推动了经济格局的不断优化,加快了经济体系现代化步伐,随之而来的是经济体系监管模式的更新和变革。而区块链技术基于其过程公开、不可篡改、去中心化的属性,能够助力信任机制的建立,同时为监管方提供公开透明的监管环境,解决经济体系信息化带来的"后顾之忧"。未来世界各国的监管部门不仅可以响应经济发展的时代需求,还能够利用区块链技术拓展监管领域、变革监管方式,以科技手段提升监管效力,为政府监管赋能。[①]

三 联盟链与私有链将成为主流应用方向

从形态上看,区块链的主要场景是企业应用,相较于公有链,联盟链和私有链具备强管理的部署模式,更符合企业应用中对于管控、监管合规、性能等要素的要求,将成为主流应用方向。尤其是在当前实体经济萎靡的背景之下,更多传统企业可以通过区块链技术降低运营成本、提升协作效能、促进应用落地,从而刺激实体经济,实现经济发展脱虚向实。[②]

[①] 邹轶君:《区块链发展态势及应对政策研究》,博士学位论文,北京邮电大学,2021年,第55页。

[②] 毛庆媛:《区块链技术应用对企业会计信息质量的影响》,硕士学位论文,云南财经大学,2022年,第5页。

第二篇

区块链技术在司法领域的应用探索

链上正义：区块链司法的中国方案

区块链技术在司法领域的应用探索，互联网法院先行先试。2018年6月28日，全国首例区块链存证案在杭州互联网法院一审宣判，法院支持原告采用区块链作为存证方式并认定了对应的侵权事实。继司法存证的试点之后，在智慧审判领域接二连三地涌现出区块链的应用试点，包括"知识产权保护+司法区块链"、"区块链+公证送达"、"诉前委派调解+区块链核验+司法确认"等，后又波及数字公安、数字检察与司法行政执法领域。

其中，具有里程碑意义的是，最高人民法院2021年8月1日施行的《人民法院在线诉讼规则》，首次在规范意义上明确了区块链存证的效力范围以及初步的"区块链证据"规则。最高人民法院2022年5月25日发布的《关于加强区块链司法应用的意见》，旨在进一步推动区块链在司法领域的应用。

检察机关与公安机关的相关应用探索也是可圈可点。比如，最高人民检察院在《法治信息化工程深化设计方案（2022-2025年）》中，针对作为支撑平台的区块链，也明确了检察机关探索区块链技术的系列应用场景，比如，基于"区块链+隐私计算"，实现司法机关之间的数据共享；适用于涉案企业合规信息化平台，解决众多主体之间所交互数据的完整性与一致性；基于区块链的互联网阅卷；等等。而公安机关则将数字化转型作为新一轮智慧警务建设的鲜明主题，旨在全方位指引警务数字化转型，全方面覆盖公安大数据智能化建设关键环节。在此背景下，区块链技术优势被不断地发现与挖掘。比如，2022年12月1日起施行的《中华人民共和国反电信网络诈骗法》，不仅提出"源头治理与精准防治"的原则，而且要求建立协同治理机制，实现跨行业、跨地域协同配合、快速联动。这些场景都是区块链的用武之地。尤其是近来涉虚拟货币的犯罪剧增，如何通过区块链技术去查找"犯罪嫌疑人与涉案财物"则是当下亟待解决的问题。

  司法机关在实践中的自发探索，我们可以在理论上归纳为"区块链+数字警务"的"区块链警务模式"、"区块链+数字检察"的"区块链检察模式"、"区块链+智慧法院"的"区块链法院模式"、"区块链+司法行政机关"的"区块链法治模式"。其中所积累的鲜活经验，为未来区块链司法模式的完善与深化提供了宝贵的财富。

第4章 区块链+数字警务的"区块链警务模式"

本章要目

引言

一 涉虚拟货币犯罪的区块链侦查平台
（一）涉虚拟货币犯罪：一个新的重灾区
（二）侦查的境遇："找人、找资金"的双盲困境
（三）实践探索："区块链+大数据技术+技侦战法"破解匿名性

二 公安机关作为节点的刑事司法联盟链
（一）案卷线上移送模式面临的挑战：隐私保护、信息防篡改与全流程监督问题
（二）山西省"公检法司联盟链"
（三）深圳南山区"区块链+大数据"办案平台

三 跨部门、跨区域警务协作链
（一）缘起：警务协作中的数据壁垒问题
（二）跨区域协作链："淮海经济区警务数据区块链共享协作系统"
（三）跨部门协作链："深圳四部门信息情报交换平台"

四 基于区块链的犯罪预防体系
（一）缘起：危险物品的线下监管难题
（二）危险物品的区块链监管平台："信息流、业务流、管理流"的高度融合

五 "区块链警务"的中国展望
（一）针对电子数据、电子化材料："全生命周期的区块链取、存、管、用"模式
（二）预警侦查协作链的拓展
（三）区块链侦查监督链的探索
（四）区块链数字资产管理体系的探索

引 言

2010年以来，公安部门为了配合智慧城市建设的全面开展、提高执法服务质量，逐步将新一代信息数据技术应用到公安工作中，其中以大数据、人工智能以及云计算最为突出。近来，由于中央及各级公安部门领导对公安信息化的高度重视，大数据、云计算已广泛应用于公安工作，也加大了数据收集、整理和利用力度。智慧警务的发展从"金盾工程"到了"警务云"、"互联网+警务"。目前，公安机关以改革强警、科技兴警为目标，已经全面启动新一轮的智慧警务建设。核心任务是公安大数据智能化建设应用，加快智能化升级与数字化转型，目前，很多地方公安机关将数字化转型作为新一轮智慧警务建设的鲜明主题，旨在全方位指引警务数字化转型，全方面覆盖公安大数据智能化建设关键环节。[1]

在此背景下，区块链技术优势被不断地发现与挖掘。比如，作为智慧化技术驱动，有的公安机关探索以区块链技术驱动数据云建设，以此高效汇集数据，同时探索在数据治理与数

---

[1] 马明亮：《基于区块链的大数据侦查：价值、场景与协同规制》，《公安学研究》2022年8月第4期。

据运维管理中引入区块链，比如，实时监控数据传输链路、数据接入质态、数据存储环境等。有的公安机关探索区块链技术用于数据存储，比如采用数据实体汇聚与分布存储相结合方式，利用数据调度引擎和协同计算技术，以此实现不同部门的联调联用。①

事实上，区块链的技术优势决定了它必然要融入智慧警务建设之中，早在2018年，公安部第一研究所信息安全部副主任胡光俊就表示，未来将把物理世界跟人的关联关系纳入整个区块链生态体系里面来。目前该部门正考虑如何将区块链技术应用于公安领域。例如，利用区块链技术进行案件证据链的存储；利用区块链不可篡改的特性，将区块链贯穿身份录入全流程；等等。②后来，各地公安机关亦做出了积极探索与实践，比如，海南省人民政府审议通过、2022年1月1日起施行的《海南省公安机关警务辅助人员管理规定》指出，海南省和市、县（自治县）人民政府公安机关应当运用人工智能、大数据、区块链、移动互联网等现代信息技术，优化工作岗位和流程，提高执法能力和效率，合理使用辅警。③目前学界研究主要集中在区块链如何应用于案件侦查、情报系统、智慧公安建设三个方面。下文就实践的探索情况做一介评，在此基础上，对"区块链＋数字警务"的中国前景给予学理展望。

---

① 马明亮：《基于区块链的大数据侦查：价值、场景与协同规制》，《公安学研究》2022年8月第4期。
② 梁倩：《区块链技术国家标准将制定》，《经济参考报》2018年5月10日。
③ 《公安机关应当运用区块链等现代信息技术提高执法能力和效率》，《海南日报》2021年11月6日。

一 涉虚拟货币犯罪的区块链侦查平台

以区块链为底层技术的虚拟货币（virtual currency），又称代币（token）[①]、加密货币（cryptocurrency），是一种去中心化、点对点、基于网络的价值或交易的媒介。[②]虽然我国监管机关明确禁止虚拟货币的发行融资和兑换活动，但由于各个国家和地区所采取的监管政策存在差异，因此，我国境内居民可以通过境外虚拟货币服务商、交易所，实现虚拟货币与法定货币的自由兑换。[③]目前，虚拟货币已经成为跨境清洗资金的新手段。由于受互联网快速发展影响，传统犯罪结构中的信息流、技术流、资金流汇聚异变，形成交织复杂的网络黑灰产业生态体系。当前，网络黑灰产业可分为物料供应、技术支持、广告推广、支付结算等环节。虚拟货币主要被利用于支付结算环节，即利用

[①] 代币又称通证，是指一种以数字形式存在的权益凭证。关于代币的表述，参见中国人民银行等七部委于2017年9月4日联合下发的《关于防范代币发行融资风险的公告》。

[②] Michele R. Korver, et al., "Attribution in Cryptocurrency Cases", *DOJ J.FED. L. & PRAC*.Vol.67, No. 1, 2019, p.233.

[③] 从理论上讲，虚拟货币有两种交易方式：场内交易和场外交易。所谓场内交易，即个人支付给交易平台法定货币，平台给予个人相应的虚拟货币。2017年9月4日，中国人民银行等七部委联合发布的《关于防范代币发行融资风险的公告》明确规定：任何所谓的代币融资交易平台不得从事法定货币与代币、"虚拟货币"相互之间的兑换业务。因此，交易平台在我国无法再参与虚拟货币与法币的兑换，只能进行个人与个人之间的场外交易。场外交易又分为两种：一是客户对客户交易（Customer to Customer，简称C2C）或柜台交易（Over the Counter，简称OTC），是指买卖双方通过中心化的交易平台进行交易；二是双方通过网络联系、熟人介绍等私下渠道进行交易。

虚拟货币跨境兑换,将犯罪所得及收益转换成境外法定货币或者财产。① 面对日益猖獗的涉虚拟货币犯罪,公安机关亟待拥有能够与犯罪手段相抗衡的"数字工具",为破解相关新型犯罪提供有力的支持,而利用区块链技术赋能刑事侦查措施便是一种合理的选择。

(一)涉虚拟货币犯罪:一个新的重灾区

2009年以来,以比特币为代表的民间虚拟货币率先兴起,一时间全球掀起了比特币挖矿和炒作的热潮。基于区块链技术的虚拟货币颠覆了传统的金融监管模式,成为代币发行融资活动的温床。而且,虚拟货币具有的不可篡改、可溯源、快捷性、匿名性等特点,使其成为不法分子实施犯罪和隐藏犯罪行为的重要手段。

美国最大的区块链加密货币调查公司Chainalysis出具的《2022加密货币犯罪报告》②报告显示,2021年全球违法加密货币转账高达140亿美元,同比增长62亿美元;2021年单是全球区块链洗钱犯罪金额便高达86亿美元,相比2020年同比增长25%;③全球区块链诈骗犯罪金额高达77亿美元,同比增长达到

---

① 《公安部:严打非法第四方支付平台、虚拟币洗钱新通道》,https://www.aisoutu.com/a/1561152,最后访问时间:2022年10月18日。
② "The 2022 Crypto Crime Report",Chainalysis网站,https://go.chainalysis.com/rs/503-FAP-074/images/Crypto-Crime-Report-2022.pdf,最后访问时间:2022年3月16日。
③ 《2021年加密货币洗钱金额增长三分之一,但仍低于最高水平》,Cointelegraphcn网站,https://cointelegraphcn.com/news/crypto-money-laundering-up-by-one-third-in-2021-but-still-below-record,最后访问时间:2022年2月10日。

惊人的81%。[①]我国也不例外，不少"黑灰产"在使用虚拟资产进行洗钱等违法犯罪活动，这也被定义成新型犯罪案件，涉案金额与频次呈现高增长态势（详见图4-1）。

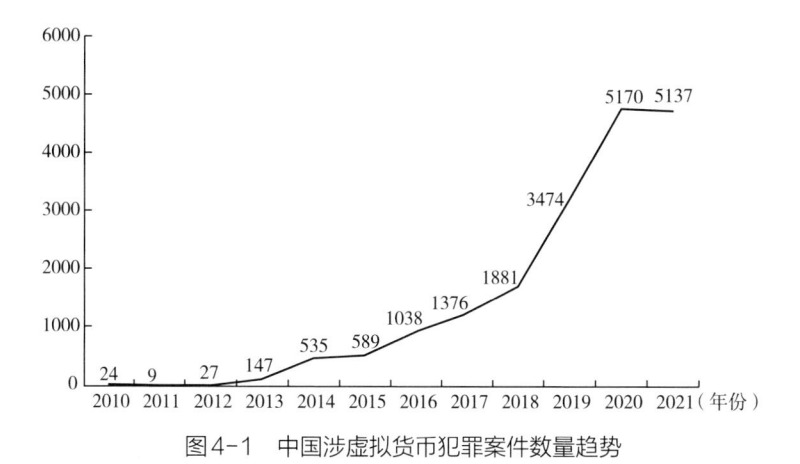

图4-1 中国涉虚拟货币犯罪案件数量趋势

数据点：2010年24，2011年9，2012年27，2013年147，2014年535，2015年589，2016年1038，2017年1376，2018年1881，2019年3474，2020年5170，2021年5137。

目前来看，涉虚拟货币犯罪主要分为两类。一是以虚拟货币为犯罪对象，实施骗取、窃取以及敲诈勒索类犯罪。盗窃案件主要表现为以非法占有为目的，实施侵入并攻击计算机信息系统的手段行为和盗取虚拟货币后进行变卖获利的行为。

例如，2020年7月，浙江温州瓯海警方破获全国首例利用区块链"智能合约"犯罪的案件，捣毁作案窝点两处，抓获犯罪嫌疑人10名，涉案金额达1亿多元。2019年以来，涉案团伙

[①] "The Biggest Threat to Trust in Cryptocurrency: Rug Pulls Put 2021 Scam Revenue Close to All-time Highs"，Chainalysis网站，https://blog.chainalysis.com/reports/2021-crypto-scam-revenues/，最后访问时间：2022年2月10日。

[②] 《中国（大陆）虚拟货币犯罪形态分析报告》，第27页，中科链安，https://upload.zklatech.com/annual_report_2021.pdf，最后访问时间：2022年3月18日。

假冒火币网（比特币交易平台）名义，组建社交聊天群"火币 Global 搬砖套利 HT 中文群社区"。HT，即火币官方发行的虚拟货币。群主会在群内发布"搬砖套利教程"，很多群友随后在群内分享经验，称按照教程操作已经获利。①

二是以虚拟货币为手段的犯罪。比如实施跨境洗钱类犯罪，或作为支付结算工具实施非法经营类犯罪，也包括帮助信息网络犯罪活动罪案件。关于帮助信息网络犯罪活动罪，《中华人民共和国刑法》第287条第2款规定："明知他人利用信息网络实施犯罪，为其犯罪提供互联网接入、服务器托管、网络存储、通讯传输等技术支持，或者提供广告推广、支付结算等帮助，情节严重的，处三年以下有期徒刑或者拘役，并处或者单处罚金。单位犯前款罪的，对单位判处罚金，并对其直接负责的主管人员和其他直接责任人员，依照第一款的规定处罚。有前两款行为，同时构成其他犯罪的，依照处罚较重的规定定罪处罚。"

例如，2022年5月24日，中国裁判文书网披露了湖南省株洲市中级人民法院关于"李原、蒋委（化名）等帮助信息网络犯罪活动罪刑事二审刑事裁定书"，审判文书中详细地呈现了诈骗团伙利用泰达币进行洗钱的操作手段，以及"炮灰"的养成。26岁的李原（化名）以及被他直接或间接拉进来的其余3人总计洗钱3800万元。在近3800万元的交易流水中，法院能确认有明确受害人的诈骗金额仅31万元。法院在刑事裁定书中称，李原、蒋委、肖大光等人提供自己的银行卡绑定平台，通过操

---

① 文丽娟：《浙江破获全国首例"智能合约"犯罪案件》，光明网，https://m.gmw.cn/baijia/2020-07/15/1301367558.html，最后访问时间：2022年9月3日。

作倒卖泰达币,客观上为他人犯罪转移资金提供了支付结算帮助。法院认定,上述4人均犯"帮助信息网络犯罪活动罪",无主从犯之分;追缴没收违法所得,上缴国库。最终,李原被判有期徒刑1年6个月,罚款1万元;肖大光被判有期徒刑1年,罚款1万元;蒋委被判有期徒刑9个月,罚款5千元;肖小光被判有期徒刑7个月,罚款3千元。[①]

(二)侦查的境遇:"找人、找资金"的双盲困境

虚拟货币的透明性使得任何人通过搭建公链节点都能够轻松获取全量的虚拟币交易信息。而虚拟货币的匿名性,又使得即使获得了全量交易,也无法得知交易双方的真实信息。虚拟货币再与网络传销、集资诈骗等犯罪形式结合,侦查难度进一步加大。比如,2019年的PlusToken涉案资金高达500亿元,注册会员200万人次,层级关系高达3000层。[②]因此,公安机关的刑事侦查往往陷入"找人、找资金"的双盲困境,主要集中在以下几点:

1. 案件情报工作难以开展,传统的以人为中心传递情报的模式在非接触式的涉虚拟货币犯罪中难以开展;

2. 案件分析工作过于庞杂,海量的数据信息给公安机关的分析梳理工作带来巨大的难度;

3. 犯罪地址难以追踪,犯罪嫌疑人往往使用多个外国IP掩盖真实犯罪地点;

[①] 《4人倒卖泰达币帮助洗钱,均犯"帮助信息网络犯罪活动罪",最终被判刑》,腾讯网,https://new.qq.com/rain/a/20220524A03OOD00,最后访问时间:2022年9月3日。

[②] 《判刑:500亿的"Plus Token"重大传销资金盘案宣判16人获刑》,搜狐新闻,https://www.sohu.com/a/421808858_120174693,最后访问时间:2022年9月3日。

4.犯罪证据难以固定,由于犯罪行为往往在链上直接完成,公安机关通过传统互联网技术取证往往面临标准、手段等方面的障碍;

5.对于区块链上的违法行为,公安机关难以进行常态化监督。

(三)实践探索:"区块链+大数据技术+技侦战法"破解匿名性

涉虚拟货币犯罪行为猖獗的主要原因在于,以比特币为首的许多区块链公链上并没有KYC政策①,其匿名性是企图利用其进行违法犯罪活动的人最倚重的特质。比如,比特币公链上是不会保留任何用户身份信息的,注册一个比特币账户也不需要提供任何身份信息。但是,将虚拟货币兑换为各国法定货币一般需要通过虚拟货币交易所,而越来越多的交易所应各国的法律要求,必须引入KYC政策,即需要实名认证。据此,我国侦查机关可以通过寻求交易所所在国侦查机关的司法协助,查询交易主体的信息、扣押并移交相关虚拟货币以及链下财物。

除此侦查方法之外,公安机关利用大数据技术对链上公开的交易数据进行分析,也可以发现相关交易规律与交易模式,分析出利用区块链进行犯罪的犯罪嫌疑人身份与地址。目前,针对涉虚拟货币犯罪的侦查,实践中已经出现系列基于区块链

---

① KYC(Know Your Customer)即了解客户信息政策,又叫客户信息验证。KYC政策不仅要求金融机构实行账户实名制,了解账户的实际控制人和交易的实际受益人,还要求对客户的身份、常住地址或企业所从事的业务进行充分的了解并采取相应的措施。

的助警产品,比如欧科云链公司"链上天眼Pro"以及中科链安公司的"无匿"。在此以"链上天眼Pro"为例分析其技术原理与价值。

"链上天眼Pro"是一款助警区块链浏览器,其首次上线于2022年1月10日第二个人民警察节。①它是"区块链+大数据技术+技侦战法"的集合,可以搜集超一亿个犯罪及可疑地址标签,这些地址标签覆盖国内外各大网络新型犯罪交易平台、矿池、钱包、赌博网站、暗网、恐怖分子资金池及其他犯罪案件受益方,准确率高达99.99%;同时,该地址标签数据库仍然在不断快速扩充与更新。它能够与全球主要区块链的全节点数据进行同步,清晰展现链上所有地址交易流程,并支持可视化溯源。②"链上天眼Pro"主要应用于涉虚拟货币犯罪的侦查取证与查明犯罪嫌疑人身份和地址的场景,其基本原理是通过"链上链下信息"相结合的方式去"找资金找人",具体分析如下。

1. "找资金":对涉案地址进行图象化追踪,追溯涉案资金

面对涉虚拟货币犯罪中资金转移过程中跳转的成千上万个地址、大小不一的金额、庞大的数据信息量、各式犯罪类型,公安机关很难单纯地凭借人脑对犯罪线索进行归纳与分析,追溯涉案资金。

"链上天眼Pro"可以协助公安机关完成资金溯源任务。首

---

① 《献给人民警察,徐明星带领欧科云链正式上线链上天眼Pro2.0》,财讯网,https://hea.china.com/article/20220112/012022_982528.html,最后访问时间:2022年2月11日。
② 《区块链赋能法治领域大有可为 欧科云链智慧助推警务工作》,金融界公众号,https://baijiahao.baidu.com/s?id=1718095514792586201&wfr=spider&for=pc,最后访问时间:2022年9月3日。

先，它以"区块链+人工智能"技术对涉案地址展开关联分析：通过数据建模，将思路分析与地址标签数据库相碰撞，而后在显示层提供一个与受害者地址相关联的地址间交互行为数据可视化图像，同时提供挖掘多层地址的可视化交互信息。以开头为0xa9bf的涉案地址案件为例，在"链上天眼Pro"系统上输入哈希地址，系统即会将该地址的资金流向、资金流量、交易对手、发生过交互的平台等信息予以图谱呈现。如图4-2，开头为0xa9bf的涉案地址的累计接受金额、累计发送金额及最大交易额及其交易对象地址都在图表中直接体现。

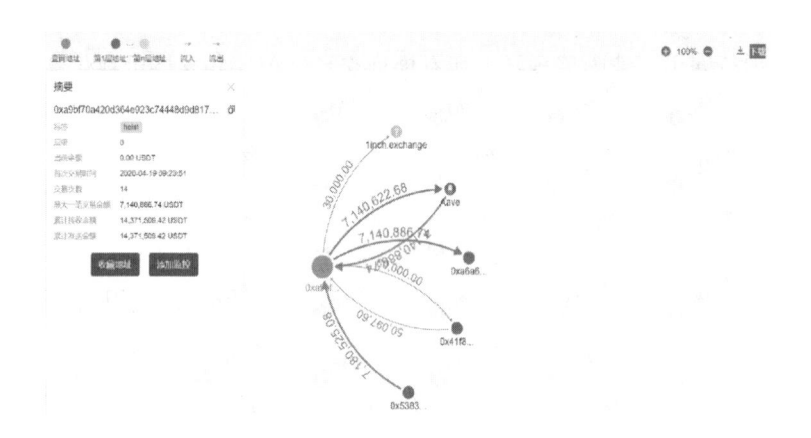

图4-2 对开头为0xa9bf的涉案地址交易地址分析[①]

其次，通过输入相关交易哈希值，侦查人员可以发现涉案资金进入了哪些混币协议或虚拟货币交易平台。例如，在Github用

---

① 欧科云链官网，https：//www.oklink.com/zh-cn/eth/tracker-address？value=0xa9bf70a420d364e923c74448d9d817d3f2a77822&name=ERC20_USDT，最后访问时间：2022年2月11日。

户1400枚比特币被盗事件中[①]，侦查机关利用"链上天眼Pro"获得交易图谱，清晰可见犯罪嫌疑人通过匿名创建的成百上千的受益地址将所盗窃的比特币分割流转，继而对犯罪所得进行追踪。

图4-3 欧科云链"链上天眼"就"Github用户1400枚BTC盗币事件"分析[①]

2."找人"：分析犯罪嫌疑人的真实身份信息，追溯其真实地址

侦查人员通过"链上天眼Pro"获悉犯罪嫌疑人匿名的最终账户，然后再利用大数据对其交互信息进行分析，可以对犯罪嫌疑人进行人物画像，从而在一个范围内锁定嫌疑人的身份与位置。当犯罪嫌疑人试图将盗取或骗取的虚拟货币换为法定货币时，由于大多数虚拟货币交易平台具有KYC政策，公安机关可以通过与这些平台的执法合作，发现犯罪嫌疑人的真实身份信息，进而追溯到其真实的地址，为抓捕工作做好充足准备。

3.价值成效

（1）助力公安机关及时有效地侦查取证。从实践来看，"区块

---

① "BTC Stolen#5072"，GitHub网站，https：//github.com/spesmilo/electrum/issues/5072，最后访问时间：2022年2月12日。
② 《欧科云链打造「链上天眼」追踪黑钱》，蜂巢财经，https：//blog.csdn.net/fengchao666/article/details/108362507，最后访问时间：2022年7月1日。

链+大数据技术"的助警产品"链上天眼Pro",可以有效赋能公安机关打击虚拟货币犯罪,已经帮助执法部门追回了逾百亿元的涉案资产,并已协助内蒙古、四川、陕西等30余省(区)市民警侦破多起新型犯罪案件。[1]此外,助警产品"无匿"已经列装公安部经侦局经侦云,截至2021年底,协助执法机关破获涉虚拟货币犯罪案件的涉案金额累计数百亿、收缴国库金额超百亿;同时,中科链安自主研发的"虚拟货币行业态势感知"系统对国内各地挖矿、交易所访问、钱包访问、DeFi访问情况实时监控,可以直接对其IP进行访问,为突破虚拟货币匿名性提供了强有力的工具[2]。

(2)解决证据存证、固证难题。2021年最高人民法院颁布的《人民法院在线诉讼规则》第16条首次规定了区块链存证的效力范围,明确区块链储存的数据上链之后具有推定未经篡改的效力,这一规定为将区块链上的数据作为证据提供了法律依据。"链上天眼Pro"通过大数据技术可以有效地挖掘、提取涉虚拟货币犯罪的数据信息,再利用区块链难以篡改、可追溯的特性,将交易数据进行存储与流转,由此能够为控诉方提供一份真实完整、法庭上可以直接采信的证据材料。

(3)可以实现对涉虚拟货币违法犯罪活动的常态化监督。2021年9月24日,中国人民银行等部门联合发布了《关于进一步防范和处置虚拟货币交易炒作风险的通知》之后,国内虚拟货币交易所关停、挖矿行为全面停止、ICO等在国内被全面禁止,利用区块链进行违法犯罪的行为在国内大幅度减少。但虚拟货币在

---

[1] 《欧科云链助警黑科技"链上天眼Pro"进化至2.0》,腾讯网,https://new.qq.com/omn/20211217/20211217A018M300.html,最后访问时间:2022年3月6日。
[2] 《中国(大陆)虚拟货币犯罪形态分析报告》,第48页,中科链安,https://upload.zklatech.com/annual_report_2021.pdf,最后访问时间:2022年3月18日。

国际间乱象的溢出效应仍然影响着我国的社会秩序与经济安全。"链上天眼Pro"可以协助公安机关实现对涉虚拟货币犯罪行为的常态化监督。首先,"链上天眼Pro"应用大数据技术可以对主要公链进行常态化监督,对具有可疑记录的地址进行标签化处理,建立囊括国内外新型犯罪交易平台、矿池、钱包、赌博网站、暗网、恐怖分子及其他犯罪案件受益方的数据库。其次,当这些数据库标签地址与中国境内地址进行可疑交互时,"链上天眼Pro"可以通过区块链智能合约自动发出警报。最后,面对不断变换的虚拟货币犯罪态势,"链上天眼Pro"通过智能算法主动地对新的可疑地址进行标签化记载,做到及时更新。

案例1:江西青云"雷达币"诈骗案[①]

2020年2月26日,辖区群众黄某到青云谱分局报案,其称2月23日18时许,发现手机号码被他人莫名挂失,继而发现与手机号码捆绑登录的"雷达网"账户中的区块链货币(雷达币和比特币)被人转走,被盗虚拟货币折合人民币价值近1450万元。办案民警在侦查中初步发现,该案中涉及的"雷达网",属于国外一雷达实验室开办,国内未发现有相应的公司或机构。受害人损失的是虚拟货币,且犯罪嫌疑人未与受害人发生任何实质性接触,也未留下电话、微信等任何联系方式。犯罪嫌疑人在受害人没有任何操作的情况下,盗取安全性较高的虚拟货币账户,而且几乎没有留下作案痕迹。专案组反诈民警通过摸排走访、海量资料分析,结合对宾馆和手机运营商营业厅人员的走访调查发现,

---

① 陈立伟:《江西警方破获一起虚拟货币盗窃案 涉案金额超千万》,中国新闻网,https://www.chinanews.com.cn/sh/2021/03-25/9439940.shtml,最后访问时间:2020年3月25日。

案发前,曾有5名江苏连云港籍男女开车窜至南昌,持有伪造的受害人身份证件挂失、补办受害人手机卡的犯罪踪迹。获取初步线索后,专案组连续攻坚,图侦、情报等警种联合作战,成功锁定涉案嫌疑人基本信息。经过办案民警精细研判,案件侦查工作取得重大突破。经查,犯罪嫌疑人邓某利用购买的黑客技术盗取虚拟货币交易平台"雷达网"后台用户信息,再雇用犯罪嫌疑人王某、张某等伪造证件冒充受害人补办"雷达网"账户所捆绑手机号码,又通过补办的手机号由犯罪嫌疑人张某接收平台登录验证码,最后登录受害人存有虚拟币的账户盗取账户内的虚拟货币。张某某负责查询相关信息,确认机主身份后发给曾某。曾某负责制作虚假证件和联系营业厅办理业务。专案组在前期侦查的基础上,逐步挖掘、固定该网络犯罪团伙的证据链条,斩断了该犯罪团伙盗取后台数据、制作假证、冒充受害人补办手机卡,利用手机验证码登录平台进行盗窃的犯罪链条。至此,利用黑客技术盗取虚拟货币的特大新型网络犯罪案件实现全链条破案。

案例2:非法获取计算机信息系统数据案——温州"翡翠币"诈骗[①]

据悉,永嘉县检察机关在办理该案时,成功追回1500万元赃款,最大限度挽回被害人损失。4个20多岁的年轻人想着通过虚拟数字货币赚钱,2020年9月初,4人在广东省珠海市通过

[①] 范宇斌、古月:《4人合谋创设"翡翠币"疯狂吸金 浙江永嘉检察院成功追回赃款》,中国长安网,https://www.163.com/dy/article/G9FK4VOC0517S64I.html,最后访问时间:2021年5月7日。

建立网站，并在EOS区块链上发布，合谋创设发行"翡翠币"，计划以低价买入、高价卖出的方式进行营利。申请注册虚拟货币账户后，他们通过微信、Telegram等社交软件发布"翡翠币"项目信息，吸引不特定投资人将EOS、USDT、DFS等虚拟货币存入虚拟货币账户参与挖币。为了炒高"翡翠币"的价值，4人使用不同的账号不断地收购投资人挖出来的"翡翠币"，营造"翡翠币"虚假繁荣的假象。仅一天时间，该项目就吸引数百人参与挖"翡翠币"，投资的虚拟货币折合人民币价值达1500余万元。

由于没有下家接手，"翡翠币"项目发行失败，被告人钟某等4人利用申请注册时留下来的密钥将被害人用于挖"翡翠币"的EOS、USDT、DFS虚拟货币（折合人民币价值1500余万元）通过Token Pochet钱包公司转入自己账户，并将挖币网站关闭，导致投资人不能支取投资款。据悉，被害人中有永嘉籍投资人，2020年9月，该案由被害人肖某（永嘉籍）报案至永嘉县公安局，并于同日立案侦查。为防止被害人对虚拟货币的追踪，被告人钟某（其余三人另案处理）还将非法所得的虚拟货币转入国外交易平台，其中价值人民币约615万元的虚拟货币兑换成其他币种的虚拟货币，剩余未兑换部分的虚拟货币因被害人举报而被外国交易平台冻结。案发后，钟某主动通过Token Pochet钱包公司将部分虚拟货币退还给被害人。案发后，永嘉县人民检察院多次与公安机关协调沟通，劝说钟某积极退赃。最终，钟某同意委托温州某公司足额退赔EOS币和USDT币，用于偿还被害人损失。截至目前，多数被害人已经足额领取。另外，少部分被害人未及时申领。考虑到虚拟货币价格的不稳定性，为保障被害人遭受不必要的损失，永嘉县人民检察院建议公安机关将剩余未申领的EOS、USDT，分别以1EOS兑24.1985元人民币、1USDT兑6.4元人民币的比例，兑换成人民币共603338.741元，暂存于永嘉县公安局对公账户内，用于偿还被害人损失。

二 公安机关作为节点的刑事司法联盟链

（一）案卷线上移送模式面临的挑战：隐私保护、信息防篡改与全流程监督问题

1.案卷材料移送模式的变迁："线下单线移送"到"线上一体化协同"

长期以来，在刑事司法领域，公检法司等政法部门在移送案件材料与办案材料方面采用"线下模式"，即依赖纸质卷宗、人工移送、线下流转。这种模式存在三大弊端：效率低、办案质效低、难以有效监督。由于公检法司各部门都有自己独立的办案系统，系统之间无法实现互联互通，各部门之间办案业务衔接主要通过法律文书派员交换、案卷资料派员移送、来回换押提审、案件信息重复录入等传统方式实现，所以，办案效率不高，政法干警机械重复性工作量大。[①]不仅如此，公检法司等政法部门各自的刑事案件信息系统都局限于内部循环，彼此之间形同一个个"信息孤岛"，缺乏数据共享，公检法司等机关因为缺乏工作中的协同性，各自的办案质量都受到影响。比如，公

---

① 《政法跨部门信息互通，有了大数据办案的"南山模式"》，人民资讯，https://baijiahao.baidu.com/s?id=1673529085538513162&wfr=spider&for=pc，最后访问时间：2022年9月3日。

安机关将案件移送后，检察机关何时提起公诉、人民法院何时做出判决、犯罪嫌疑人何时送监执行、何时释放出监，公安机关都无法及时掌握，无法根据起诉、判决、执行情况开展执法质效分析、重点人员管控等相关工作。另外，这种模式也不利于诉讼的规范化与法律监督。比如，在诉讼过程中时而存在互借时间、互借手续，涉案财物不移送、移送不接收、不判决等不规范问题，甚至出现公安机关和检察机关因互借时间而无理由拒绝收卷、随意退卷、检察机关口头监督、"照顾式"监督等问题。

鉴此，近年来，很多地方公检法司机关探索"线上流转模式"。比如，浙江绍兴越城区于2019年底被确定为全市"政法一体化办案系统单轨制协同办案模式"先行地区，之后，区检察院借助线上传输媒介互通共享公、检、法、司各自开发的办案系统和卷宗数据，使承办人从堆积如山的纸质卷宗中解放出来，实现数字卷宗一次生成、跨界流转、数据共享。在推进期间，区检察院还突破壁垒，率先与区法院沟通会商，就推送单轨制案件检察卷宗充分交换意见，明确检察卷宗、法院判决书等均实现"线上"移送，通过网上电子卷宗在公检法司之间的流转实现案件的办理，不再以纸质形式移送。①

在此需要重点提及的是深圳政法跨部门大数据办案平台。早在2012年，中央政法委就曾组织开展政法协同办案课题研究，并以深圳、乌海、苏州等地市作为试点，开展业务协同平

---

① 《电子卷宗流转 线上一键推送》，绍兴网，http://www.shaoxing.com.cn/ycq/p/2826679.html，最后访问时间：2022年5月3日。

台建设。2018年5月28日,全国跨部门大数据办案平台建设座谈会在苏州召开,中央政法委要求各地加快推进平台建设,打通信息孤岛,以信息化推动政法工作现代化,进一步满足人民群众的司法需求。作为全国第一批"政法跨部门网上协同办案"试点城市,深圳2012年就在南山区试点探索。2016年,南山区在全国率先实现电子卷宗的跨部门流转。2020年7月初,"南山试点"顺利通过广东省委政法委的验收评审。9月4日,深圳政法跨部门大数据办案平台推广应用现场会在深圳南山区召开。之后,深圳多区"首案"纷纷出现,比如,11月30日,坪山区人民法院依托深圳政法跨部门大数据办案平台向坪山区司法局移送危险驾驶罪1起,首次实现了刑事案件侦查、起诉、审判、执行环节全流程线上流转。① 深圳政法跨部门大数据办案平台,主要以"办案材料全电子、办案信息全共享、办案流程全监督、办案业务全覆盖"为目标,搭建起一个以政法跨部门网上办案平台为中心、公检法司业务系统为子平台的一体化运行架构,以电子卷宗为载体,推动刑事案件全流程网上流转和办理。该平台打破了各部门之间的"信息孤岛",将分散、独立的涉案数据有机融合、研判共享、深度应用,实现司法办案"一张网"流转,办案数据互联互通、融合共享(详细的流转情况参见图4-4)。②

---

① 《探索政法跨部门网上办案新路径!坪山首宗刑事案件全流程线上流转》,深圳市坪山区司法局网站,http://www.szpsq.gov.cn/pszfbgs/gkmlpt/content/8/8314/post_8314090.html#16238,最后访问时间:2022年5月3日。
② 《卷宗秒级流转、智能辅助办案 刑案"无纸化传输"时代来临》,法治广东行南方号,http://static.nfapp.southcn.com/content/202012/01/c4372284.html,最后访问时间:2022年9月3日。

图4-4　电子卷宗流转情况

2.线上模式面临的挑战

作为数据协同办案模式，公检法司机关线上移送卷宗材料相比线下移送模式，在案件数据信息共享、提升办案质效等方面向前迈进了一大步，但毕竟是基于传统互联网技术，仍然面临如何保护当事人隐私、如何防止案件信息被篡改以及如何实现全流程可监督等难题。

（二）山西省"公检法司联盟链"

2019年，在山西省委、省政府的高度重视、全力支持下，在省委政法委的统筹协调、积极推动下，山西省公安厅与一家区块链技术和解决方案科技公司达成战略合作协议，在省公安厅设立区块链应用实验室，推动公检法司联盟链项目落地。在充分利用原有硬件和软件，没有增加任何建设投入，且知识产权与该科技公司共同所有的情况下，2020年4月中旬，公检法司联盟链正式建成运行。经过半年的实战应用，联盟链已在推动执法司法规范化中发挥了重要作用。

1.技术原理

首先，以公检法司四家单位组建本单位的"私有链"，然后利用跨链技术将四条"私有链"组成联盟链——相比于其他链式，联盟链既能够保证效率又具有相对封闭的安全性，其既能够保证每个单位的数据共享又能够充分保障当事人隐私信息安全。随后，在联盟链上通过隐私计算赋能，使得部门之间所传输的信息仅限于对方办案所需，而对于对方无须知道的信息则通过隐私计算技术设置为"可用而不可见"（详细的技术构架参见图4-5）。以犯罪嫌疑人的家属私人信息为例，公安机关基于材料的完整性需要将其附于案卷，但这不一定是检察机关所必需的信息，在这种情况下，可以通过隐私计算技术将其设置为"可用不可见"的状态，检察院能够通过区块链系统验证数据的真伪，甚至在必要时与犯罪嫌疑人的家属进行沟通，但看不见犯罪嫌疑人家属的具体住址、工作情况等隐私信息。

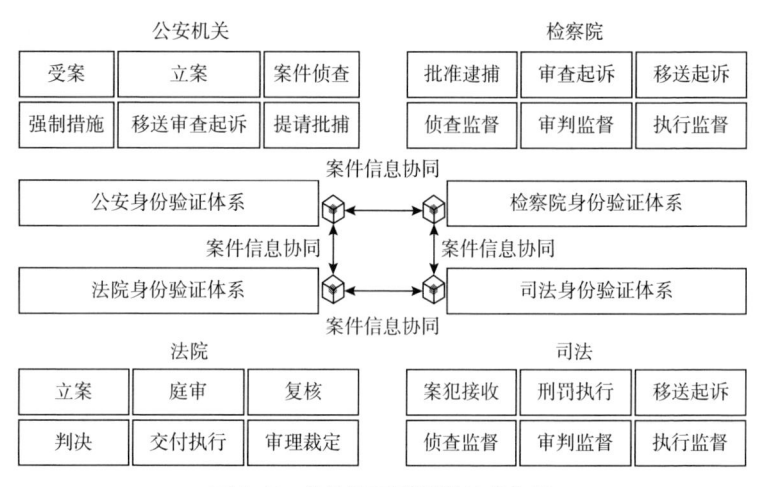

公安机关			检察院		
受案	立案	案件侦查	批准逮捕	审查起诉	移送起诉
强制措施	移送审查起诉	提请批捕	侦查监督	审判监督	执行监督

公安身份验证体系 ⇄ 检察院身份验证体系

法院身份验证体系 ⇄ 司法身份验证体系

（案件信息协同）

法院			司法		
立案	庭审	复核	案犯接收	刑罚执行	移送起诉
判决	交付执行	审理裁定	侦查监督	审判监督	执行监督

图4-5 公检法司联盟链技术构架

2.取得的成效

可以分为两方面：一方面，实现了司法全流程网上流转，解决了公检法司协作配合不到位、不规范、不及时的问题。公检法司联盟链运行后，执法司法全流程网上流转，公安机关提请逮捕、移送起诉，全部通过网络移送检察机关，检察机关网上接收案件，检察机关的诉讼文书、监督文书实时推送回公安机关。法院通过联盟链全面审查、掌握公安机关侦查获取的证据和检察机关移送的证据，审判后，裁判文书实时推送回检察机关和公安机关，解决了以往公安机关无法及时知晓判决结果的问题。自2020年以来，3.9万件检法文书全部推送回公安机关执法全流程智能管理平台，为开展执法质效分析研判提供了有力支撑。律师通过公检法司联盟链能够在案件移送起诉后，在网上查阅公安机关办案的证据材料，对公安执法提出意见。司法监狱系统通过公检法司联盟链与公安机关实现了网上业务协同，真正形成了闭环。法院判决后，公安监所在押人员需送监狱服刑的，通过公检法司联盟链及时将有关人员信息推送给监狱，监狱收到信息后将回执返回公安机关；监狱服刑、减刑假释、释放、社区矫正情况、戒毒人员情况也全部通过公检法司联盟链交互给公安机关，解决了过去公安机关与司法行政部门不衔接、人员动态不掌握、相关人员防控不到位的问题。自2020年以来，司法监狱系统20.9万条监狱执行数据实时推送山西公安派出所"智慧大脑"，派出所及时跟进重点管控，有力提升了社会治安防控能力。

另一方面，倒逼公安机关执法更加规范。公检法司联盟链运行后，全省公安机关敞开大门主动接受监督，将2020年以来6.4万余起刑事案件实时上链推送检察机关，检察机关无须派驻公安机关，在网上即可实时监督公安执法所有环节，倒逼全省公安机关必须从执法源头——接处警开始步步规范。检察机关监督、法院审判、律师辩护数据反哺公安机关，依托监督数据,深入剖析问题短板,反思执法得失,找准薄弱点,有针对性地采取措施补足问题短板,全面建立了内部监督与外部监督相结合的执法质效分析评价机制和执法积分管理机制,逐渐形成了引导和鼓励民警多办案、办好案的工作格局,公安机关执法质效显著提升。自2020年以来,检察机关监督立案撤案、不捕不诉、追捕追诉、退回补侦、纠正违法全部实现下降,同比分别下降5%、52.08%、57.66%、57%、60%,立案侦办的刑事案件无一起被判决无罪。2020年上半年,人民群众安全感达97.79%,获得感、幸福感、安全感达94.6%,均创历史新高。①

(三)深圳南山区"区块链+大数据"办案平台

深圳政法跨部门大数据办案平台建设中,最有特色的是南山区政法跨部门网上办案平台,因为它采用了区块链技术。2018年11月,南山区政法跨部门网上办案平台上线联通运行,试点取得阶段性进展。南山区打造的政法跨部门大数据办案平台,主要以"办案材料全电子、办案信息全共享、办案流程全监督、办案业务全覆盖"为目标,搭建起一个以政法跨部门网上办案平台为中心、公检法司业务系统为子平台的一体化运行架构,以电子卷宗为载体,推动刑事案件全流程网上流转和办理。在该办案模式下,全程依托电子卷宗网上流转,不再进行线下纸质卷宗移送。

办案平台在功能方面有三大特色。一是电子换押证实现"秒

---

① 《探索区块链技术创新应用 助力公安工作提质增效》,中国安全防范产品行业协会网站,http://news.21csp.com.cn/c16/202011/11401174.html,最后访问时间:2022年5月2日。

批"与"一步换押"。二是平台建设的人工智能辅助办案模块，可实现个性化"阅卷"、自动排查"瑕疵证据"，以及法律文书自动生成、类案推送等功能，让办案人员"如虎添翼"，实现了"一键辅助"。三是最重要的，案件全流程透明、监督可控。案件全流程网上办理过程中，采用了区块链技术，在执法办案的9个关键节点部署保全系统，确保电子卷宗在流转过程中的一致性，实现政法各部门电子卷宗同步多点存储，互为镜像，也增强了各个办案环节信息的透明度。同时，平台实现了政法各部门协同办案数据的"一图可见"，各类案件的进展和流程节点一目了然，实现了对司法办案的全流程监督管理，有利于提升案件质量，确保公平公正。[①]

三 跨部门、跨区域警务协作链

（一）缘起：警务协作中的数据壁垒问题

从实践来看，跨区域、跨部门警务协作面临着共同的障碍——数据壁垒与数据共享难题。而且，由于省际边界限制，跨区域执法还面临管辖权区分难、调查取证难、集中整治难等难题。

实践中，很多地方公安机关引入区块链技术予以应对。当然，这也都有相关政策支持。在跨区域警务协作方面，中央全面深化改革委员会第二十次会议强调，要坚持全国一盘棋，更好发挥中央、地方和各方面积极性，推动部门高效联动、区域

[①] 林泳：《政法跨部门信息互通，有了大数据办案的"南山模式"》，中国法院网，https://www.chinacourt.org/article/detail/2022/07/id/6783789.shtml，最后访问时间：2022年9月3日。

协同发展。之后，区域协同发展建设逐步展开。比如，经国务院批准，国家发展改革委员会于2018年印发了《淮河生态经济带发展规划》，其中明确提出要"推动淮海经济区协同发展"，建立多功能综合警务室，破解群众急难愁盼问题；应用数字技术，多省联合出警。还比如，为进一步落实长三角一体化，针对省际交界警务工作存在的各类问题，上海市公安局嘉定分局深入开展大调研大走访，积极融入"嘉昆太"核心创新圈，会同江苏昆山、太仓警方推动建立"长安"共享联动机制，通过无缝对接、协同发展，为区域社会经济发展保驾护航。①在跨部门警务协作方面，中共中央2021年8月2日印发的《关于加强新时代检察机关法律监督工作的意见》则指明了实现路径：运用大数据、区块链等技术推进公安机关、检察机关、审判机关、司法行政机关等跨部门大数据协同办案，实现案件数据和办案信息网上流转，推进涉案财物规范管理和证据、案卷电子化共享。

（二）跨区域协作链："淮海经济区警务数据区块链共享协作系统"

徐州位于苏鲁豫皖四省交界处，人流、物流、信息流汇聚，治安情况复杂。为此，徐州市公安局通过与周边9个地市的公安机关建立警务协作区，搭建起以"一网一台一库"为框架的警务协作信息化平台，现已交换汇聚8大类数据80多亿条。2018年11月，为拓展大数据背景下的警务运行新模式，徐州市

---

① 郭剑烽：《打造警务"区块链" 嘉定公安分局积极融入"嘉昆太"创新核心圈》，《新民晚报》，https://www.toutiao.com/article/6624048519864910343/，最后访问时间：2022年9月3日。

公安局牵头运用区块链技术,开创性建立"淮海经济区警务数据区块链共享协作系统",实现跨省相邻的城市间警务数据实时加密共享。如今,该链块上的每天增量数据超过20万条。[①]

  区块链技术作为可信任的大型协作系统,可以有效地赋能不同城市公安机关的协作,实现情报共享、合作办案。其原理如下:平台采用的是标准区块链,包括应用层、服务层、核心层、数据存储层以及数据采集层。其中,数据采集层需要单独定制。为了节省成本,现有警务系统在对接警务区块链过程中,尽量少改动或者不做改动,一个合适的方案即为增加数据采集层,主要通过API或者接口封装等来实现数据管控、接口的适配,如此一来,各个系统的接口能够比较快捷和迅速地运行。应用层主要是发布共享数据、数据查询和车辆、人员布控。情报数据共享采用哈希加密上链,而不同公安机关基于智能合约的协定,通过跨链技术获取所需情报,而人员车辆布控则利用区块链技术不可篡改的特性,使得布控请求发布与执行记录全程真实可信,解决联动中的层层审批与责任界定困境。其间,密码学技术用来保障数据安全,而智能合约则用来解决效率问题,在跨域警务协作中,通过一次性智能合约签署,后续的警务沟通或车辆沟通都可以自动触发,并且能够自动记录布控结果。虽然有的联盟链不设置激励层,但该警务联盟链设有数据共享激励机制,即多数据之间或者多区域警种之间对于数据的共享,通过设立积分机制,贡献方可以享受积分。

[①] 《徐州公安"智慧警务"创一流》,《江苏法制报》,http://gat.jiangsu.gov.cn/art/2018/11/21/art_6379_7887069.html,最后访问时间:2022年9月3日。

(三)跨部门协作链:"深圳四部门信息情报交换平台"

国家税务总局深圳市税务局、深圳市公安局、中华人民共和国深圳海关、中国人民银行深圳市中心支行联合开发的,基于区块链技术的"深圳四部门信息情报交换平台"于2019年11月21日正式上线。该平台主要按照"信息互通、优势互补、紧密配合、高效务实"的原则搭建,运用信息化手段推动协作机制,旨在高质量实现四部门信息交换、文件传输、任务协作、部门动态展示等协作需求,破除数据壁垒,提升共享效率。它将成为四部门在新形势、新要求下"打虚打骗"的重要依托和支撑。

当然,该平台并非"一夜高楼平地起",其上线离不开深圳四部门在信息情报交换方面长期良好的协作基础。首先,税务与公安联合开发了"警税通"平台,率先架起了两部门的信息情报共享高速公路,该平台被评为"2018年深圳市在营造共建共治共享社会治理格局上走在全国前列创新实践示范项目"。其次,税务与海关、税务与人民银行之间建立了常态化的票面比对、银行账户、资金流等信息数据查询机制,为建立四部门的信息情报平台奠定了基础。同时,也离不开区块链技术的应用探索。比如2018年,深圳市税务局携手腾讯公司,建立"智慧税务"实验室,率先在全国推出"区块链电子发票",迄今已开具超过1000万份发票,积累了区块链技术在税收管理领域应用的成果和经验。所以,此次应用区块链技术开发四部门信息情报交换平台,是"智慧税务"实验室孵化的新成果,将成为"区块链+部门协作"领域的样板工程。

基于区块链的信息情报交换平台,其技术原理如下:平台充分运用区块链技术建立信任、集体维护、不可篡改等特性，建立了查询的数据列表，信息情报数据在"链上交互"，实现了自动查询、自动比对、自动处理；通过共识机制，理清数据产权，确保数据安全可信，推进部门间数据的共同维护和利用；通过联合开展监控分析和预警应对，增强监管的实时性、精准性，提升了四部门联合打击涉税违法犯罪的能力和水平。

自2018年8月四部委"打虚打骗"专项行动以来，深圳四部门聚焦打击"假企业"虚开发票和"假出口"骗取退税等违法犯罪行为，破获了"鹰击1号"、"海啸"系列、"流金"系列等重大虚开骗税案件，累计抓获犯罪嫌疑人231人，涉及税额148亿元，对不法分子形成了"手莫伸、伸手必被捉"的高压震慑，有效遏制了深圳虚开骗税活动多发频发的势头。未来，深圳四部门将以区块链信息情报交换平台上线为契机，继续发扬良好的合作传统，继续发挥专业的技术优势，联手防范和打击各类涉税违法犯罪活动，共同为规范税收秩序、优化营商环境、推动深圳先行示范区建设、助力粤港澳大湾区建设以及维护国家税收安全贡献深圳智慧和力量。[1]

四 基于区块链的犯罪预防体系

（一）缘起：危险物品的线下监管难题

从实践探索来看，区块链赋能治安与犯罪防控体系的建设

---

[1] 《区块链技术再添新应用 深圳四部门搭建信息情报交换平台》，深证税务局网站，https://shenzhen.chinatax.gov.cn/sztax/xwdt/swxw/201912/b868dcfbd72847638dc2666c419037d1.shtml，最后访问时间：2022年9月3日。

中,主要有危险物品的区块链监管平台。传统上,针对涉及危化品和易制毒危化品的企业,监督部门行政执法只能依靠定期和不定期的上门抽检和巡检方式来进行。

这种以线下检查为主的方式存在一系列监管难题,比如对危化品巡检不到位、物品出入库登记不实、仓库储量不实等情况无法实时、有效掌握,存在安全漏洞。

(二)危险物品的区块链监管平台:"信息流、业务流、管理流"的高度融合

2021年以来,桐乡公安主动融入全省数字化改革,按照"业务数字化、数字业务化"的思路,秉承"简单、实用、高效"理念,将区块链技术应用于重点场所监管,自主研发数字化(区块链)监管平台,实现"信息流、业务流、管理流"高度融合。截至7月份,平台已在200家易制爆、剧毒危化品企业、131家管制刀具销售点运行使用。

数字化(区块链)监管平台,围绕人员、事件、地点、过程等要素,全量汇聚易制爆危化品企业、管制刀具销售点的基本情况、物品数量、日常巡查等数据,一图展示目标点位、进出数量、巡检记录,并支持快速查询、分析、处理数据,实现日常监管可视化。同时,建设全流程应用体系,针对监管难点进行剖析,通过区块链技术确保数据真实、通过可信巡检确保过程透明,形成"巡检、储量、进出、管理"四位一体的全流程闭环应用。

为提升管控实效,围绕危化品管理、巡检、监督等应用场景,分别由企业管理队、巡检队及公安巡查监督队三支队伍负责,明确岗位要求、职责任务,通过线上线下结合的方式,强

化大数据反哺一线实战，以数据推动提升安全管理能力。其中，公安机关将权限开放至企业，加载巡查任务部署、排班管理、人员管理、巡查记录查询、未巡查告警、巡查异常告警等模块，企业管理人员无须前往现场，即可通过线上掌握巡查现场真实情况，实现了政府管理与企业自我监督相融合。自从运用区块链技术数字化监管后，企业平台数据全部实时上传，异常数据实时在平台驾驶舱预警，只需布署一名监管人员，便可第一时间发现问题，落实企业整改，实现实地检查向线上巡查转变，节省了大量警力。①

五 "区块链警务"的中国展望

近年来，在域外，司法机关从刑事案件的侦查到审判阶段也都在探索如何使用区块链分析（blockchain analysis）。比如在美国，区块链分析在刑事侦查中的应用已经展开探索，主要适用于三个方面：为识别犯罪提供线索，在刑事诉讼中适用于颁发搜查令和扣押令，民事没收中的投诉程序（civil forfeiture complaints）。②反观我国，从刑事司法的视角来看，以公安机关为发起节点的司法区块链，根据实践的需求，未来需要深化拓展的场景主要有如下几类。

---

① 《桐乡：运用区块链技术打造数字化监管新模式》，嘉兴市政府，https：//www.jiaxing.gov.cn/art/2021/9/3/art_1228921206_59405037.html，最后访问时间：2022年9月3日。

② C. Alden Pelker, Christopher B. Brown, Richard M. Tucker, "Using Blockchain Analysis from Investigation to Trial", *Department of Justice Journal of Federal Law and Practice*, Vol. 69, No. 3, 2021, pp. 64–72.

（一）针对电子数据、电子化材料："全生命周期的区块链取、存、管、用"模式

1.为何选择区块链证据模式？

由于电子证据具有易损坏、易篡改的特性，其在司法实践中一直存在着认定难、采信可能性较低的问题。如何确保电子数据的真实性、完整性，是司法实践中棘手而又关键的问题。

目前的解决方案是，取证方面采用"传统互联网技术+传统取证方式"，比如网络在线提取电子数据、远程勘验检查等；①固定保全方面采用"传统固定方式+计算电子数据完整性校验值"的方式，其中，固定方式包括打印、拍照或录像等。②

从司法解释来看，司法机关非常重视计算电子数据完整性校验值的方法。比如，2016年最高人民法院、最高人民检察院、公安部印发的《关于办理刑事案件收集提取和审查判断电子数据若干问题的规定》③及2019年公安部印发的《公安机关办理刑事案件

---

① 2016年最高人民法院、最高人民检察院、公安部：《关于办理刑事案件收集提取和审查判断电子数据若干问题的规定》第5条；2019年公安部：《公安机关办理刑事案件电子数据取证规则》第7条。

② 参见2019年公安部《公安机关办理刑事案件电子数据取证规则》第8、9、20、21条。

③ 《关于办理刑事案件收集提取和审查判断电子数据若干问题的规定》第5条规定："对作为证据使用的电子数据，应当采取以下一种或者几种方法保护电子数据的完整性：（1）扣押、封存电子数据原始存储介质；（2）计算电子数据完整性校验值；（3）制作、封存电子数据备份；（4）冻结电子数据；（5）对收集、提取电子数据的相关活动进行录像；（6）其他保护电子数据完整性的方法。"

电子数据取证规则》[①]都对相关内容做出了规定。

据此，侦查人员如果对取得的电子数据进行哈希计算，侦查终结后，应当向检察机关移送电子数据及其哈希值、哈希算法。检察机关在审查电子数据时，通过哈希计算审查完整性校验值，确保电子数据的真实性不被破坏。但是，这种没有区块链技术支撑的哈希计算方式是不能确保电子数据不被篡改的。因为从理论上讲，侦查机关从取得电子数据到移送检察院的这段时间，数据的访问主体可以更改数据并重新进行哈希计算，然后以此取代原有的电子数据及其哈希值。如果通过区块链调取、存储电子数据，即由第三方中立平台运营且系统自动执行取证，将电子证据完整性校验值哈希值上链，并将哈希值分布存储在区块链各个节点上。据此，司法机关事后可以看出哈希值是否被改变。如此可以有效地防范数据哈希值被篡改、删除，保障电子数据的真实性、完整性及可追溯。

目前，区块链技术在司法证据链的使用，可以解决"数据归纳、数据安全、数据复用采信"三大问题，而且已经在知识产权保护领域的有效应用和打击虚拟货币违法犯罪方面积累了相关经验。[②]未来，可以拓展到数据的"取、存、管、用"全生命周期的应用场景。即利用区块链不可篡改的天然特性，在取

[①]《公安机关办理刑事案件电子数据取证规则》第 2 条规定："公安机关办理刑事案件应当遵守法定程序，遵循有关技术标准，全面、客观、及时地 收集、提取涉案电子数据，确保电子数据的真实、完整。"第 20 条规定："对提取的电子数据可以进行数据压缩，并在笔录 中注明相应的方法和压缩后文件的完整性校验值。"

[②]《【享法】青年才俊与行业大咖畅谈"区块链+法治"助力司法行政数字化转型》，上海市司法局网站，https://www.163.com/dy/article/H10JG5RT05341282.html，最后访问时间：2022 年 9 月 3 日。

证源头使用区块链技术将电子数据进行实时存储与固证，之后的查阅、转移等都需要通过区块链智能合约进行授权。如此一来，无论是电子数据还是电子化材料，从其产生、存储、申请、授权、流转、使用到销毁等全部环节，都可以在区块链平台或网络中完成。通过区块链密码学技术、节点标识、电子签名等技术，完整存证每笔数据对应的产生者、使用者、管理者身份，并拥有完整的全过程回溯。

比如，某市网信办依据其监管职能，使用基于区块链的网络信息存取证管理平台进行网络舆情等信息的存证、取证与固证。平台充分发挥区块链不可篡改、终生溯源等技术价值，通过PC端和移动App共同对网络信息发布者、网络信息发布平台等进行网页取证、录屏取证、录音取证、现场取证。同时，司法鉴定中心作为共识节点对取得的电子数据出具保全证书和固证文书。这可以保障数据的真实性与完整性，并符合现代证据法的证据保管链制度要求。①

从西方法治发达国家的经验来看，建立证据保管链制度是保障实物证据同一性与真实性的关键措施。证据保管链制度要求建立自侦查阶段收集证据至审判阶段将证据提交法庭的完整记录体系。②而且，该记录可以为日后电子数据合法性的证明提

---

① 所谓证据保管链是指"从获取证据时起至将证据提交法庭时止，关于实物证据的流转和安置的基本情况，以及保管人员的沿革情况"。"证据保管链要求每一个保管证据的人提供证言证明对证据的保管是连续的；不仅如此，还要求每一个人提供证言证明在其保管证据期间，证据实质上保持相同的状态……证据的真实性问题越重要，就越需要否定改变或替换的可能性。"参见Bryan A. Ganner（ed.），*Black's Law Dictionary*，9th edition.，Minnesota: West, A Thomson Business, 2009, p.260。

② 陈永生：《证据保管链制度研究》，《法学研究》2014年第5期。

供"过程性证据"。①

另外，如果链下存储的原始数据被篡改，使用者可以进行检测和校验；如果数据被转移，使用者也可予以追溯。如此一来，区块链证据模式能够实现链上链下数据的无缝协同，确保数据的可信确权，进而促进使用者之间的数据协同与共享。

2. 区块链取证的两种模式

如何锚定物理世界的数据，并打造一个连接物理世界与数字世界的管道，让线下数据可信上链，这一直是区块链技术运用领域的重大挑战。如果将区块链与传统的取证设备、系统相融合，与物联网技术相融合，由此形成"区块链取证设备"，则不仅可以为物理世界数据源头的安全可信问题提供解决方案，而且能够为区块链突破线下规模化应用的瓶颈提供新思路。可喜的是，实践中已经有相关的探索适用。比如，杭州市西湖区人民检察院于2019年便开始使用该类区块链取证设备，以解决司法证据采集的可信问题。该设备的运用，不仅能保证取证结果的客观真实，也能促进办案人员自身的取证行为更加规范合法、公正透明。②

根据区块链与传统取证技术结合的方式，可以将区块链取证模式分为两种：软件相结合的"区块链网页取证"与软硬件相结合的"区块链软硬件一体化取证"。

（1）区块链网页取证。简单而言，网页取证就是以网页为

---

① 即作为一种记录特定诉讼行为过程事实的证据，详细讨论参见陈瑞华《论刑事诉讼中的过程证据》，《法商研究》2015年第1期。
② 《边拍边"公证"！西湖区检察院首次运用区块链取证设备》，https://www.thehour.cn/news/237900.html，最后访问时间：2022年9月23日。

对象的取证方式。采集对象主要包括网页截图、网络路由日志、网页源代码等,传统的采集方式主要是截屏、录屏等。从实践来看,由于网页非常容易被篡改,因此,网页取证的难点在于如何确保所获取网页信息的真实性。为解决此难题,可以将区块链技术融入传统的网页取证之中,从用户端可以理解为"区块链虚拟机系统"。[①]其具体原理如下:区块链系统提供清洁的虚拟机桌面,用户可以通过远程链接虚拟机来完成动态网页的浏览等活动,然后,通过虚拟机进行录屏并实时存入区块链予以固化。当然,用户也可以选择自动取证方式,即输入取证地址,设置取证时长,后台虚拟机自动完成全过程录制,全程无需人为干预。

(2)区块链软硬件一体化取证。区块链软硬件一体化取证,是指在取证的硬件中添加区块链指令集,形成区块链取证硬件,使得硬件中的数据拥有不可篡改的特性。据此,用户将获得的数据直接上链固证,从而在源头确保数据的真实性。

其具体原理是,在硬件内置区块链特殊指令集和硬件级加密算法,进而形成区块链模组。每个区块链取证硬件拥有独一无二的"指纹",对应区块链上唯一的身份,不同设备间的数据无法相互调包、替换,即不同设备的数据无法互换,能够确保硬件不被破解、不被复制与不被篡改,形成取证过程的全链闭环。通过基于区块链的传输协议,底层支持设备内置区块链模组的原始签名,使得上链的提交者无法伪造数据和签名,即使

---

① 虚拟机(virtual machine)是一种特殊的软件。它可以在计算机平台和终端用户之间创建一种环境,终端用户可以在基于虚拟机所创建的环境中操作其他软件。

经过第三方网关和由第三方提交上链，也依然保证原始数据签名的可靠性。

从理论上讲，区块链软硬件一体化设备可以有如下几种。

一是区块链取证器。即区块链软硬一体的智能设备，通过内置的应用能力将侦查取证工作流程化、数字化、标准化。侦查人员在使用前首先需要完成人脸识别验证，确认操作主体身份，确认侦查与取证的任务详情。到达侦查地点后，便利用内置的区块链取证技术将现场取得的电子证据自动添加经纬度数据、时间戳，印上区块链数字身份并加密，最后通过设备的网络通道上链固证。如此一来，该设备能够将侦查工作的全过程、操作日志记录、地理位置等信息在区块链上留痕存证，确保侦查取证工作的真实有效性。区块链取证器的功能强大，可以拥有四种取证功能：拍照取证、录音取证、录像取证与录屏取证。

二是区块链执法记录仪。区块链技术融入目前公安机关的执法记录仪，由此能够保留侦查、取证第一现场的真实状态，包括音视频的真实录制时间、机器状态、音视频和日志等内容的真实性。具体分为在线模式与离线模式两种方式。在在线模式中，根据区块链执法记录仪取证之后的传输方式，可以分为实时传输固证模式与实时传输校验信息模式。实时传输固证模式是指，区块链执法记录仪可将采集的音视频数据、操作日志、地理位置、设备状态信息等数据，直接加上区块链身份签名并加密后上传到侦查协作链存证，这可以从源头上保障音视频原始数据的真实性。实时传输校验信息模式是指，侦查人员将采集的音视频数据，通过内置的区块链模组计算哈希值后，通过4G/5G通信模块，将哈希数据、操作日志、地理位置、设备状态信息印上区链身份签名、时间戳后,加密上链存证,原始文件保存于设备存储空间。区块链执法记录仪的离线模式,是指侦查人员运用内置的区块链模组,将采集的音视频数据、操作日志、地理位置、设备状态信息等数据计算哈希后,通过硬件加密算法加密,同时存储到内置的可信安全区。侦查取证结束后,侦查人员通过系统平台验证设备许可,解密可信安全区内的数据进行校验,校验完成后,音视频数据便自动上传至区块链固证。

三是区块链高拍仪。它通过内置区块链模组(含数据模组)可将证据(证物)等相关材料转换为电子文件直接上链固证。固证后的电子证据文件拥有不可篡改的时间戳,侦查人员通过管理后台可以实时查阅固证的电子证据并进行管理、归档、转移等。

四是区块链取证硬盘。区块链取证硬盘是区块链技术与SSD[①]硬盘相结合,内置区块链安全模组(含通信模组)、取证软件程序的产物。具体原理如下:侦查人员将区块链取证硬盘接入目标主机后,它便自动运行取证软件程序,将需要取证的文件、取证软件对目标主机的综合分析报告等数据存入区块链取证硬盘,印上区块链身份并加密后存储到硬盘安全区。同时,区块链取证硬盘通过内置的通讯模组将数据所生成的哈希值,也传输到区块链存证平台予以存证。

当然,区块链软硬件一体化取证模式在用户端还可以表现为区块链取证App,而且,这在实践中已经有了有益的探索。2020年12月25日,全国首个基于区块链技术对各类移动端应

---

① 所谓 SSD,英文全称是 Solid State Drives,即固态硬盘。硬盘一般分为两个类型:机械硬盘与固态硬盘。固态硬盘是使用固态电子芯片阵列制成的硬盘,是一种主要以闪存作为永久性存储器的计算机存储设备。

用的取证App在浙江省杭州市发布。此App是一套基于安卓系统的移动端应用，将区块链、电子签名、电子数据鉴定等技术运用于取证全过程，将在以社交、直播电商等移动端应用的监管执法中发挥重要作用。该取证App集成了录屏取证、录像取证、拍照取证、录音取证四个功能，可满足监管执法人员随时、随地对相关手机应用软件、小程序、直播实况等进行取证，系统将自动生成含有区块链上链信息的固证文书。浙江省市场监管局相关负责人介绍，在取证App取证有效性的设计中，启用前会对手机网络状态、时间信息、地理位置、应用列表等取证环境清洁度进行检查；在取证、传输、存储等环节区块链全程"见证"，取证环境、过程、结果实时上链，相关数据推送至部署在第三方司法鉴定机构的存储服务器，有效避免证据被手机软件进行美化、剪辑、篡改取证结果；取证App直接调用手机原生摄像头、麦克风、录屏功能获取底层实时电子数据，有效规避了用户自行上传非摄入文件的风险，确保了取证的真实性和有效性，满足取证过程可回溯、结果可鉴真的要求。①

3.几个重点应用方向

（1）区块链支付与电信网络诈骗犯罪

网络犯罪大多从上游非法信息产业链中购买大量个人信息，随后以冒充交友、兼职、交易等一系列骗术使得受害人出现错误认识，并通过网络交付财产。如果使用以区块链为底层技术的价值网络为日常交易的主网络时，那么，侦查机关应当做出怎样的侦查策略与技术调整？

---

① 刘彦鑫：《浙江上线全国首个区块链取证App》，光明网，https://m.gmw.cn/baijia/2020-12/25/1301973235.html，最后访问时间：2022年11月1日。

首先，利用生物识别技术对区块链KYC政策进行赋能，用户必须实名上链，受害者由此能够在转账之前知悉对方的真实身份，进而阻断欺诈行为。

其次，区块链技术具有全网透明的特性，所以，潜在受害人能够提前知悉诈骗账户的资金来源与流向、是否具有大量可疑交易，进而及时发现可疑情况并避免受骗。

再次，在区块链网络中引入博弈机制、设立系统信用评价体系与交易用户交互信用评价体系。当潜在受害人试图对可疑账户进行转账时，系统将自动发出警报，警告受害人存在被诈骗的风险，同时，交易相关方对可疑账户进行的先前信用评价，也能因为KYC政策与生物识别技术直接链接到真实的相关个人，使犯罪嫌疑人的信用难以恢复并被公安机关长期重点关注。

最后，在交易的区块链网络中引入智能合约。当犯罪嫌疑人试图以能够退回"保证金"等手段对潜在受害人进行诈骗时，智能合约能够有效地对骗术进行打击——签订的智能合约能够自动执行，使得犯罪嫌疑人不得不退回通过智能合约系统约定的"保证金"、"手续费"，这对网络诈骗犯罪机制而言，无异于致命一击（参见图4-6）。

（2）智能合约犯罪的取证追赃困境及其破解

犯罪嫌疑人利用或针对区块链"智能合约"进行的犯罪，简称为"智能合约犯罪"，主要分为两类：以智能合约为犯罪手段或为犯罪对象所实施的犯罪。[①]随着智能合约的优势不断地获得大众认可，智能合约犯罪也逐渐地被纳入公众视野。浙江温

---

① 赵志华：《区块链技术驱动下智能合约犯罪研究》，《中国刑事法杂志》2019年第4期，第93~96页。

区块链预防支付诈骗平台 | 打造用户信用信息，串联全机构预防诈骗

- **信用信息**：构建区块链身份体系，打造用户信用评级系统
- **数据共享**：跨服务机构的系统接入，安全共享数据充实信用信息
- **预防诈骗**：结合信用评级，为政府系统提供防骗服务

区块链预防支付诈骗平台
基于区块链的信用评级信息共享

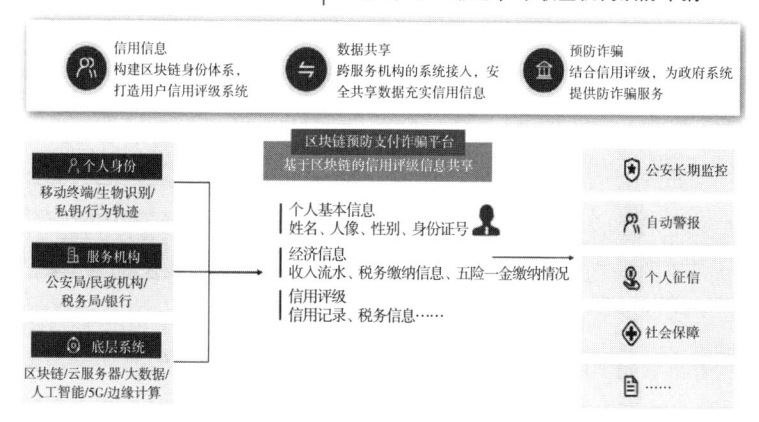

- **个人身份**：移动终端/生物识别/私钥/行为轨迹
- **服务机构**：公安局/民政机构/税务局/银行
- **底层系统**：区块链/云服务器/大数据/人工智能/5G/边缘计算

个人基本信息：姓名、人像、性别、身份证号
经济信息：收入流水、税务缴纳信息、五险一金缴纳情况
信用评级：信用记录、税务信息……

- 公安长期监控
- 自动警报
- 个人征信
- 社会保障
- ……

图4-6 通过区块链支付预防电信诈骗罪示意图

州市瓯海区公安分局2020年破获了全国首例利用区块链"智能合约"犯罪的案件，抓获犯罪嫌疑人10名，涉案金额1亿余元。

2020年4月，瓯海公安分局接市民李先生报案，称加入一个名为"火币Global搬砖套利HT中文群社区"的Telegram（境外即时聊天工具）交流群，群主在群内发布了一些"搬砖套利教程"。很多群友在群内分享经验，称按照教程操作已经获利。其犯罪原理是，被害人将自己的ETH（以太币）转到对方指定的账户，对方会返还1∶60数量的HT（火币），兑换后的HT增值部分就是被害人赚的钱，利润在8%左右。然而，当被害人将10个价值1.2万元的ETH转到群主提供的账户时，对方却返还了600个无法交易的虚假HT，等被害人联系对方想要问个清楚时，对方已经将其拉黑。

传统的侦查手段应对此类新型犯罪难以奏效。本案中，警方迅速转变思路，发现李先生加入的群管理人员一直在利用其自身发布的HT"智能合约"非法获取受害人的ETH，案件线索开始渐渐浮出水面。经侦查，民警发现这个名为"火币Global搬砖套

利HT中文群社区"的聊天群有几十个,群内成员13000余人,但有10000余个账号常年不在线,这是嫌疑人为了烘托群内人员规模所申请的僵尸账户。剩下的在线人员中,又有大部分是电脑机器人操控,它们只会回复一些前期编辑好的"教程有效,可获利"之类的信息。最后仅剩几个管理员账号真实在线,他们的任务就是发布教程,引诱受害人上当。这样的配置,俨然构成了一个完整的群内作案架构,每天都有几十到几百名人员加入群内,被当成"待宰的羔羊"。犯罪分子通过群内的"托",让受害人信以为真,将ETH转到"群主"提供的账户内,返还没有任何价值的虚假HT,从而非法获利。经一个多月的侦查研判,警方最终掌握了该诈骗团伙的大量犯罪证据,确认了以陈某、余某和许某三人为首的犯罪团伙,并锁定了他们的活动范围。6月4日,瓯海警方在福州警方的配合下,在福州市仓山区某豪华别墅和某商品房内,将10名犯罪嫌疑人悉数抓获,现场扣押作案手机、电脑30余台,缴获ETH、BTC等虚拟货币2万余个;扣押查封迈凯伦、法拉利等豪华轿车3辆,查封房产3处,车、房价值共1300多万元。2019年以来,该团伙共利用虚假HT"智能合约"非法获取受害人ETH虚拟货币5万余个。截至2020年7月,警方共掌握全国1300余人被骗信息,涉案价值高达1亿余元。①

智能合约犯罪的出现,不仅引起罪与非罪、此罪与彼罪的刑事实体争议,②而且挑战了刑事程序机制与证据规则,尤其带

---

① 葛熔金:《利用区块链"智能合约",3名95后诈骗1300余人上亿元》,澎湃新闻,https://www.thepaper.cn/newsDetail_forward_8209019,最后访问时间:2022年9月3日。

② 赵志华:《区块链技术驱动下智能合约犯罪研究》,《中国刑事法杂志》2019年第4期,第96~98页。

来了系列侦查困境，比如犯罪手段难以识别，"匿名化"犯罪人身份难以认定，智能合约运作机理增加了电子取证难度，虚拟货币追赃标准与程序空置化。①虽然2021年的《人民法院在线诉讼规则》确立了区块链证据规则，初步解决了智能合约相关证据认定问题，但其他问题仍然亟待通过技术予以回应。比如，针对智能合约犯罪取证困境的破解方案是，自证思路下由"技"到"人"侦查途径的拓展。尽管犯罪嫌疑人在智能合约执行协议的过程中不易暴露个人身份信息，但是被害人所提供的单方面智能合约信息能够与犯罪嫌疑人的信息通过哈希值进行对应，在必要情况下可以由被害人所对应的犯罪行为人进行自证。当然，这需要适用特殊的证据规则、采用特别的技术手段，通过时间戳进行追溯，最终实现智能合约实施者的实名化并对犯罪实施者的身份加以证明。另外，还应当建立智能合约犯罪的追赃挽损机制。②

（3）涉虚拟货币犯罪的侦查取证

随着区块链技术的发展，利用区块链的匿名特性，以虚拟货币为交易媒介的传销、诈骗、洗钱、赌博等非法行为呈现频发态势，由于此类数字货币犯罪轨迹横跨国内国外，一般难以取证和预警防控，③因此未来这应是侦查机关的部署重点。

---

① 胡德葳：《区块链技术下智能合约诈骗犯罪侦查》，《中国刑警学院学报》2021年第6期，第16~17页。
② 胡德葳：《区块链技术下智能合约诈骗犯罪侦查》，《中国刑警学院学报》2021年第6期，第17~18页。
③ 谢瑶：《全国政协委员陈晓红：实施金融安全战略需有效防控数字货币风险》，中国经济网，http://www.ce.cn/xwzx/gnsz/gdxw/202103/08/t20210308_36366418.shtml，最后访问时间：2022年9月3日。

（二）预警侦查协作链的拓展

1.跨部门预警侦查协作链

可以根据不同的犯罪类型，搭建多类跨部门的预警侦查协作链。根据实践的需求，如下场景是亟待搭建协作平台的。

场景一：洗钱犯罪预警与执法协作链

为了有效地促进行政执法和侦查的衔接，应搭建洗钱犯罪预警与执法协作链。参与节点包括金融机构和按照规定应当履行反洗钱义务的特定非金融机构等主体与经侦部门。[①]在此平台上，反洗钱义务主体在反洗钱执法检查中发现并移送洗钱和相关犯罪线索；配合侦查、司法机关查询、冻结、扣划有关资金交易工作。[②]

金融机构、应当履行反洗钱义务的非金融机构以及公安经侦部门共同建设洗钱犯罪预警与执法区块链，在基于该链打击洗钱犯罪过程中，可以实现公安机关向其他机构调取证据、其他机构向公安机关上报线索、其他机构配合公安的涉案账户操作（冻结、查询、划转）等流程[③]的高效协同（详细架构参见图4-7）。

---

① 完善反洗钱义务主体范围和配合反洗钱工作的要求是2021年《中华人民共和国反洗钱法（修订草案公开征求意见稿）》修改的主要内容，其中第3条规定，金融机构和按照规定应当履行反洗钱义务的特定非金融机构应当依法采取预防、监控措施，建立健全反洗钱内部控制制度，履行客户尽职调查、客户身份资料和交易记录保存、大额交易和可疑交易报告、反洗钱特别预防措施等反洗钱义务。

② 马明亮：《基于区块链的大数据侦查：价值、场景与协同规制》，《公安学研究》2022年8月第4期。

③ 马明亮：《基于区块链的大数据侦查：价值、场景与协同规制》，《公安学研究》2022年8月第4期。

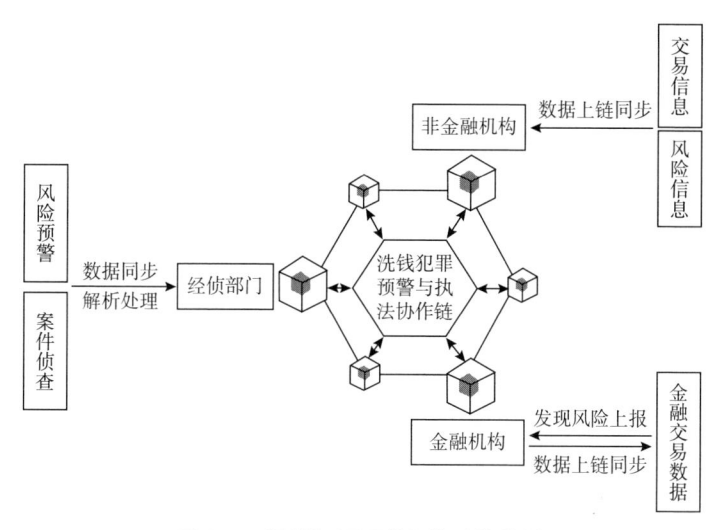

图 4-7　洗钱犯罪预警与执法协作链

场景二：反诈区块链

2022年9月2日，十三届全国人大常委会第三十六次会议表决通过了《中华人民共和国反电信网络诈骗法》，该法于2022年12月1日起施行。为了有效打击治理电信网络诈骗活动，该法不仅提出"源头治理与精准防治"的原则要求，①而且要求建立协同治理机制，实现跨行业、跨地域协同配合、快速联动。②其中，公安机关牵头负责反电信网络诈骗工作，金融、电信、网信、市场监管等有关主管部门承担监管主体责任，依照职责

---

① 参见《中华人民共和国反电信网络诈骗法》第4条，反电信网络诈骗工作坚持以人民为中心，统筹发展和安全；坚持系统观念、法治思维，注重源头治理、综合治理；坚持齐抓共管、群防群治，全面落实打防管控各项措施，加强社会宣传教育防范；坚持精准防治，保障正常生产经营活动和群众生活便利。

② 参见《中华人民共和国反电信网络诈骗法》第7条。

负责本行业领域反电信网络诈骗工作。① 有关部门、单位在反电信网络诈骗工作中应当密切协作，实现跨行业、跨地域协同配合、快速联动，加强专业队伍建设。区块链技术恰可助力这些原则与机制的实现。而且，实践中，很多公安机关已经搭建了网络电信诈骗犯罪的预警系统，形成反电信诈骗"全民皆兵"机制，② 在此基础上融入区块链技术，③ 超级节点是公安机关，普通节点包括电信业务经营者、银行业金融机构、非银行支付机构、互联网服务提供者、市场监管等机构。通过链上信息的同步性与一致性保障机制，实现源头治理与精准防控；通过区块链+隐私计算技术，可以消除各部门的数据壁垒，在数据层面实现跨行业、跨地域的协同配合（详细架构参见图4-8）。

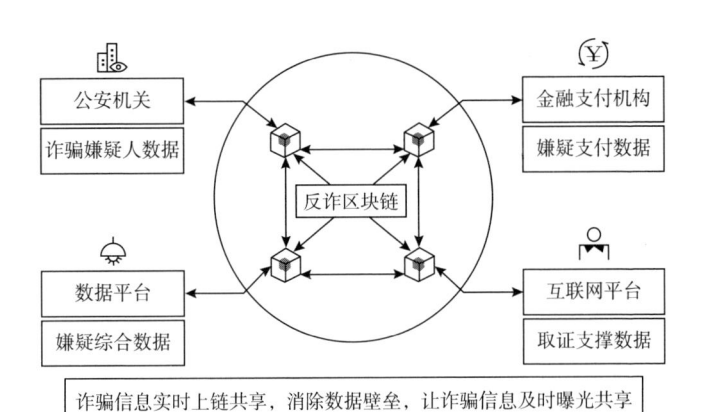

图4-8 反诈区块链

---

① 参见《中华人民共和国反电信网络诈骗法》第6条。
② 金泽刚：《光明时评：建立起反电信诈骗"全民皆兵"机制》，《光明日报》客户端，最后访问时间：2021年4月29日。
③ 马明亮：《区块链司法的生发逻辑与中国前景》，《比较法研究》2022年4月第2期。

在反诈区块链的支撑下，公安机关向金融支付机构及时、安全地提供诈骗预警信息，实现及时止付，保护公民财产。同时金融机构、数据平台、互联网平台通过反诈区块链，将身份数据、支付数据、信用数据、通信数据等向公安机关系统共享，充分调用社会资源实现全民反诈[1]。

2."跨区域侦查协作链"

在网络犯罪盛行的当下，如何加强跨区域协作办案，强化信息互通、证据移交、技术协作，增强惩治网络犯罪的合力[2]，是目前公安机关的关注重点。这可以分为全国性与地域性侦查协作链两类模式。

场景一：国家级预警侦查协作链

基于取证规范化的考虑，跨区域取证呈现出程序烦琐冗长的景象，这与基于互联网的经济犯罪快速转移资产、人员快速逃匿相比，远远滞后。虽然2019年《公安机关办理刑事案件电子数据取证规则》第42条所规定的代为调查取证程序，与以往的亲力亲为模式相比已然提速不少，但在保障真实性、防篡改方面是滞后的，仍然通过寄送原件+"公文印章"背书的方式来确保真实性。

结合当前跨区域协作的客观现状，公安机关推动数字化改革的一个重要任务是，规划运用区块链技术建立"预警侦查协作链"，形成国家级预警侦查业务的可信协作环境，并提供数据

---

[1] 马明亮：《基于区块链的大数据侦查：价值、场景与协同规制》，《公安学研究》2022年8月第4期。

[2] 马明亮：《基于区块链的大数据侦查：价值、场景与协同规制》，《公安学研究》2022年8月第4期。

的可信共享支撑，确保预警的及时性、取证的及时性以及证据（证物）移转过程中的防篡改性。比如，公安部经侦局作为超级节点，可以搭建全国经侦部门预警侦查协作链，以此确保预警与侦查过程的合法性。其技术原理如下。

（1）侦查协作链底层平台。将公安部经侦局设置为区块链超级节点，各地区经侦部门设置为区块链普通节点。区块链以联盟链的形式部署，拥有节点准入机制，协作链节点之间通过公安内网进行安全的点对点链接。通过在经侦局部署的区块链超级节点与BaaS运维平台的监督，确保预警侦查协作链运行机制的稳定、可靠。

（2）经侦业务数据可信固证。各地经侦部门在案件侦查中产生的电子证据数据、音视频影像等，通过本地的区块链节点将数据哈希上链，原始数据在本地数据库存储，并将数据资源目录等数据元信息发布到区块链上；计算和交互在数据加密后的多个区块链节点之间独立完成，均有时间戳，并绑定数字签名，上链的数据、内容、时间戳拥有完整的溯源链条，不可篡改、可被审计；通过智能合约定时对存储的原始数据进行校验，校验不通过会触发预警，由此保证电子证据数据的真实性和完整性。

（3）经侦业务数据共享协同。在区块链节点上部署智能合约、授权与数据加解密机制，建立权限与数据逻辑控制体系，实现链上超细粒度①的权限控制与数据共享策略机制。通过建立

---

① 粒度，又称颗粒度（granularity），是指数据仓库的数据单位中，保存数据的细化或综合程度的级别。颗粒度越细，表示细节越详尽，越有助于了解事情的全貌；颗粒度越粗，表示细节越少，更多的是抽象概括。

的数据共享节点，实现链下点对点数据共享服务。数据使用均由区块链鉴权，这是数据安全的重要技术保障。

（4）基于智能合约的预警机制。基于协作链的智能合约服务，可以设计灵活的预警机制。比如对案件侦查、取证过程的合规性进行监督预警，限定电子数据在多地经侦部门的流转条件，提高证据转移业务协作的合规性（详细架构参见图4-9）。

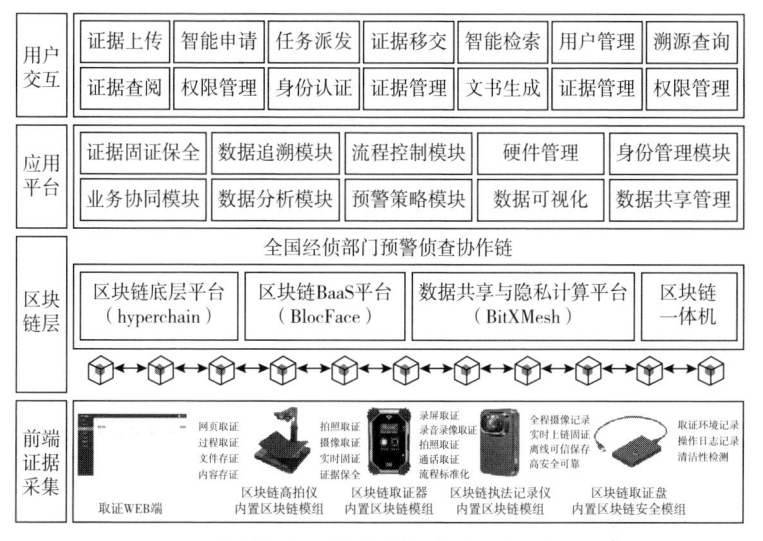

图4-9 经侦部门预警侦查协作链系统构架示意图

场景二：区域级警务一体链

2018年，长三角的一市三省开始推进区域警务一体化发展。围绕"智慧公安"、"社会治安防控"、"放管服改革"等13个一体化项目，联合制定34项区域警务合作协议，打造了一批高效率的协作平台。合作优势倍增显现，比如，精准防控新冠肺炎疫情，精确打击违法犯罪，推动四地公安机关将"各自优势"叠加升级为"共同长板"。2021年，第二个三年行动计划已制定出台。其中，将智慧公安建设推向纵深发展的思路是，积极推动四地公安警务系统互用共享，推进第四批公安数据共享交汇，建立健全长三角区域警务数据全生命周期运维机制，确保数据可用性、完整性、安全性。而区块链技术在确保数据可用性、完整性、安全性方面发挥着足够的技术优势。①

（1）区域警务一体链的架构与运行情况。公安机关作为数据共享节点与本地警务数据库相连，存储需共享的警务原始数据。具体运行如下：公安机关将需要共享的数据目录等数据元信息发布到区块链上，对数据的发布、申请、授权、请求、使用全过程在链上记录。数据的计算通过隐私保护算法在各个节点独立完成。同时，通过区块链智能合约，设计灵活的警务数据共享策略和精准授权，实现细粒度权限控制与流转记录的全过程留痕回溯，实现警务数据全生命周期运维管理。通过授权与身份及权限校验后，共享的数据通过数据协作网络，进行点对点、全链路加密的安全高效传输，由此，区域警务一体链可以为各地公安提供可信的大规模警务数据存储以及可控的数据共享环境（详细架构参见图4-10）。

（2）区域警务一体链在保障隐私方面的优势。比如，基于区块链的隐私保护技术——联邦计算，可以支持各地警务的原始数据不出本地库，各协作方之间通过加密机制进行参数交换，在不违反数据隐私保护法规的情况下构建虚拟计算模型。在构

---

① 《2021年长三角区域警务一体化领导小组会议在无锡召开》，江苏省政府官网，http://www.jiangsu.gov.cn/art/2021/6/12/art_60096_9847967.html，最后访问时间：2022年9月3日。

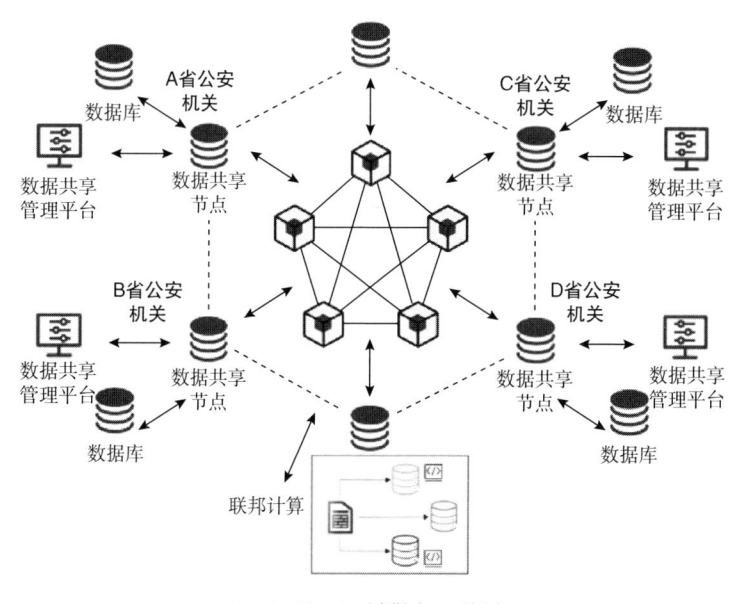

图4-10 区域警务一体链

建计算模型时,数据本身不移动,仅将数据计算结果在联邦机构之间进行分享和传递,由此,可以实现"数据不动计算动,数据可用不可见"的效果[①]。

场景三:国际司法合作链

根据2018年施行的《中华人民共和国国际刑事司法协助法》第2条之界定,国际刑事司法协助对象分为司法文书、证据、涉案财物、被判刑人。协助工作的展开是根据缔结或者参加的国际条约,或者按照平等互惠原则,以国家之间的相互信任为前提。但从实践来看,国际刑事司法协助由于缔约国之间

---

① 马明亮:《基于区块链的大数据侦查:价值、场景与协同规制》,《公安学研究》2022年8月第4期。

缺乏信任而不断受阻,比较典型的是反腐败国际追逃追赃工作中的困境。目前,我国外逃腐败分子主要集中在西方发达国家,有些西方国家不甘心我国通过追逃追赃等工作扩大影响、赢得主动,在经济上贪图犯罪分子的"黑钱",在政治上为其提供庇护。有些西方国家对我国存在政治偏见,奉行双重标准,不认同我国司法体制,以各种理由阻挠我国引渡或刑事司法协助请求,甚至阻碍外逃人员回国投案。①

事实上,大部分国际协定都因缺乏信任而蒙上阴影,这就为区块链的应用提供了一个主要场景:将强制执行责任从国际机构的权限中移除,把它们与自动执行的代码放在智能合同下,一旦符合触发条件,智能合同就会自动执行。该合作链适用国际协定时有着广泛的价值,因为它取消了一个中央机构浪费资源起诉一个实体的必要性,而该实体可能由于若干原因最终无法履行其承诺。②甚至有人认为,适用于国际协定的区块链可以被视为一种"制度"。③为了保证国家间协议的执行,提高国家承诺的可信度,作为负责任的大国,我国应当致力于促进搭建国际司法合作链,比如反洗钱国际合作链,《制止向恐怖主义提供资助的国际公约》的所有加入国、国际组织都可以设置为普通

---

① 参见2020年8月10日第十三届全国人民代表大会常务委员会第二十一次会议上的《国家监察委员会关于开展反腐败国际追逃追赃工作情况的报告》。
② See Benjamin R. Zeter, "Blockchain for Clean Energy – A 'Distributed' Approach to Saving the Planet", *Texas Environmental Law Journal*, Vol.50, No.2, 2020. p.374.
③ Bernhard Reinsberg, "Blockchain Technology and International Relations: Decentralized Solutions to Foster Cooperation in an Anarchic World?", *Ctr. For Bus. Research*, Univ. Of Cambridge, Working Paper, No.508 (2018).

节点，①联合国相关负责机构或世界银行、国际金融监管组织、国际刑警组织等可以设置为超级节点。该司法协助链不仅可以通过智能合约设计触发场景，快速实现司法协助，而且，还可以通过分布式共识生成可靠的信息，从而解决信任问题。

也有论者提出，在"一带一路"国际执法合作中可以借助区块链建立共识、共治、共享的合作模式，解决国际执法合作中的信任与协作问题。②有论者则提出更详细的倡议，基于区块链金融犯罪的区域警务合作机制，建立专属于"一带一路"区域的警务协调机构，完善区块链金融犯罪情报交流平台，共享犯罪情报与证据信息，从而形成对区块链金融犯罪的合理打击。③

（三）区块链侦查监督链的探索

公安机关可以从区块链赋能执法全流程记录制度入手展开。2018年6月，公安部印发了《关于建立健全公安机关执法全流程记录机制的意见》，部署开展执法全流程记录工作。据此，各地公安机关结合实际，通过文字、图片、视音频记录和信息系统记载等多种方式，对接报案、现场执法、办案区使用管理、讯问、涉案财物管理等执法办案全流程、各环节进行全面记录，

---

① 根据《中华人民共和国反洗钱法（修订草案公开征求意见稿）》第46条规定，国务院反洗钱行政主管部门根据国务院授权，负责组织、协调反洗钱国际合作，代表中国政府参与有关国际组织活动，依法与境外相关机构开展反洗钱合作，交换反洗钱信息。
② 李康震、周芮：《区块链技术在"一带一路"国际执法合作中的应用研究》，《北京警察学院学报》2018年第2期。
③ 赵长明：《"一带一路"倡议背景下区块链金融犯罪治理的区域警务合作研究》，《江西警察学院学报》2021年第1期。

着力打造全面覆盖、有机衔接、闭环管理的执法记录链条，实现执法活动全过程留痕、可回溯管理。①

另外，2021年5月，公安部印发了《关于深入推进公安执法监督管理机制改革的意见》，对构建公安执法权力运行全流程、全要素管理体系做出了全面规定。孙茂利提出，公安机关要不断加强执法方式的改革创新，充分运用刚性的、技术性的监督管理工具、手段，督促民警养成规范执法习惯，提升执法质效。比如，不仅要全面推行网上办案，而且要建立健全执法全流程记录制度。公安机关以"执法留痕、闭环管理"为切入点，为民警全面配备现场执法记录仪等设备，综合运用多种记录方式，实现网上与网下记录相结合、文字与视频记录相补充，对从接报案到案件办结的执法办案各领域、各环节进行记录，形成对执法活动的全过程留痕、可回溯管理。②从理论上讲，公安机关执法监督的目的是保障侦查行为的合规性。有论者认为，合规是区块链最直接的应用，因为合规里面的信息披露与存证溯源，区块链在这两方面做得特别好。③因此，以区块链为底层技术，搭建公安机关执法活动监督私有链，实现全过程留痕、可回溯管理，这应成为公安机关未来极有实践价值的"刚性的、技术性的监督管理工具"。

---

① 《公安部：实现执法活动全过程留痕、可回溯管理》，光明法治，https://legal.gmw.cn/2022-07/25/content_35907080.htm，最后访问时间：2022年9月3日。
② 汤瑜：《公安部：全面推行网上办案对民警执法活动全过程留痕管理》，腾讯新闻，https://new.qq.com/rain/a/20210917A0E6ZX00，最后访问时间：2021年9月14日。
③ 《区块链与合规：合规是最直接的区块链落地方向》，简书网站，https://www.jianshu.com/p/9880c5871f27，最后访问时间：2021年8月12日。

（四）区块链数字资产管理体系的探索

数字资产本质上是一种金融资产，全称应为"数字金融资产"。[①]虽然，各国对其内涵尚无统一的界定，但毋庸置疑的是，数字资产的去中心化特性使其极易演变为黑色交易的支付途径，[②]并诱发新型犯罪。从2019年1月至2019年12月中旬，全球发生超万次涉数字资产犯罪案件，其中美国以占比28%排名首位，欧洲占24%，其后为中国占比18%，[③]在此背景下，涉数字资产案件若仍适用传统的资产扣押与处置模式将难以为继，主要原因在于，数字资产的强流通性和匿名性导致的查控难；法律制度的不完备导致执法合规难；数字资产的强技术性和专业性带来执法人员的技术壁垒。

1.数字资产的内涵及其法律属性争议

数字资产的内涵经历了一个持续发展的讨论过程。2006年，Albert Van Niekerk首次给出了数字资产的定义，他认为数字资产指被格式化为二进制源代码并拥有使用权的任何文本或者媒介。[④]2013年，Alp Toygar等认为"从本质上说，数字资产拥有二进制形式数据所有权，是产生并存储在计算机、智能手

[①] 谭明军：《论数据资产的概念发展与理论框架》，《财会月刊》2021年第10期，第90页。

[②] 路彩霞：《区块链发展现状与安全风险管控措施探讨》，《网络安全和信息化》2022年第4期，第25页。

[③] 周文怡：《"全景扫描2019区块链安全事件：数字资产被盗，项目方跑路"》，澎湃新闻，https://m.thepaper.cn/newsDetail_forward_5304333，最后访问时间：2022年5月20日。

[④] See Van Niekerk, Albert, "A Methodological Approach to Modern Digital Asset Management: An Empirical Study", Allied Academies International Conference, International Academy for Case Studies, New Orleans, USA., Jan. 1st, 2006, p.53.

机、数字媒体或者云端等设备中的数据"。①而后伴随区块链技术的产生与发展、比特币等虚拟货币的诞生,数字资产被重新定义。区块链技术作为永久的、不可篡改的、可验证的、去信任的、可编程的分布式账本技术,给数字资产的创设、发行、保管、交易、使用提供了新的范式。②新型数字资产演变成了以区块链为底层技术,记录具有真实价值资产权属凭证的一种数据库,以密码学保证资产安全,被所有者拥有并安全传输给预期收货人的一类新型资产类别,本质上属于可以产生经济现象的特殊区块链数据库应用。③据此,新型数字资产也可称为区块链数字资产。

从资产价值来源看,区块链数字资产可分为两类:一是原生数字资产即链上原生资产;二是非原生数字资产即链上映射资产。原生数字资产分为同质化通证(Fungible Token,简称FT)和非同质化通证(简称NFT)两类。同质化通证是指互相可以替代,也近乎无限拆分的通证。NFT的本质是一种特殊的、具有稀缺性的链上数字资产。它通过智能合约实现其所有权的转移,并通过区块链来记录所有权转移的整个过程。任何节点都可以查看一个NFT的所有交易记录,这就保证了交易过程的透明性、难以篡改性和防复制性。④非原生数字资产是指映射物

---

① See Toygar, Alp, Rohm, C.E. Taipe Jr., Zhu, Jake(2013), "A New Asset Type: Digital Assets", *Journal of International Technology & Information Management*, Vol.22, No.4, 2013, p.22.
② 司晓:《区块链数字资产物权论》,《探索与争鸣》2021年第12期,第80页。
③ 王青兰、王喆、曲强:《基于区块链的新型数字资产应用:一种面向监管的弱中心化理论》,《金融监管》2020年第4期,第4页。
④ 秦蕊等:《NFT:基于区块链的非同质化通证及其应用》,《智能科学与技术学报》2021年第2期,第235页。

理世界的物质属性与传统互联网世界的数据。其一般代表区块链系统外的某一权利,有现实价值做背书,可以看作"容器"型通证。①

从资产属性看,区块链数字资产大致分为三大类:货币类数字资产、证券类数字资产、商品类数字资产。②货币类数字资产要求发行主体为主权国家,证券类数字资产是一种通常以筹集资金为目的的金融工具,而商品类数字资产则倾向于商品属性。

目前,我国禁止以虚拟货币为代表的数字资产的融资行为,无论学界还是实务部门对数字资产的法律属性尚存在诸多争议。中国人民银行、外汇局等十部委于2021年9月15日发布的《关于进一步防范和处置虚拟货币交易炒作风险的通知》以及中国人民银行、中央网信办等七部委于2017年9月4日发布的《关于防范代币发行融资风险的公告》都明确规定,虚拟货币相关业务活动属于非法金融活动,要严格禁止,坚决依法取缔。上述规定虽然不属于法律或行政法规,但涉及国家金融秩序,构成公序良俗。《中华人民共和国民法典》第8条规定:"民事主体从事民事活动,不得违反法律,不得违背公序良俗。"第153条第2款规定:"违背公序良俗的民事法律行为无效。"故此,无论是买卖虚拟货币还是以虚拟货币进行投资理财,抑或购买生产虚拟货币的挖矿机的合同,均属于违背公序良俗的合同,是无效合同。但也有论者提出相反的观点,认为上述三类涉及虚拟货币的合同,它们既没

---

① See Teck Ming (Terence) Tan, "Token and Trustworthy Technology Service Providers Act(TVTG)", p.172, 奥卢大学官网, https://www.oulu.fi/blogs/node/192427, 最后访问时间:2022年9月3日。
② 王青兰等:《基于区块链的新型数字资产应用:一种面向监管的弱中心化理论》,《金融监管》2020年第4期,第7页。

有违反法律、行政法规的强制性规定，也未违背公序良俗，不存在无效的情形，而是合法有效的合同。①

2.数字资产的查控与处置困境

由于数字资产的范围广、种类多，司法机关的查控与处置过程中面临如下几方面困境。

（1）查获、扣押难。如前文所述，对这类数字资产的追查比较困难。除此之外，我国目前对于这类非传统扣押物也缺乏明确的法律程序规定。这已经带来实践难题，比如2020年3月，广州市公安局禁毒部门破获某宗跨国贩卖毒品案，确定了毒资收取方式为比特币交易且已经锁定了犯罪嫌疑人的比特币钱包，然而对于仍留存在嫌疑人比特币钱包里面的涉案比特币，既不能像在银行账户里的法币那样冻结，也不能转出实施扣押，这对案件侦查、起诉、审理都有不利影响。②

（2）数字资产保管难。这表现为两个方面。第一，安全保障难。虽然区块链技术自身较为安全可靠，但是以区块链为底层技术的应用无法保证百分之百安全无虞，尤其是将区块链运用到经济领域后，微小的安全漏洞都会造成无法挽回的巨大损失，例如2016年以太币组织应用受到外部攻击，5000万美元的以太币资金被盗取。从技术层面来看，区块链的单点风险仍是数字资产安全的突出问题；对于虚拟货币这一类型的数字资产，抵御黑客攻击也是需要注意的重要问题。第二，隐私保护难。

---

① 程啸：《虚拟货币相关交易合同的效力》，《法治日报》2022年4月27日第10版。
② 冯聪：《基于区块链技术的涉案数字货币资产追踪及取证研究》，CSDN网站，https://blog.csdn.net/PeckShield/article/details/115339543，最后访问时间：2022年9月3日。

区块链被称为分布式账本，在该系统的各个节点能同时获得所有的交易数据，即数据公开透明且不可篡改，这也正是该系统的独特优势。但这种公开透明仍然需要维持在一个限度内，在数字资产实际交易应用中，部分数据需要进行隐私保护，例如对于涉及个人隐私、集体隐私甚至商业机密、国家机密的数据本身，无论是从数据价值的角度出发，还是从应用方出发都应该受到隐私保护。①

（3）数字资产处置难。鉴于扣押的临时性特点，侦查机关只是暂时控制了数字资产，仅具有数字资产的占有权，并未获得数字资产的所有权，因此，被扣押的数字资产后续如何处置便成为社会公众关注的热点。鉴于扣押的数字资产是"涉案赃物"，案件最终裁判结果通常为"将涉案财产没收，上缴国库"，那么如何将虚拟货币转化为法币上缴国库？2022年1月微博"伍雷洗冤"发布了一份《信息公开申请书》，申请公开"币圈第一案"PlusToken案的执行情况。② 众所周知，PlusToken案赃款涉及的虚拟货币种类多、数额大，按照2021年1月—2022年1月最高估价，涉案虚拟货币合计高达人民币1294亿余元。由于《关于进一步防范和处置虚拟货币交易炒作风险的通知》明确了"虚拟货币相关业务活动属于非法金融活动"。因此，国家机关在执法时不可能适用双重标准，即不可能一方面禁止普通公民从事虚拟货币交易，另一方面准许司法机关或其监管下的

---

① 王继辉、王奇：《基于区块链技术的数字资产隐私保护设计与实践》，《财经界》2021年第10期，第23~28页。

② 陈思进：《区块链犯罪研究：伍雷申请执行信息公开，关注币圈第一案执行情况》，新浪新闻，https://baijiahao.baidu.com/s?id=1725191143035494726&wfr=spider&for=pc，最后访问时间：2022年9月3日。

其他境内主体受托交易虚拟货币。在目前的政策下，扣押的虚拟货币处置难题似乎难以找到合适的解决方案。

3.数字资产管理的权宜之计：侦查机关与第三方平台的合作

面对这些问题，公安机关的解决方案是，广泛与区块链业界相关力量建立合作机制，获得技术支撑服务。比如，2022年初，上饶广信区警方收网一起"涉赌诈骗案"，成功打掉了一家专门为境外彩票、棋牌提供技术运维封包上架服务的违法公司，公安机关在区块链领域安全产品与技术服务公司艾贝链动的协助下，抓获犯罪嫌疑人数十名并扣押了一批涉案虚拟资产。艾贝链动作为技术协查方，组织相应人员成立专项小组，全程参与进此次案件侦破的各个环节，包括：案中协助现场搜查虚拟币硬件钱包等相关物品，案后对涉案虚拟钱包地址进行溯源服务以及虚拟资产的处置，等等。最终，艾贝链动总结案前、案中、案后涉及虚拟资产的关键数据，并出具了相关技术分析报告，得到了上饶市广信区公安局领导的充分肯定。①

4.长远之计：在完善相关立法的前提下，公安机关搭建基于区块链的数字资产管理平台

有论者指出，从长远来看，公安机关具备对数字货币的追踪能力，探索构建规范的数字资产追踪技术体系与平台，成为适应案件新形势的必然要求。②这需要做两方面准备。一是完善法律体

---

① 《数字货币相关案件频发，执法机关如何应对"查、冻、扣"难题？》，和讯网，http: //news.hexun.com/2022-02-17/205316460.html，最后访问时间：2022年9月3日。

② 冯聪：《基于区块链技术的涉案数字货币资产追踪及取证研究》，CSDN网站，https: //blog.csdn.net/PeckShield/article/details/115339543，最后访问时间：2022年9月3日。

系方面的顶层设计。目前的刑事诉讼法以及相关司法解释中，并没有直接交代如何扣押与处置数字资产，尤其是虚拟货币，首先面临的问题是如何判定虚拟货币的法律属性。未来立法完善的思路是，在不违反国家经济政策的前提下，以司法实践中的典型案例为导向，科学合理地界定其法律属性。既要保障司法公正又要符合金融秩序，促进司法公正和金融安全的耦合式发展。虽然目前尚无法律明确规定虚拟货币、NFT等区块链数字资产的法律属性，但主流观点承认其财产属性，至少将数字资产视为合法财产进行保护。2022年5月5日上海高院发布的一则关于比特币的案例，首次以高院的名义发布涉币案例，为司法实践中虚拟货币法律属性的认定提供了重要依据。虽然上海高院仍然没有对虚拟财产的法律属性做出直接判断，但认为比特币属于虚拟财产，符合财产属性，具有一定的经济价值，适用财产权法律规则进行保护。[①]在此基础上，司法机关应当完善涉案数字资产的扣押、处置程序，包括审前返还程序、补偿程序与先行处置程序，拓展境外追逃追赃制度下数字资产等价追赃机制，并建立有效的权利救济机制，避免对涉案人员的合法财产造成违法处理的后果。[②]

二是搭建基于区块链的数字资产提控系统。这可以借鉴第三方平台针对涉案虚拟货币研发的取证提控系统，比如艾贝链动的"犀识"。即在虚拟货币扣押过程中，针对案件生成专属钱包扣押资产，由多名办案人员分片共管，同一案件多笔涉案

[①] 朱英子：《上海高院发布涉币案例：比特币作为虚拟财产，受财产权法律规范的调整》，21世纪经济报道，https://baijiahao.baidu.com/s？id=1731988306592998483&wfr=spider&for=pc，最后访问时间：2022年9月3日。

[②] 详细的讨论，可以参见胡德葳《区块链技术下智能合约诈骗犯罪侦查》，《中国刑警学院学报》2021年第6期。

资产,分别独立扣押和管理,构成分级式管理。对于虚拟资产封存,对其进行离线冷存储①,并与自托管方案一致实现私钥分片②与安全硬件防护,在防护私钥安全的前提下实现了私钥分片,规避办案人员的单点风险,保证资产安全,并构建执法人员的互相监督机制。在虚拟资产移送中,授权人员采用防入侵专用物理设备确认授权信息,杜绝中间人攻击,而共管的机制也极大地增强了涉案资产的移交透明度。③

当然,平台建设中还需要采取恰当的隐私保护方案。目前,虽然基于区块链的数字资产具有匿名性,但并不能实际保护区块链使用者的隐私。未来可以将零知识证明④、环签名⑤、同态加密⑥等隐私保护技术应用于数字资产的提控系统,重点

---

① 区块链金融的专有名词,冷存储全称为比特币钱包的冷储存。是指将钱包进行离线保存的一种方法。具体来说,是指用户在一台离线的电脑上生成比特币地址和私钥,并将其妥善保存起来。以后挖矿或者在交易平台上得到的比特币都可以发到这个离线生成的比特币地址上,并且由这台离线电脑生成的私钥永远都不能在其他在线终端或者网络上出现。
② 私钥分片技术,也称为分布式密钥技术,是一种具有更高理论安全度的多方控制技术,该技术脱胎于安全多方计算,结合门限技术,也可以实现多重签名管理。
③ 参见《"犀识"涉案虚拟货币取证提控系统》,"艾贝链动"官网,https://www.ibestchain.cn/service/36539,最后访问时间:2022年9月3日。
④ 一种隐私保护技术,是指证明者在不提供给验证者任何有关被证明信息的情况下,依旧能够向验证者证明某个论断的正确性。
⑤ 环签名是一种签名者模糊的数字签名,在环签名生成过程中,真正的签名者任意选取一组成员(包含其自身)作为可能的签名者,用自己的私钥和其他成员的公钥对文件进行签名,签名者选取的这组成员称为环,生成的签名称为环签名。环签名是一个能够实现签名者无条件匿名的签名方案。
⑥ 同态加密是一种密码学技术,主要用来保证数据的存储安全。它不仅能够实现基本的加密操作,还能提供一种对密文数据进行处理的功能。

进行账户信息保护和交易数据保护，使加入区块链网络的用户可以同步交易记录和数据，同时，该交易记录和数据能够得到隐私保护，不会泄露给非数据使用者。[①] 如此一来，公安机关可以安全且合法合规地开展涉案虚拟货币的提取、保存、移送与处置，实现对犯罪资产的彻查追缴（平台的详细架构参见图4-11）。

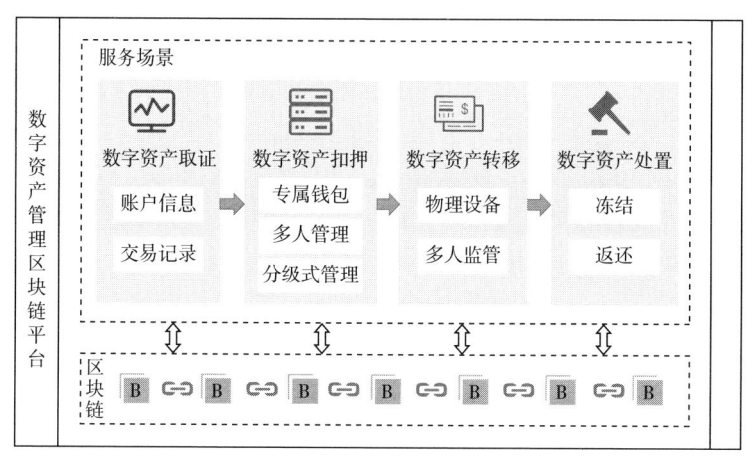

图4-11 数字资产管理区块链平台

除此之外，其他的相关创新性研究与运用也至关重要，比如，随着"区块链+大数据"办案平台的不断推广，整个刑事诉讼将呈现包括证据材料在内的所有案卷材料的电子化传输。那么，如何保障线上的数据信息与线下证据实物的对应关系，这需要区块链与物联网技术的充分结合。

---

① 王继辉、王奇：《基于区块链技术的数字资产隐私保护设计与实践》，《财经界》2021年第10期，第23~24页。

第5章 区块链+数字检察的"区块链检察模式"

本章要目

引 言

一 基于区块链的类案监督
    （一）缘起：食药案件信息资源分散与全方位监管的难题
    （二）广州市检察院的"食药安全监管联盟链"

二 基于区块链的非羁押人员数字监管
    （一）缘起：对非羁押人员监管的实时有效难题与隐私保护难题
    （二）区块链监管模式："非羁码"与"云检智链"
    （三）区块链监管模式的价值：落实"少捕慎诉慎押"政策的缩影

三 基于区块链的社区矫正系统
    （一）缘起：社区矫正的低效与数据孤岛问题
    （二）禅城区检察院"区块链+社区矫正"平台

四 基于区块链的减刑假释信息化办案平台
    （一）缘起：减刑假释程序流于形式
    （二）天津市检察院"减刑假释信息化办案平台"

五 区块链技术在公益诉讼检察中的应用
    （一）缘起：公益诉讼检察"线索发现难、调查取证难与鉴定评估难"
    （二）宜兴市人民检察院"区块链+卫星遥感技术"平台
    （三）杭州市西湖区检察院的"检察区块链取证设备"
    （四）苏州市姑苏区人民检察院"法眼识动物"微信平台

（五）永康市、武义县与磐安县检察院"检察公益诉讼快速检测实验室"
（六）"区块链+信息技术"平台的原理与应用价值

六 区块链助力数字检察的前景展望
（一）跨部门与跨区域的检察办案协作链
（二）涉案企业合规链
（三）基于"区块链+物联网技术"的非法证据排除平台
（四）认罪认罚案件区块链平台
（五）区块链阅卷模式
（六）"智慧未检"区块链平台
（七）财产刑执行检察监督链

引 言

近年来，运用信息技术打造智慧检务、数字检察已成为国家治理体系和治理能力现代化的重要内容。早在2016年，国务院印发的《"十三五"国家信息化规划》便提出了实施"科技强检"战略，首提积极打造"智慧检务"。2018年，最高人民检察院出台了《最高人民检察院关于深化智慧检务建设的意见》，推动我国检务的数字化智慧化升级。此后，《全国检察机关智慧检务行动指南（2018-2020年）》的印发，标志着我国正式进入智慧检务时代。在2022年前后，很多地方检察院提出了"数字检察"、"数智检察"的概念，比如，2022年4月，湖北省检察院印发了《关于加快推进湖北数字检察建设的意见》。[①]它更加强调数字技术的应用价值，并凸显智慧检务的技术特性。2022年6月29日，以浙江省检察院为主会场、以视频形式贯通四级检察院的全国检察机关数字检察工作会议

---

① 刘怡廷：《【湖北省检察院】四方面入手推进数字检察建设》，南通市政府网站，http://ntjkq.jsjc.gov.cn/tslm/tashanzhishi/202205/t20220502_1382116.shtml，最后访问时间：2022年9月2日。

召开。其主题是如何以"数字革命"驱动新时代检察工作高质量发展,紧紧围绕最高检"检察大数据战略"的部署要求,深入推进"数字赋能监督,监督促进治理"的法律监督模式变革。

在此演进过程中,检察院一直在探索区块链技术如何赋能检察工作。早在2020年4月《最高人民检察院关于加强新时代未成年人检察工作的意见》中即指出,探索引入区块链技术,提升特殊制度落实、犯罪预防、帮教救助等工作的精准性、有效性。2021年3月的《最高人民检察院工作报告》更进一步指出,运用大数据、人工智能、区块链、云计算等现代科技手段,深化智慧检务建设。之后又有两个重要的文件强调区块链技术的应用。一是2021年4月最高人民检察院的《"十四五"时期检察工作发展规划》,要求在推进智慧检务工程建设过程中,加强大数据、人工智能、区块链等新技术应用。全面应用统一业务应用系统2.0,持续优化流程办案、辅助办案、数据应用和知识服务功能。二是2021年6月中共中央印发的《关于加强新时代检察机关法律监督工作的意见》,明确要求"运用大数据、区块链等技术推进公安机关、检察机关、审判机关、司法行政机关等跨部门大数据协同办案"。

从目前实践来看,区块链技术在刑事检察与公益诉讼检察领域展开了系列尝试。[①]从检察职能来看,刑事检察是检察机关对刑事

---

① 2019年3月15日,十三届全国人大二次会议关于最高人民检察院工作报告的决议,要求检察机关更好发挥人民检察院刑事、民事、行政、公益诉讼各项检察职能。这是刑事、民事、行政、公益诉讼"四大检察"首次明确写进全国人大决议。2020年5月、2021年3月,十三届全国人大三次、四次会议关于最高人民检察院工作报告的决议,均对"四大检察"全面协调充分发展提出要求。2021年6月15日中共中央印发《关于加强新时代检察机关法律监督工作的意见》,要求以高度的政治自觉依法履行刑事、民事、行政和公益诉讼等检察职能。这是"四大检察"首次写入中共中央文件。

案件的侦查活动、审判活动、执行活动进行监督的职能。如有不恰当行为、违法行为或裁判错误的，分情形以不同的形式进行监督，督促纠正。从具体业务来看，主要包括刑事控诉与刑事诉讼监督。刑事诉讼监督主要包括对立案和侦查活动同步监督，对侦查、审判环节羁押的监督以及对减刑、假释、暂予监外执行的监督等。区块链技术在刑事检察中的应用主要是对非羁押人员的数字监管，有"非羁码"与"云检智链"监管平台、减刑假释数据平台等。

一 基于区块链的类案监督

目前，比较成熟的是广州市检察机关围绕食品安全的监督所搭建的食药安全监管联盟链[①]。

（一）缘起：食药案件信息资源分散与全方位监管的难题

食药安全关乎人民福祉和国计民生。当前，食药品领域乱象频发，负面新闻屡屡进入公众视线，质量问题给公众造成了诸多困扰，对国家机关食药品领域违法行为的查处提出了更高要求。广州市检察机关在办案中即发现，司法实践中存在食品药品案件漏判禁止令、犯罪分子重复犯罪等现象，而此类案件面临着线索发现难度大、数据分散等问题。

为此，广州市人民检察院加强智慧检务建设，通过搭建食药案件协同监督平台，调取归集司法和行政执法机关相关数据，并对

---

① 马明亮：《区块链技术在刑事检察领域的实践探索》，《人民检察》2022年10月第20期。

数据进行清洗和筛选，构建数据分析模型，挖掘类案线索，加强检察融合监督，充分发挥法律监督职能，解决食药品安全隐患，为人民谋福祉。同时，检察机关还与高校科研机构、药监部门合作构建运用区块链技术的"食品药品安全联盟链"，牵连各机关部门和组织单位，共同利用区块链技术的共识机制和智能合约，建设信息共享互通平台，实现数据的点对点连接、实时记录存储和管理应用，完善食药案件"行刑衔接"机制，从食药案件违法行为的各个环节打通监督渠道，突破信息壁垒，进行全流程、全方位监管，实现食药案件的溯源治理，促进食药安全社会治理提质增效。[①]

（二）广州市检察院的"食药安全监管联盟链"

由于食药案件涉及多个司法、行政执法机关以及大量食药企业，非常适合采用区块链的分布式账本技术。广州市检察院的食药安全监管联盟链是依托"食药安全协同监督平台"而建立的，形成检察监督与执法监督相衔接的工作机制（详细架构参见图5-1）。广州市检察机关研发的"食药安全协同监督平台"可以积累各项数据，定期自动抓取数据形成分析报告，详细提供食药案件质量分析报告和质量排名，以可视化分析形式制作成各类通报、白皮书等，数据精确。因此，依托于"食药安全协同监督平台"所建立的食药安全监管联盟链，可以形成检察监督与执法监督相衔接的工作机制，实现公、检、法、司、政务等多方联动、信息资源共享和全方位监管，创新推进食药类案检察监督模式转变。[②]

---

① 陈焰：《食品药品安全案件监管平台：数字化类案监督呵护"舌尖上的安全"》，《检察日报》2021年8月28日第3版。
② 沈万军、陈焰：《区块链+类案监督的检察实践——以食药案件为切入点的研究》，《新时代智慧检务建设论文集》2019年12月，第417~420页。

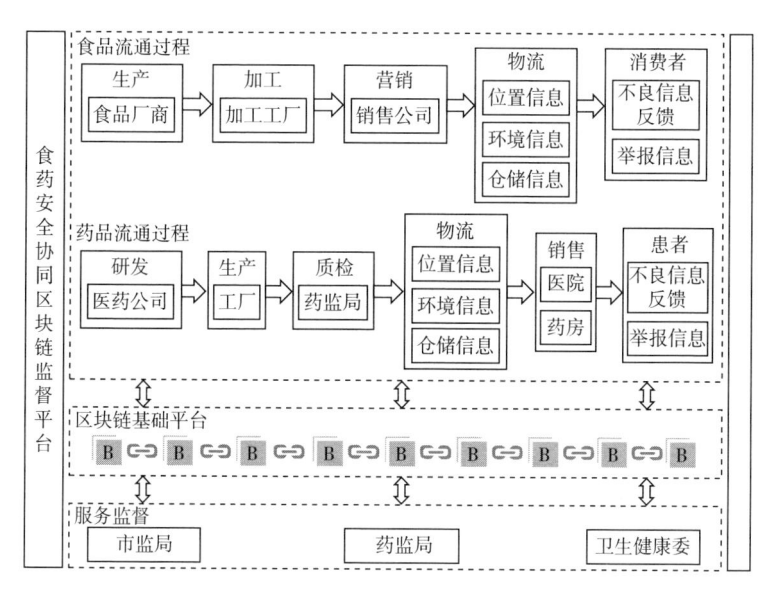

图5-1 "食药安全协同区块链监督平台"系统架构

在强化法律监督和创新社会治理背景下,基于大数据和区块链开展食品药品案件法律监督的协同平台研究,具有重要的理论及实践价值。

二 基于区块链的非羁押人员数字监管

(一)缘起:对非羁押人员监管的实时有效难题与隐私保护难题

"不必要羁押"一直是全球司法实践中的痼疾,也是社会各界关注的焦点。2019年12月,最高人民检察院发布了修订后的《人民检察院刑事诉讼规则》,明确了13种不需要羁押的情形。①2021年4月，中央全面依法治国委员会在有关文件中明确提出"少捕慎诉慎押"刑事司法政策，据此，"少捕慎诉慎押"从刑事司法理念上升为刑事司法政策。

同时，随着认罪认罚从宽制度的深入实施，围绕"不必要羁押"问题，检察机关随之付诸进一步的行动。最高人民检察院决定，将自2021年7月1日起部署开展的原本为期半年的羁押必要性审查专项活动延至2022年12月31日。案件范围由三类重点案件拓展为全部在办羁押案件。主要针对实践中存在的轻罪案件羁押率过高、构罪即捕、一押到底和涉民营企业案件因不必要的羁押影响生产经营等突出问题开展全流程、全覆盖的羁押必要性审查。自羁押必要性审查专项活动开展以来，各级检察机关深入贯彻落实少捕慎诉慎押刑事司法政策，加强组织领导、注重政法协同、健全工作机制、突出审查重点、统筹综合施策，专项活动取得明显实效。据统计，2021年下半年，诉前羁押率降至40.47%，比上半年下降近5个百分点，比2020年同期下降3个百分点；第四季度诉前羁押率降至36.31%。②2022年最高人民检察院工作报告中也指出，开展羁押必要性审查专项活动，对捕后可不继续羁押的，依法建议释放或变更强制措施5.6万人，诉前羁押率从2018年的54.9%降至2021年的42.7%。

但是，在司法实践中，对非羁押人员进行有效监管是一个

---

① 参见《人民检察院刑事诉讼规则》第580条。
② 《最高检：羁押必要性审查专项活动延长一年》，最高检网上发布厅网站，https://www.spp.gov.cn/spp/xwfbh/wsfbt/202202/t20220218_544918.shtml#1，最后访问时间：2022年9月2日。

难题。从演进的视角看，我国的监管模式分为两种。监管模式1.0：线下监管模式，即执法人员进行"一对多"的线下管理。该模式的局限十分明显，要求被监管人线下定期报到、定期打卡等，执法人员不仅难以全面掌握被监管人的信息动态，也无法实时有效地监测其违法违规情况，比如难以有效监控被监管人离开规定区域的行为。

随着科技的发展，实践中出现监管模式2.0：电子设备辅助监管模式。主要借助电子智能手环、电子脚镣等设备采集被监管人行为表现的数据，有的地方采用打卡软件的形式要求被监管人进行定时打卡登记。这有两大不足。一是技术应用层面，实施管控常用的管制设备存在价格昂贵、使用不便、容易损坏的弊端。而且，对监管过程中的争议，也难以提供有效的证据。因为现有的电子化非羁押管理技术无法对打卡记录、运动轨迹等进行有效的证据化存储，如果执法人员与被监管人对打卡记录、运动轨迹存在异议，相应电子数据便无法作为证据使用，这会导致电子化远程管理效果大打折扣。二是人权保障层面，管理方式隐私性保障不足，这给被监管人带来生活上的诸多不便，甚至成为一个羞辱性标签，增加了被监管人正常回归社会的困难。

（二）区块链监管模式："非羁码"与"云检智链"

对于如何融合运用数字技术提升对非羁押人员的监管效能，很多检察机关展开了积极探索。比如2020年杭州市检察院的"非羁码"，2022年徐州市云龙区人民检察院的"云检智链"电子监管平台。在此，重点介绍杭州市"非羁码"的运行原理。

杭州市人民检察院联合杭州市公安局开发使用的"非羁

码",是一款基于区块链的用于数字监管非羁押人员的手机App。"非羁码"的灵感来源于"健康码",具有绿、黄、红三级监管色,评级的标准是非羁押人员在取保候审、监视居住期间的行为动向和综合表现。非羁押人员下载使用App进行人脸比对后,后台即开启全方位、全时段、无死角的监管。背后是司法大数据、云计算、区块链等前沿科技,目的是确保被监管人能够在必要的管控下回归日常生活。2020年10月30日,经前期充分实验和论证,杭州市公安局、杭州市人民检察院、杭州市中级人民法院、杭州市司法局联合会签了《对刑事诉讼非羁押人员开展数字监控的规定》,"非羁码"系统正式在全市上线应用(详细架构参见图5-2)。

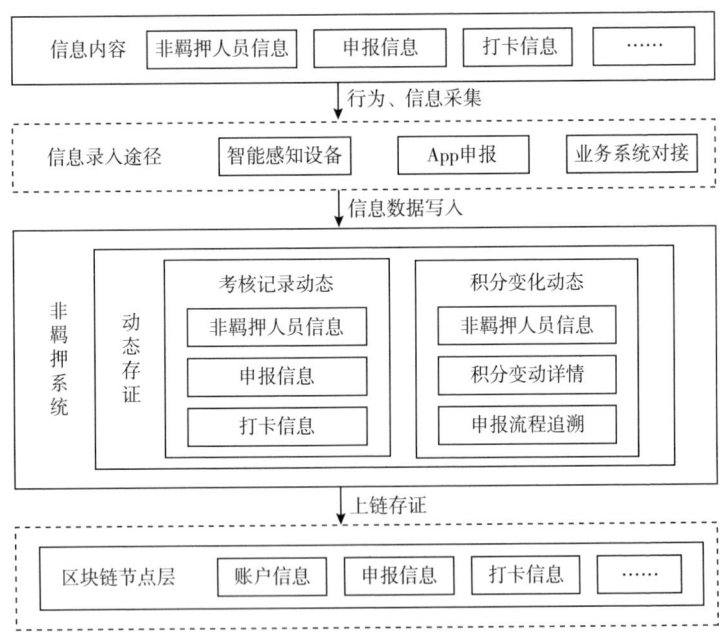

图5-2 "非羁码"系统架构

其运行原理如下：精准定位—"电子围栏"—在线签到—违规预警—自动评分—智能管控。首先是精准定位，"非羁码"采用的GPS技术能24小时监控被监管人的位置信息，并能对被监管人的移动路径进行统计、监控和预判。其次是严格的"电子围栏"管理，被监管人一旦离开特定活动范围或进入禁止活动范围，系统将立即启动自动报警；若发现同案多名犯罪嫌疑人近距离停留情况，系统也将及时报警、记录，防止同案犯串供。为了防止被监管人员人机分离，系统每日或不定时要求被监管人实时自拍远程报到。根据被监管人员的表现，这些管控措施最终会——转变为相应的分值，60分以上为绿码，30分以上60分以下为黄码，30分以下则变为红码，后台会依据颜色的变化向监管单位推送预警信息，一旦发现违规行为，将对被监管人员变更强制措施。当然，监管码的分值也会作为检察机关对犯罪嫌疑人审查起诉时的量刑参考。①

（三）区块链监管模式的价值：落实"少捕慎诉慎押"政策的缩影

从宏观政策层面来看，积极探索运用数字化手段加强对非羁押人员的监管，是检察机关认真贯彻落实少捕慎诉慎押刑事司法政策的一个缩影。②从技术原理与实践效果来看，有如下几方面价值。

---

① 《杭州"非羁码"：实现非羁押人员"云"监控》，杭州网，https://it.hangzhou.com.cn/jrjd/yjnews/content/2021-06/08/content_7981521.htm，最后访问时间：2022年3月24日。
② 罗金仁、杨晶：《探索数字化非羁押监管　降低诉前羁押率》，《检察日报》2022年3月14日第5版。

1. 监管功能强大。区块链监管不仅保证了司法需求，而且节约了司法成本。这是人工监管所不能比拟的。比如，2021年11月，徐州市云龙区人民检察院上线的"云检智链"电子监管平台。该平台具有实时定位、定位抽检、视频连线、人脸识别等"妙招"，使监管人员通过智能平台就可以准确、及时掌握非羁押人员的行踪和位置信息。平台具有后台可视化的大数据分析功能，通过信息采集、数据分析、维权诉求等多个模块，能够发现侦查活动中存在的个案或类型问题。另外，平台还专门设置了检警互动、警示案例、谈话教育等模块，将监督管理与预防犯罪贯穿整个诉讼过程。[①]这类平台在实践中已经取得显著成效，比如杭州"非羁码"的一个应用案例：2020年10月中旬，犯罪嫌疑人张森（化名）就在申请离开管控区域后未如期返回，无故滞留外地，经民警提醒仍拒不回归。因管控期间张森经常不按时打卡，"非羁码"后台分值已扣至0分，西湖区人民检察院遂对其批准逮捕并提起了公诉。即使是恶意逃脱，杭州城市大脑系统也可以通过身份信息报警等方式发现脱离监管的人员，这显然是单纯靠办案人员"人工监管"做不到的。[②]

2. 进一步彰显了司法文明和人权保障的价值，提升了监管的社会效果。从实践来看，数字化非羁押监管平台通过手机即

---

① 《"区块链+检察"探索|徐州市云龙区人民检察院"云检智链"电子监管平台正式上线！》，徐州市云龙区检察院网站，http://xzyl.jsjc.gov.cn/yw/202203/t20220307_1359334.shtml，最后访问时间：2022年3月24日。

② 《杭州"非羁码"：实现非羁押人员"云"监控》，杭州网，https://it.hangzhou.com.cn/jrjd/yjnews/content/2021-06-08/content_7981521.htm，最后访问时间：2022年3月24日。

可操作，改变了"电子手铐"、"电子脚环"等易被大众认出而对非羁押人员造成困扰的难题，尤其是针对一些涉企人员，如果携带外观明显的电子监管设备，将难以更好回归社会参与经营。基于区块链的技术优势，数字化非羁押监管能够实现实时监管和保障隐私的双结合，能有效地减轻非羁押人员的心理压力，确保其在非羁押期间的正常工作和生活，充分体现出对被监管人人格权的保护，符合司法文明的进步方向。①

3. 实现了对非羁押人员信息管理由"事后取证"向"实时存证"的转变。

比如，"非羁码"也是一个可信任的取证平台。区块链技术由于其链式结构和共识机制，具备确保上链后的数据难以被篡改的技术特性，天然适用于对采集到的数据进行增信服务。将区块链数据取证能力融入非羁押人员的日常管理流程，将非羁押人员日常的打卡信息、申报信息、行程轨迹信息等数据上传至区块链上进行增信存储，可对犯人日常的行为表现进行可信校验追溯，促进非羁押人员管理高效、公正、透明；如此，无论是对于非羁押状态向羁押状态的转换还是以其在非羁押期间的表现对后续量刑做参考，都能做到有所凭借、材料真实可信。除"非羁码"以外，"云检智链"电子监管平台同样应用区块链技术对非羁押人员信息进行取证管理，实现了非羁押人员信息管理由"事后取证"向"实时存证"进行转变。②

---

① 罗金仁、杨晶：《探索数字化非羁押监管 降低诉前羁押率》，《检察日报》2022年3月14日第5版。
② 《"区块链+检察"探索|徐州市云龙区人民检察院"云检智链"电子监管平台正式上线！》，徐州市云龙区检察院网站，http://xzyl.jsjc.gov.cn/yw/202203/t20220307_1359334.shtml，最后访问时间：2022年3月24日。

4.从技术应用层面来看,数字化非羁押监管平台操作便捷、安全可靠,易于推广。比如,"云检智链"平台作为单独模块嵌入云龙区检察院已全面推广应用的"云龙微检察"微信小程序中,无须另外下载App,只需通过人脸认证登录即可,手机操作十分简便。同时,平台引入了"区块链技术"对用户的实名认证信息上链存储,切实保证资源和数据的安全性。该平台依托于三大运营商,仅需一张手机卡就可以完成对非羁押人员的刚性监管,且平台功能齐全,完全能够满足日常的司法需求。[①]

三 基于区块链的社区矫正系统

(一)缘起:社区矫正的低效与数据孤岛问题

社区矫正是贯彻宽严相济刑事政策、推进平安建设的一项重要工作,也是重要的刑事司法制度,是中国特色社会主义法治体系的重要组成部分。社区矫正工作制度化、法治化、规范化,是推进国家治理体系和治理能力现代化建设的必然要求。2020年7月1日,我国第一部规范社区矫正工作的法律——《中华人民共和国社区矫正法》正式施行。贯彻实施《社区矫正法》,对于保障公正司法、健全我国刑事执行制度、推进完善社区矫正制度、推动社区矫正工作高质量发展等,都具有重要意义。

但是,社区矫正工作面临很多实践困难,比如其一,传统

---

① 《"区块链+检察"探索|徐州市云龙区人民检察院"云检智链"电子监管平台正式上线!》,徐州市云龙区检察院网站,http://xzyl.jsjc.gov.cn/yw/202203/t20220307_1359334.shtml,最后访问时间:2022年3月24日。

的社区矫正监督模式主要通过定期汇报、实地调查、电子监控等方式进行，日常工作量大、效率不高，监管成效不佳。社区矫正对于矫正人员（下文简称社矫人员）而言有三大核心任务，分别是正确评估其人身危险性、精准帮扶其掌握技能、促使其回归社会。① 在传统模式下，社区矫正工作人员水平有限，导致评估周期短、评估频率低，不可避免地影响评估数据的准确性。而且，这种人工的监管模式，还存在一些社矫人员收监执行难问题，主要包括患有重大疾病的社矫人员收监执行困难以及社矫人员脱管失踪现象。② 即便使用电子定位装置，③ 由于手机故障、矫正对象缺乏服刑自觉性等原因，普通监管措施仍无法及时掌握矫正对象的情况，从而使社区矫正机构难以实现有效监管。④ 例如，食药案件禁止令判决书在法院和社区矫正机构传递脱节，社区服刑人员交付执行不及时，人员底数不清、情况不明，社区服刑人员脱管、漏管、虚管、违反禁止令等问题时有发生。⑤

再比如其二，社区矫正数据孤岛问题突出，各部门沟通交

---

① 何显兵、廖斌：《论社区矫正分级处遇机制的完善》，《法学杂志》2018年第5期。
② 张静、刘涛涛：《社区矫正工作存在的问题与应对思考——以重庆市北碚区社区矫正工作为视角》，《中国检察官》2017年第2期，第65页。
③ 《社区矫正法》第29条对社区矫正对象的监督管理做了相关规定，社区矫正对象有下列情形之一的，经县级司法行政部门负责人批准，可以使用电子定位装置，加强监督管理：（1）违反人民法院禁止令的；（2）无正当理由，未经批准离开所居住的市、县的；（3）拒不按照规定报告自己的活动情况，被给予警告的；（4）违反监督管理规定，被给予治安管理处罚的；（5）拟提请撤销缓刑、假释或者暂予监外执行收监执行的。
④ 张浩若：《社区矫正工作存在的问题及对策——以河南省X县社区矫正中心为例》，《中共郑州市委党校学报》2022年第1期。第83页。
⑤ 沈万军、陈焰：《区块链+类案监督的检察实践——以食药案件为切入点的研究》，《新时代智慧检务建设论文集》2019年12月，第417~428页。

流效率低。社区矫正本质上是一项综合性的社会治理制度，它需要各机关或者部门之间的相互配合，服刑人员从刑罚惩罚者到普通社会公民身份转变的过渡环节，必然需要交接和置换包括身份在内的多项数据信息。我国过去几年中的社区矫正信息数据发展方向多为部门单位内网，数据仅在部门内部流通，单位外进行信息共享较为困难。①司法局接收社矫人员后，需要安排人员到流管办、社保局、工商局等国家政府部门进行信息核实并办理相关证明文件，工作量极大且复杂琐碎，接收社矫人员的时间成本和人工成本过高。因此，有必要利用信息化的技术支撑，通过大数据、区块链等创新技术来"破冰"。

（二）禅城区检察院"区块链+社区矫正"平台

2018年11月，广东省佛山市禅城区检察院搭建了"区块链+社区矫正"平台，即在社矫人员管理过程中，禅城区检察院联合法院、公安等各个部门，利用"区块链+社区矫正"平台构建了一个公检法司各部门的数据协同机制，各个部门可以通过禅城区综治云平台进行对接，直接获取社区服刑人员的实时位置。这是全国首个"区块链+社区矫正"平台，简称"社矫链"。

"社矫链"功能可以分为五个方面。

一是实现跨部门的数据共享协同，提升了执法效率，节省了社矫成本。在"区块链+社区矫正"系统当中，区块链赋能数字监管、大数据平台管理，通过构建社矫人员监管协同机制

---

① 梅传强、周鹏程：《论区块链技术在社区矫正制度中的适用》，《重庆社会科学》2020年第11期，第22页。

实现办案人员、执行人员信息便捷关联，权限随业务状态灵活变更与解除，优化社矫人员管理过程中的公检法司内部交接流程效率，促进了办案—执行、跨机构协同效率的提升。比如，公、检、法、司、监狱等相关部门之间，无须再相互邮寄法律文书，就可实时共享、快速掌握社矫人员信息。由于该平台与禅城"一站式"自然人数据库、社会综合治理云平台相融合，监管部门可对相关部门共享的信息进行直接查询，通过信息比对确认社矫对象"居住地"，使社区服刑人员接收报到环节无缝衔接。另外，由于社区服刑人员中一半以上是流动人口，此前，社区服刑人员在接收报到前必须先接受居住地调查核实，调查核实工作耗费大量人力。通过"社矫链"平台，可以节省社矫部门的人力成本。

二是禅城通过"社矫链"平台中的轨迹跟踪、行为监控、信用评价模型等，对社矫人员的大量数据可以进行精准分析，在保护隐私的情况下对其进行轨迹追踪、行为监控、信用评价等，预防社矫人员重新走上违法犯罪的道路，更好重塑其社会成员身份。[①]

三是执法全流程存证，防伪、防篡改、可追溯，使社区矫正执法工作全程处于制度和技术的监督之下，堵上权力漏洞，也可以有效地避免执法中的"争执"。基于区块链技术的使用，该平台具有防篡改、可追溯性，可以杜绝人为篡改社区矫正记录、伪造记录的可能。它不仅助力检察机关对社矫人员进行监督，而

---

① 《最高人民检察院带队调研禅城区检察院"区块链+社区矫正"工作》，禅城市检察院网站，http://jcy.chancheng.gov.cn/qjcy/jcy0301/201811/fc7d2793e1ff469cb4249e0f3e5a626a.shtml，最后访问时间：2022年4月20日。

且助力检察机关对社区矫正执法人员进行实时、不间断的法律监督。而且，如若出现被监管人擅自离开所居住市县、逃避诉讼或刑罚、干扰证人作证等行为迹象时，执法机关或检察机关可以监管系统内附的被监管人行动轨迹作为判断依据，从而避免了以往被监管人与监管人各执一词的情况。

四是通过该平台，社矫人员在日常中的各类行为都会生成记录，"写"进个人信用评价系统。社矫人员由此也获得了"自证清白"的平台。

五是在"社矫链"平台上，银行、保险、电信、公路铁路系统、商业平台、用人单位等获得授权后，可通过信用评价系统获取社矫人员信用评价分数（详细架构参见图5-3）。①

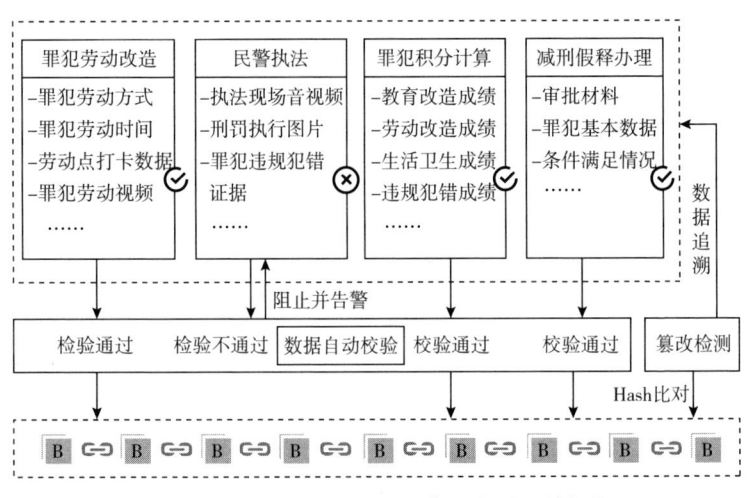

图5-3 "区块链+社区矫正"平台的系统架构

---

① 林晓平：《让数据跑腿！全国首个"区块链+社区矫正"应用在佛山禅城上线》，《佛山日报》，http://www.fsonline.com.cn/p/248983.html，最后访问时间：2022年9月2日。

四 基于区块链的减刑假释信息化办案平台

（一）缘起：减刑假释程序流于形式

我国近年来的几起案件引发"高墙内"程序的公正性关注，比如2020年连续九次减刑出狱后再致人死亡的郭某思减刑案。郭某思从2005年入狱、2019年出狱，14年间连续9次减刑，在出狱8个月后便再次行凶被公安机关抓获。但在法院审判信息网上的刑事裁定书中显示，郭某思曾经被九次减刑，他所服刑的监狱认为，郭某思在服刑改造期间，认罪服法，积极改造，多次获得奖励，因此提出减刑建议。该案被贴上了"孙小果案"标签。2019年3月中旬，昆明市政法机关在办理一起故意伤害案中，发现犯罪嫌疑人孙小果系1998年一审被判处死刑的罪犯。2020年2月20日，孙小果被执行死刑，相关涉案官员也受到法律的惩处。这两个案件让"高墙内"的减刑制度引起舆论的广泛关注。[①]

根据《刑诉法》第273、274条的规定，以及《最高人民法院关于适用〈中华人民共和国刑事诉讼法〉的解释》（下文简称《高法解释》）第538条的规定，审理减刑、假释案件，应当组成合议庭，可以采用书面审理的方式，而特殊案件应当开庭审理，比如因罪犯有重大立功表现提请减刑的、公示期间收到不同意见的，即便开庭审理，也不意味着必然公开审理。减刑、假释程序需要公开透明，然而从实践来看，人民法院的审核裁定程序鲜有公开进行的。

---

① 《连续九次减刑出狱后再致人死亡官方通报郭某思减刑案》，中国青年网，https://baijiahao.baidu.com/s?id=1666201230177471316&wfr=spider&for=pc，最后访问时间：2021年5月12日。

2021年12月,最高人民法院、最高人民检察院、公安部、司法部共同印发了《关于加强减刑、假释案件实质化审理的意见》(下文简称《减刑、假释意见》),提出"减刑、假释案件过于依赖刑罚执行机关报请的材料,检察机关、审判机关的职能作用没有得到充分发挥,不少案件审理流于形式,监督缺乏有效手段,导致有的案件关键事实未能查清,矛盾和疑点被放过,甚至一些虚假证据得以蒙混过关,个别案件还引发了负面舆情,造成不良社会影响"的问题,要求人民法院、人民检察院、刑罚执行机关都要充分认识减刑、假释工作面临的新形势、新任务、新要求,坚持各司其职、分工负责、相互配合、相互制约,形成工作合力,确保减刑、假释案件实质化审理公正、高效开展。[①]

从目前的实践来看,实现减刑、假释案件实质化审理还存在比较大的差距,检察监督模式也存在滞后性,减刑假释"行政审批"的情况较为突出。监狱等刑罚执行机关提出减刑假释建议并报送材料后,检察机关往往与刑罚执行机关意见高度一致,在法庭上基本不存在对抗意见,这使得减刑假释的审理流于形式,呈现"审批"的态势。这种局面与检察院对减刑假释人员的情况未进行实质性审查有关,主要原因在于检察机关作为法律监督机关受限于条件,难以通过除所报送材料以外的途径深入了解减刑假释人员实际表现。同时,在具体工作形式方面,检察机关在办理服刑人员减刑、假释案件时,往往需要通过运送纸质卷宗的形式,安排检察官将卷宗文书从监狱运送到检察机关,之后再进行

[①] 《"两高两部"联合发布〈关于加强减刑、假释案件实质化审理的意见〉》,最高法官网,https://www.court.gov.cn/zixun-xiangqing-336071.html,最后访问时间:2022年3月28日。

建档信息录入，在此过程中会产生人力物力的浪费且存在案件卷宗被篡改、损坏的风险，增加了办案人员的管理负担。

《减刑、假释意见》要求，切实做到减刑假释案件实质化审理、完善庭审程序、健全证人出庭制度、丰富庭外调查核实，同时要求没有悔过表现的人员不得适用减刑、假释等。这不仅要依靠如《监狱计分考核罪犯工作规定》等细化规则的出台，更需要在技术层面进行迭代保障。其中的核心难题是，如何在技术上打通司法部门减刑、假释卷宗文书通路，以及服刑人员真实表现情况的通路。换言之，如何确保减刑、假释相关卷宗及服刑人员表现情况的真实性，确保检察院对减刑、假释案件事实及对服刑人员的表现形成超越纸面的、实质性的法律监督，成为减刑、假释实质化审理的关键。这需要解决司法部门数据壁垒和数据传输两大难题。

（二）天津市检察院"减刑假释信息化办案平台"

1. 运行原理

应用区块链数据共享交换技术可有效解决上述问题。具体而言，可通过构建人民检察院、人民法院、刑罚执行机关之间的减刑假释司法联盟链，应用区块链数据权限管控机制对跨部门之间的数据传输进行管控、审核，将各部门之间文书流转过程中数据的生成、存储、提取、验证各个流程的日志数据在区块链上进行存证，确保各部门之间的文书传递在合规、可信的环境下进行。监狱可将减刑、假释相关卷宗及证据材料通过区块链共享节点发布至司法联盟链网络，一次文书录入即可实现跨部门数据共享，基于区块链的数据传输机制将所有传输数据全部加密、全程留痕，且上链后的数据不可否认、不可篡改，由此可以确保案件办理过程中数据流通的安全性、真实性和完整性。

实践中已经有相关探索，比如天津市检察院于2018年便开展"区块链+"在检察领域的研发工作。为此还先后多次与市高级法院、市监狱管理局相关职能部门召开联席会议，共同推进区块链技术在政法跨部门大数据共享办案、公共检察服务等领域的应用。2019年11月，市检察院推出全市政法机关首个自主可控区块链应用平台——减刑假释信息化办案平台。通过该办案平台可以实现检察院与法院、监狱管理局减刑假释办案系统之间的互联互通和数据共享（详细架构参见图5-4）。①

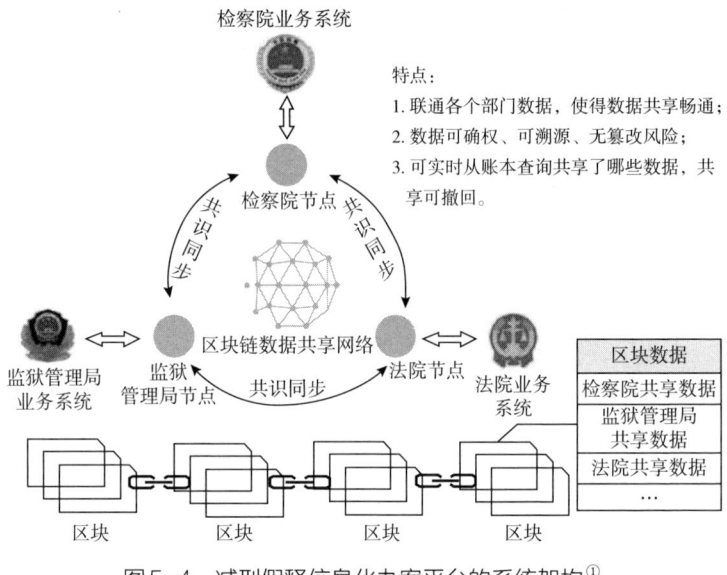

图5-4 减刑假释信息化办案平台的系统架构①

---

① 《天津区块链版图大动作，这次是检察机关"搞事情"》，澎湃新闻，https：//m.thepaper.cn/baijiahao_4909560，最后访问时间：2022年4月21日。
② 《天津区块链版图大动作，这次是检察机关"搞事情"》，澎湃新闻，https：//m.thepaper.cn/baijiahao_4909560，最后访问日期：2022年4月21日。

以往检察机关在办理服刑人员减刑、假释案件时，需要经过纸质卷宗从监狱向检察院的线下流转，再创建案卡、录入信息。这一过程既对办案人员造成了操作负担，增加事务性工作成本，又存在信息安全风险。建立信息化办案平台，只需通过政务网将业务数据包传输到平台即可进行一键式流转，节约资源成本的同时实现了数据安全共享。由是，该平台使得天津市法院、检察院、监狱管理局原本各自独立的办案系统在减刑假释案件办理中连成一体，开创了减刑假释网上报送、网上办理、网上监督、远程视频庭审办案新模式（详细流程参见图5-5）。

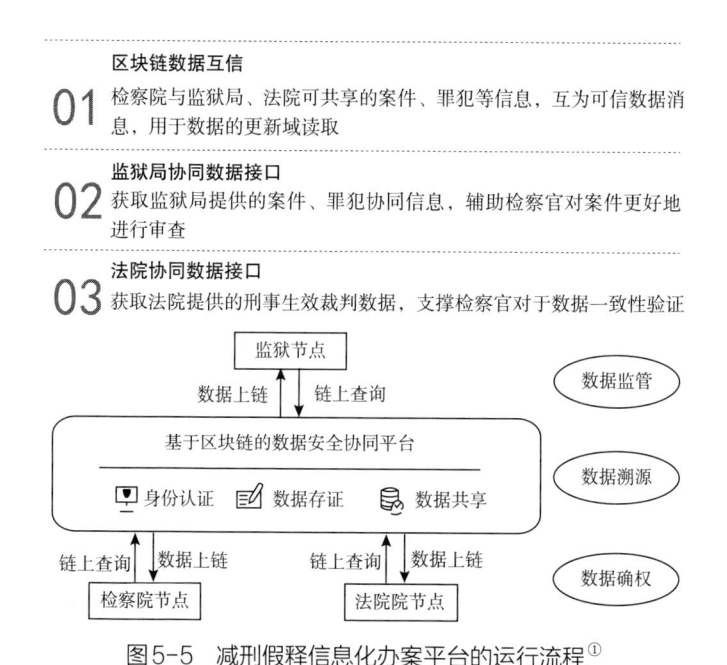

01 **区块链数据互信**
检察院与监狱局、法院可共享的案件、罪犯等信息，互为可信数据消息，用于数据的更新域读取

02 **监狱局协同数据接口**
获取监狱局提供的案件、罪犯协同信息，辅助检察官对案件更好地进行审查

03 **法院协同数据接口**
获取法院提供的刑事生效裁判数据，支撑检察官对于数据一致性验证

图5-5 减刑假释信息化办案平台的运行流程[①]

---

① 《天津区块链版图大动作，这次是检察机关"搞事情"》，澎湃新闻，https://m.thepaper.cn/baijiahao_4909560，最后访问日期：2022年4月21日。

如此一来，检察院、监狱局、法院可以在平台上共享案件、罪犯信息、互为可信数据，检察院通过监狱局协同的数据接口，直接获取监狱局提供的案件、罪犯协同信息，通过法院协同数据接口，直接获得法院刑事生效裁判数据，支持检察院对减刑假释案件做出实质性判断与一致性验证。不仅如此，由于该减刑假释平台系自主代码、自主密码的区块链应用，具有去信任、防篡改、可追溯、安全性强的特性，所有的传输数据被全部加密、全程留痕，不被篡改，由此确保了案件办理过程中数据流通的安全性、真实性和完整性。

2. 价值成效

减刑假释信息化案件办案平台是司法活动与现代科技深度融合的产物，也是推进智慧政法建设的产物。它对于提升减刑假释案件的信息化水平，实现智慧政法各机关之间的数据安全共享，以及确保案件办理的公平、公正和公开都具有重要的意义。

首先，该平台率先将区块链技术融入减刑假释程序，在保障安全的基础上打破了数据壁垒。司法机关适用该平台，不仅可以实现减刑、假释案件审理中的跨部门、跨阶段、跨场景联动，而且在整体上推动了案件审理流程信息化改造，可以为减刑、假释审理程序提供充分的数据支撑。

其次，该平台的诞生能够有效地回应《减刑、假释意见》关于减刑假释实质化审理与司法公正性的要求。平台通过加密算法、隐私计算等多种数据安全保障技术，可以确保案卷文书的安全传输，由此打消司法机关在数据共享中的安全顾虑，能够促生公正、高效的减刑假释系统。另外，检察院可以凭借此平台及时有效地了解罪犯的日常行为表现，进而为庭审提供更为详实的事实证据。还有，减刑、假释的案卷文书存证于区块链，检察机关因此可以追溯与审查案卷信息的真实性问题，这同样有助于案件审理的公平与公正性。

五　区块链技术在公益诉讼检察中的应用

（一）缘起：公益诉讼检察"线索发现难、调查取证难与鉴定评估难"

公益诉讼检察是指在生态环境和资源保护、食品药品安全、国有财产保护、国有土地使用权出让、英烈保护等与国家利益和社会公共利益相关的领域，为督促相关行政部门履职，检察机关对损害社会公共利益的行为提起的公益诉讼。2021年，《未成年人保护法》、《军人地位和权益保障法》、《安全生产法》、《个人信息保护法》四部法律先后正式实施，其中，专门设立公益诉讼条款，明确将未成年人保护、军人权益保护、安全生产、个人信息保护纳入检察公益诉讼的领域。新增四大领域与生态环境和资源保护、食品药品安全、国有财产保护、国有土地使用权出让、英烈名誉荣誉保护共同构成检察公益诉讼九大领域。近年来，无论是党中央会议通过的对公益诉讼工作的明确要求，还是最高检印发的《人民检察院公益诉讼办案规则》，①都让我们明显感受到国家对公益诉讼的高度重视，但检察机关在开展公益诉讼案件办理

---

① 《人民检察院公益诉讼办案规则》于2020年9月28日最高人民检察院第十三届检委员会第五十二次会议通过，自2021年7月1日起施行。

工作中仍面临诸多困难，主要表现为线索发现难、调查取证难、鉴定评估难三大难题。

1. 公益诉讼线索发现难

自开展公益诉讼试点工作以来，各级检察机关一直面临着线索发现难、线索质量低的问题，因此，如何利用信息化手段挖掘公益诉讼线索，是检察机关在开展公益诉讼检察监督工作中亟须破解的难题。当前，检察机关开展公益诉讼的线索来源主要有：侦查、批捕、公诉、控申部门的线索移送，通过两法衔接平台予以收集，通过报纸、杂志、网络等媒体予以收集，走访行政机关，等等。上述线索来源及所挖掘的线索材料存在诸多问题，比如检察机关之间、检察机关各部门之间的公益诉讼信息共享渠道不畅；两法衔接平台上的部分行政机关更新行政行为信息不全面、不及时；社会舆论线索零散、不成体系，线索质量不高，线索排查效率低，成案率低；等等。要使公益诉讼检察发挥更强的职能，需要重点解决线索来源的被动性问题。

2. 公益诉讼调查取证难、证据真实性保障难

2018年10月，修订后的《人民检察院组织法》将"依照法律规定提起公益诉讼"确定为检察机关的一项新增职权，该法第21条规定："人民检察院行使本法第20条规定的法律监督职权，可以进行调查核实。"故此，检察机关为了提起公益诉讼，享有调查权与对证据资料进行核实的权力。无论是在民事还是行政公益诉讼中，检察机关都承担着较重的证明责任。一是证明公共利益遭受损害，二是指明损害造成者并证明造成者的损害行为与公益损害事实之间的因果关系，分辨公益受损的过程中掺杂着哪些行政因素致使行政违法行为牵连损害公益侵权甚至损害公益犯罪;此外,还就公益受损害的程度以及修复公益所需要的成本计算负有举证责任。①

虽然,很多地方检察院已经使用卫星遥感、无人机、公益诉讼快检等大数据取证技术来满足公益诉讼快速取证的需求,但得到的照片和视频数量多且仅能反映现场的局部片段,检察官在使用这些数据时,要耗费大量的时间去梳理和查找,仍然很难直观、全面、灵活地为办案人员构建和重现一个全方位的案件现场。同时,这些电子数据存在易篡改、不易校验的特性,传统的取证、存证方式之下,很难鉴定评估其真实性。

(二)宜兴市人民检察院"区块链+卫星遥感技术"平台

那么,检察院在办理公益诉讼案件中,如何获得高质量的案件线索,以及在侦查取证、存证及移交流转等环节中,保证证据材料不被篡改?一个可能的解决方案是,以区块链技术作为底层可信存储的基础设施,结合大数据及人工智能等其他已成熟的技术手段,通过设计线索挖掘评估模式,拓宽线索渠道,以此来解决取证、固证的难题。

"区块链+卫星遥感技术"取证、存证平台便是探索之一。2018年9月29日,宜兴市人民检察院依法对邓某等三人非法采矿一案提起刑事附带民事公益诉讼,诉请法院判令邓某等三人连带赔偿国家矿产资源损失21万余元,连带承担环境修复费用

---

① 汤维建:《公益诉讼的四大取证模式》,最高检官网,https://www.spp.gov.cn/spp/llyj/201901/t20190121_405924.shtml,最后访问时间:2022年3月28日。

36万余元。此案系无锡市首例针对非法采矿案件提起的刑事附带民事公益诉讼，也是宜兴市人民检察院首次借助区块链和卫星遥感技术进行取证的案件。

案情如下：2018年4月15日至2018年5月12日，邓某等三人在未依法办理采矿许可证的情况下，经事先共谋，至宜兴市西渚镇篁里村石门组附近违法采挖石矿。三人共计非法开采矿石体积2216.41立方米、矿石量5851.33吨，价值人民币21万余元。三人违法开采行为造成开采区域地质环境及土地资源受到破坏，修复经费预计为36万余元。宜兴市人民检察院在审查中发现，该案中矿产资源是不可再生资源，三人违法开采矿石，破坏了地质环境，侵害了社会公共利益，造成国家矿产资源损失，遂启动公益诉讼案件办理机制。在对该案犯罪事实、证据及危害结果进行全面审查后，宜兴市人民检察院借助无人机进行现场勘查、拍照取证、固证，发现该案难点在于确定矿区原始面积以及非法采用前后对比情况。为此，宜兴市人民检察院第一时间派员赶赴武汉市人民检察院，委托其以区块链和卫星遥感技术对涉案矿区监测取证。在确定矿区坐标后，武汉市院调取了2018年1月1日至2018年6月1日期间，涉案矿区在4个不同时间节点上的8张卫星遥感影像图，图像动态呈现了矿区受损过程。最终，上述电子证据被法院采纳，3名被告人被判赔偿国家矿产资源损失费21.5万元，连带承担环境修复费用36.1万元。①

---

① 《借助遥感影像宜兴市检察院提起非法采矿刑附民公益诉讼》，搜狐新闻，https://www.sohu.com/a/259156302_99896316，最后访问时间：2022年9月2日。

区块链在遥感影像数据产生时即对数据真实性进行认证,并为举证数据的真实性提供保障。区块链和卫星遥感技术的结合,可以在遥感影像数据产生时即对数据真实性进行认证,并为举证数据的真实性提供保障,有效解决此类案件取证难的问题。①

需要补充说明的是,武汉市检察院于2018年承担了中央级基本科研业务费专项资金课题《基于区块链技术的电子数据存证等相关应用研究——以公益诉讼为视角》。在不到一年的研究周期内,课题组搭建了区块链存证实验网络三套,面向全国检察机关提供卫星遥感数据服务公益诉讼案件办理近30次,开发基于区块链技术的公益诉讼电子数据存证平台原型系统一套,在该原型系统上办理遥感数据调取、存证案件5件。2019年,该课题通过专家组评审。②

(三)杭州市西湖区检察院的"检察区块链取证设备"

2019年11月,浙江省杭州市西湖区检察院对瞿某侵害革命英烈名誉的行为,依法向杭州互联网法院提起民事公益诉讼。本案中,瞿某通过网络平台传播和销售侮辱、诋毁革命先烈董存瑞、黄继光的贴画。如何固定证据成了一道难题,因为传统的录音录像设备,无法解决可能存在的剪辑、篡改等问题,在证据使用上,还需要"自证清白",而利用"检察区块链取证设

---

① 蔡长春、刘子阳:《区块链技术辅助司法办案优势明显》,人民网,http://blockchain.people.com.cn/n1/2019/1114/c417685-31454682.html,最后访问时间:2022年4月20日。
② 《检察院"区块链"科研课题顺利通过结题答辩》,腾讯新闻,https://cloud.tencent.com/developer/news/383338,最后访问时间:2022年4月20日。

备"取证、固定证据则解决了这一难题。办案过程中,检察官用区块链技术固定了互联网电商平台商家的侵权证据,并向互联网法院提交了经区块链可信认证后的证据,为该案顺利起诉打下了坚实的基础。

自2019年以来,杭州市西湖区人民检察院已经在民事、行政公益诉讼领域使用区块链技术取证并上传取证信息逾4000条。[①]

(四)苏州市姑苏区人民检察院"法眼识动物"微信平台

2020年3月,一款运用区块链技术的"法眼识动物"微信平台在江苏苏州诞生,该平台将打击和保护野生动物双效合一,运用区块链技术,具有"去中心化、公平公开、链上存证"的特点,为解决办理野生动物案件线索零星、取证难、存在滞后性等难点提供了方案。

其原理如下:平台由苏州市姑苏区人民检察院发起,将市场监督管理局、司法局、餐饮协会等主管部门和社会组织多方整合,实现线索共享。当群众在发现买卖、食用野生动物的违法行为后,可以采用"不见面"的方式,拍照上传证据,一键提交举

---

① 《杭州:区块链技术应用到检察办案,电子证据获取不再难》,今日头条,https://www.toutiao.com/article/6759063170351907342/?tt_from=weixin&utm_campaign=client_share&wxshare_count=1&timestamp=1640435121&app=news_article&utm_source=weixin&utm_medium=toutiao_ios&use_new_style=1&req_id=20211225202521010132038 04622C64D1A&share_token=F342068D-0396-4A8B-A49F-212EED38DB97&group_id=6759063170351907342,最后访问时间:2022年4月20日。

报线索，避免了因不了解、怕麻烦造成的线索流失。该平台一方面给希望制止违法犯罪行为的人民群众提供了便捷，消除了群众因对野生动物识别不清而举报踌躇的疑虑，另一方面对拍照所征集的线索，系统予以初步区块链存证，社会公众通过"法眼识动物"上传举报线索后，数据会自动通过服务器上传至线索共享平台并进行存证处理，接入端口的单位均可收到线索提醒。当相关单位对线索进行查证处理后，也要通过此平台回复，反馈给举报人并生成存证编号。为确保线索移送完整无缺，姑苏区检察院还会每周对后台进行"大扫除"，对收集到的所有线索进行统计，制作"线索移送函"，做到线索移交准确无误"零死角"。①

该平台的成效显著，将区块链技术及时应用到野生动物案件办理中，既发动了群众又节省了时间，还可以加大公益诉讼线索自行筛查力度。如果发现任何个人和单位有破坏野生动物保护、损害国家利益和公共利益的行为，检察机关将依法提起民事公益诉讼（平台的详细架构参见图5-6）。

（五）永康市、武义县与磐安县检察院"检察公益诉讼快速检测实验室"

司法实践中，为进一步加强区域协作，优化资源配置，提高检察公益诉讼数字应用含金量，实现检察公益诉讼系统的融合发展，有的检察院之间自发联合建立检测实验室。2021年3月23日，永康市检察院与武义县检察院、磐安县检察院共同签订了"检察公益诉讼快速检测实验室"的合作协议，三方将联

---

① 《举报线索上传苏州检察机关运用"区块链"助力野生动物保护》，腾讯新闻，https://xw.qq.com/cmsid/20200303A0DC8I00，最后访问时间：2022年9月2日。

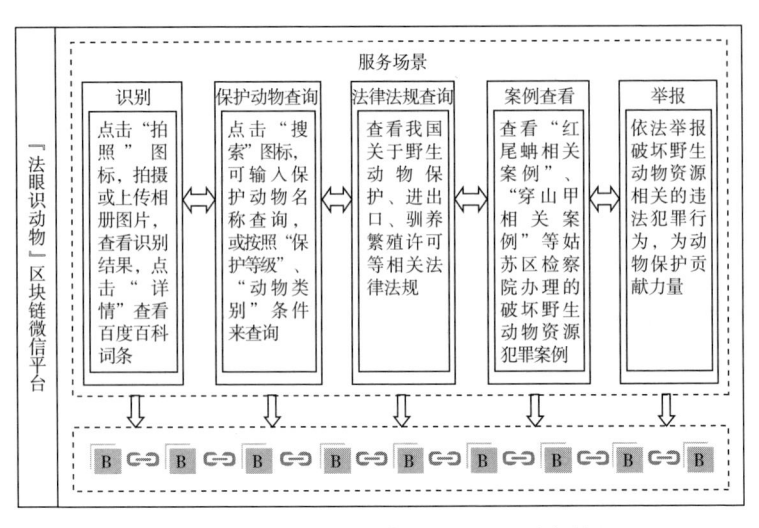

```
┌─────────────────────────────────────────────────────────────────┐
│                            服务场景                              │
│  ┌──────┐  ┌────────┐  ┌────────┐  ┌────────┐  ┌────────┐      │
│  │ 识别 │  │保护动物│  │法律法规│  │案例查看│  │  举报  │      │
│  │      │  │  查询  │  │  查询  │  │        │  │        │      │
│  └──────┘  └────────┘  └────────┘  └────────┘  └────────┘      │
└─────────────────────────────────────────────────────────────────┘
```

图5-6 "法眼识动物"微信平台系统架构

合开展跨区域技术协作、执法取证。其运行原理是：依靠跨地域的检察公益诉讼快速检测工作的联动开展，检察院一接到线索即可迅速核实检测相关指标，甚至可以主动去发现线索，以保障后续取证、补证工作顺利进行。[①] 三家检察院同时探索了区块链技术融入快速检测实验室的方案，即建立从样品采集开始，每步汇集信息写入区块中，谁产生信息，谁签名认证，一个步骤形成一个块链，做到信息来源可查、去向可追，在采集信息的同时，完成信息的加密和认证。用区块链技术将每个节点的信息写入网络进行加密并形成一个输出的链码，直至完整快检实验流程完成，形成一条完整的区块链条。

---

① 《一体发展、全域推进：永康、武义、磐安快检实验室签约合作仪式举行！》，永康市人民检察院官网，http://www.zjyongkang.jcy.gov.cn/wyxw/202103/t20210324_3169308.shtml，最后访问时间：2022年9月2日。

（六）"区块链+信息技术"平台的原理与应用价值

1. 基本原理

从三个维度来理解此类平台的运行原理：首先，保证取证的及时有效性方面，平台通过对接社交和移动电商监测系统、网络交易监测系统、取证系统等证据源，提取合法、关联、有效的电子数据。其次，实现数据共享方面，在检察机关和行政机关之间的证据移交衔接上，依托区块链安全、高效数据协同的技术特性，实现跨部门的数据共享互通，畅通线索双向移送渠道。通过突破跨部门之间的数据孤岛问题，实现"两法衔接"过程中公益诉讼线索的有效传递。最后，保证数据真实性方面，通过区块链与物联网的紧密结合，在线索源头进行固证，确保信息在源头之处不被篡改。

近年来，在公益诉讼检察领域，"区块链+信息技术"的取证、存证平台如雨后竹笋般地兴起。而且，随着信息技术的发展，区块链与其他取证技术深度融合，浑然一体。以区块链电子证据存取证软件"飞洛印"为例，公众在反馈公益诉讼线索时可启用"飞洛印"软件，通过拍照、录像、录音、录屏等多种方式进行公益诉讼取证，软件可自动构建取证的清洁环境，避免取证过程数据被修改，并通过拍照、录像等多种形式对公益诉讼线索进行固定，形成线索证据包。[①]证据包及取证过程的日志文件将通过软件自动上传至区块链进行存证，帮助公众实现高效、便捷的公益诉讼证据取证。所以，在技术层面，区块链可与无人机、卫

---

① 《司法存取证平台——飞洛印》，飞洛印网站，https：//www.filoink.cn/home，最后访问时间：2022年4月20日。

星遥感、公益诉讼快检等软硬件技术相结合，通过区块链芯片、区块链上链接口等实现公益诉讼证据收集的整个过程实时上链存证，确保证据材料在源头的可信性。上传至区块链上的公益诉讼证据材料，在区块链各节点上进行共识存储，确保证据在存储过程中不被篡改，可追溯、可审计，帮助检察机关实现公益诉讼证据的可信存储和真实性校验。

该类平台的兴起，两个法律文件是背后的重要推动力。一是2018年实施的《最高人民法院关于互联网法院审理案件若干问题的规定》，其中的第11条规定，当事人提交的电子数据，通过电子签名、可信时间戳、哈希值校验、区块链等证据收集、固定和防篡改的技术手段或者通过电子取证存证平台认证，能够证明其真实性的，互联网法院应当确认。二是2021年实施的《人民法院在线诉讼规则》，其中第16条首次规定了区块链存证的效力范围，明确了区块链存储的数据上链后推定未经篡改的效力，第17条和第18条则规定了区块链存储数据上链后、上链前的真实性审核规则。可以说，这两个规范有力地促进了区块链技术的司法应用。

2. 应用价值

一是拓宽了公益诉讼的线索渠道。从实践来看，公益侵害行为往往比较隐蔽，如果未能及时发现制止，最终会造成巨大的经济损失，甚至还需政府投入大量资金和资源进行修复。以"法眼识动物"微信平台为例，它以区块链为基础设施，打通了行政机关与公众提供公益保护相关线索的渠道，从而形成了"多跨协同"的公益保护模式。这不仅拓宽了公益诉讼检察的线索来源，激发了公众参与社会治理的热情，而且，检察机关通过对线索数据的研判，提炼线索数据价值，可以有效地发现和制止公益侵害行为，降低后期修复的成本。

二是通过破解跨部门数据孤岛现象,降低了公益诉讼的数据协同成本。基于区块链的衔接协同机制,检察机关与行政执法机关通过区块链数据共享网络可以实现线索信息的互通,在调查取证、业务咨询、技术鉴定等多方面实现协作。同时,基于区块链的防篡改、可追溯特性,可以实现公益诉讼相关案卷文书的可信流转,降低公益诉讼跨部门数据协同的业务成本。

三是证据收集更加智能、有效,证据链更完整,也便于日后对取证过程的监督。(1)以区块链为底层技术的取证、存证平台,通过拍照、摄像、物联网设备智能化完成公益诉讼线索收集工作,并实时上传至证据平台网络,实现取证工作全流程的线上管理,可以有效地提升公益诉讼取证的自主性和便捷性,并且大幅度地降低调查取证成本。(2)区块链的技术特性,确保了公益诉讼证据在存储、流转过程中的真实性和不可篡改,避免现场调查取证的证据灭失风险,从而进一步推动检察工作由"事后取证"向"实时存证"的转变。(3)案件信息管理、调查取证申请、现场调查取证、证据管理等全流程在区块链上进行实时跟踪记录,可以实现全过程留痕、有据可查。同时,根据电子证据的管理规范,制定电子证据取证、存储、流转的管理机制,可以实现不同角色之间数据流转的安全性和可靠性,实现公益诉讼证据的高效固定、存储和校验。如此形成的区块链证据,法院也更容易采纳。

六 区块链助力数字检察的前景展望

检察院作为国家法律监督机关,承担着重要的法律监督职责。2021年中共中央《关于加强新时代检察机关法律监督工作的意见》指出,要以高度的政治自觉依法履行刑事、民事、行政和公益诉讼等检察职能,实现各项检察工作全面协调充分发展,推动检察机关法律监督与其他各类监督有机贯通、相互协调,全面深化司法体制改革,大力推进检察队伍革命化、正规化、专业化、职业化建设,着力提高法律监督能力水平,为坚持和完善中国特色社会主义制度、推进国家治理体系和治理能力现代化不断做出新贡献。

随着数字时代的技术进步,不断创新变革成为时代议题,传统检察手段反而因生产力的不足而变成检察发展的桎梏,制约着检察工作的进一步发展;同时,员额制改革的阵痛仍然在人手不足方面影响着检察工作,检察机关需要通过制度革新与技术革新获得更充足的生产力来应对日益复杂的社会情况,故此,从理念到手段的不断创新势在必行。

同时,区块链技术在检察工作中的应用在多个文件中被提及与提倡。比如2020年最高人民检察院发布《最高人民检察院关于加强新时代未成年人检察工作的意见》,提出:探索引入区块链技术,提升特殊制度落实等工作的精准性、有效性,注重未成年人检察大数据建设与应用,加强对性侵害未成年人、校园欺凌、辍学未成年人犯罪、监护侵害和缺失、未成年人涉网等问题的分析研判,提升未成年人检察的智能化水平。[①]再比如,2021年最高人民检察院发布《"十四五"时期检察工作发展规划》,提出:要推进智慧检务工程建设,加强大数据、人工智能、区块链等新技术应用。全面应用统一业务应用系统2.0,

---

① 参见最高人民检察院《最高人民检察院关于加强新时代未成年人检察工作的意见》,2020年4月30日发布,第7条第28项。

持续优化流程办案、辅助办案、数据应用和知识服务功能。紧随其后，2021年12月6日，最高人民检察院、公安部联合发布《最高人民检察院 公安部关于健全完善侦查监督与协作配合机制的意见》，要求加快推进跨部门大数据协同办案机制，运用大数据、区块链等技术推进政法机关跨部门大数据协同办案，实现案件的网上办理、流转，按照有关规定推动实现案件信息共享的常态化、制度化、规范化。据此，我国在检察领域对推动应用区块链等新兴技术的重视程度可见一斑。

总体而言，区块链技术在检察工作中的初步应用已显成效，区块链技术作为一种"生产关系"，在保证数据传输安全的基础上实现了检察院与部分机关之间的数据流通，提升了数据作为生产要素的利用水平、提高了检察工作的效率。但从区块链的自身技术优势以及数字社会对检察工作的需求来看，区块链的应用还远不充分。2021年的《关于组织申报区块链创新应用试点的通知》，为"区块链+检察"（最高人民检察院牵头）的发展指出了几个方向：加强区块链技术在法律监督领域的应用。在刑事检察领域，利用区块链技术开展数字化、线上化等技术存证固证应用并辅助电子数据审查，提升办案质效。在公益诉讼检察领域，强化在线索挖掘评估、公益损害调查取证、公益修复及跟进监督等环节区块链技术的应用，包括探索电子数据等证据上链存证验证等。现阶段仍然有充足的场景需要进一步拓展，结合目前的实践，区块链在刑事检察领域与公益诉讼检察领域虽然有了初步探索与尝试，但在法律监督领域的应用有待加强。

据悉，最高人民检察院《法治信息化工程深化设计方案（2022—2025年）》，作为支撑平台的区块链，将探索如下应用场景：基于区块链防篡改功能，应用于公益诉讼取证、存证；

基于区块链+隐私计算,实现司法机关之间的数据共享;基于智能合约的电子换押,保障链上、链下信息的一致性;赋能涉案企业合规信息化平台,解决参与主体之间交互数据的完整性与一致性;基于区块链的互联网阅卷;等等。

笔者认为,从未来需求的视角来看,如下检察工作场景是亟待探索适用区块链技术的。

(一)跨部门与跨区域的检察办案协作链

为了满足检察机关之间、检察机关与行政机关等部门之间司法合作的需求而搭建联盟链,可以破解部门之间合作的程序烦琐、高成本、低效能的局面。

具体分为两类:跨部门的检察协作链与检察系统的跨区域协作链。这两者在公益诉讼的行刑衔接以及"快速检测实验室"方面已有所体现,但考虑到当下网络犯罪盛行,如何加强跨区域协作办案,强化信息互通、证据移交、技术协作,增强惩治网络犯罪的合力,应是目前所有司法机关的关注重点。有鉴于此,未来围绕网络犯罪的追诉,检察院可以作为发起方搭建"网络犯罪案件的捕、诉、监、防一体链"。全节点是检察院,共识节点为侦查机关、金融机构、互联网平台(详细架构参见图5-7)。由此可以实现2020年通过的《人民检察院办理网络犯罪案件规定》所要求的目标:发挥检察一体化优势,加强跨区域协作办案,强化信息互通、证据移交、技术协作,增强惩治网络犯罪的合力。考虑到同一电子数据往往具有的多元关联证明作用,必须加强对电子数据收集、提取、保全、固定等的审查。①

---

① 参见《人民检察院办理网络犯罪案件规定》第4、6、7条。

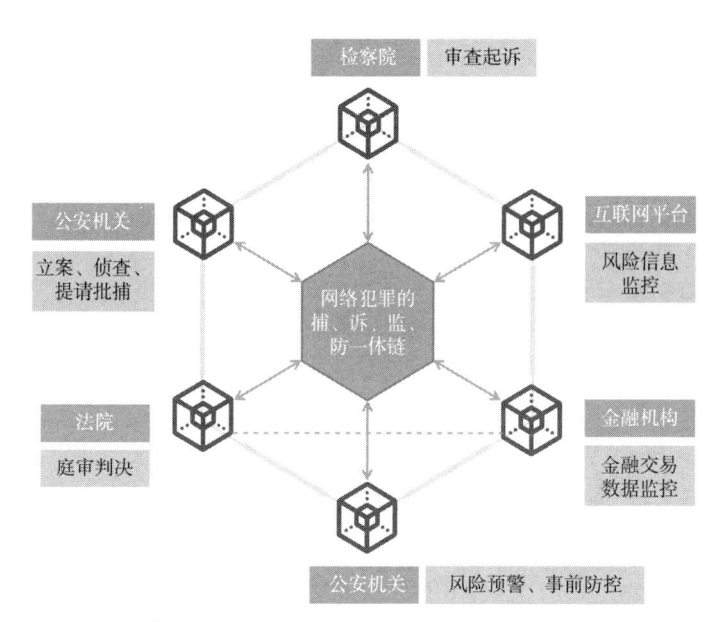

图5-7 "网络犯罪案件的捕、诉、监、防一体链"系统架构

（二）涉案企业合规链

1.涉案企业合规面临的困境

2020年3月，最高人民检察院启动涉案企业合规改革试点工作，第二批试点也于2022年3月结束。目前，涉案企业合规已在全国检察机关全面推开。但这项制度改革在实践探索中遇到两大困难：高成本问题与无效合规问题。

企业合规的高成本问题，[①]主要源于企业合规监管中的大

---

① 合规投入高昂与刑事激励不足之间的矛盾之讨论，参见邱春艳《企业合规改革试点一年情况如何？最高检调研组赴张家港调研》，最高人民检察院微信公众号，https://www.thepaper.cn/newsDetail_forward_12702438，最后访问时间：2022年9月2日。

量投入。可以说，如何降低监管成本已经成为企业合规发展道路上绕不开的绊脚石。① 如何将监管费用控制在合理的范围，域外一个重要的解决方案是：搭建合规大数据平台（底层架构建设），将数字技术引入合规计划来降低成本。具体而言，搭建的数字系统平台，通过融合基于算法的大数据、基础评估科学、合规数据分析、合规标准与企业的治理与风险等要素，实现监控和衡量合规有效性的数字化。②

另外一个难题是，如何防止企业以"纸面合规"逃避刑事追责。③ 此论断并非空穴来风，在合规不起诉实践中已然出现几起"合规无效"的案例。例如，企业没有真正落实合规承诺，只是想借合规之机获得宽缓处理，最终被检察院依法提起公诉。还例如，检察院已经做出相对不起诉处理，但事后涉案企业没有履行合规承诺而被上一级检察院撤销原案不起诉决定，再度依法对该案提起公诉。④ 如果合规整改无效，企业合规的适用将变为实现司法正义路途上的一场灾难，不仅浪费了司法成本、带来司法不公正，而且不利于及时止损，最终导致作为社会治理方案的正当性也消失殆尽。虽然学界从企业合规的有效标准、

---

① 马明亮：《作为犯罪治理方式的企业合规》，《政法论坛》2020年第3期。
② See William S. Laufer, "A Very Special Regulatory Milestone", *U. Pa. J. Bus. L.* Vol. 20, No. 2, 2018, p.397.
③ 徐日丹：《涉案企业合规改革将在全国推开！这次部署会释放哪些重要信号？》，高检网，https://www.spp.gov.cn/zdgz/202204/t20220402_553256.shtml，最后访问时间：2022年9月2日。
④ 前者案例，比如宿迁市宿城区某涉案民企负责人洪某对企业合规承诺敷衍了事，经合规委员会审查，未达到整改合格标准，洪某于2021年10月被宿城区检察院依法提起公诉。参见卢志坚、郝红梅《企业合规改革走出"江苏节拍"》，《检察日报》2021年12月26日第3版。后者案例比如，（转下页注）

无效的情形到应对方案展开了充分讨论，①从目前实践情况来看，如何进行有效的合规整改、防止无效合规仍是未来推进企业合规制度的重要内容。

要从根本上避免无效合规，防止企业再次出现新的同类型犯罪行为，督促企业依法依规经营，必须深挖成因，到底有哪些因素制约或影响着合规的有效性。按照实务界人士的普遍看法，有效合规计划一般由三个要素组成：合规计划设计的有效性、执行的有效性以及结果的有效性。从企业合规经验丰富的美国实践来看，企业合规计划设计得再精致，在运行过程中仍然难以避免"合规失败"，这需要从运行的视角寻求有效合规的保障机制。从理论上讲，整改过程中会有很多因素导致无效合规，包括一般的执法缺陷、复杂的监管组织所带来的困难，以及未能在整个组织结构中建立合规文化。美国的实践也证明，即便监管人员、检察官、公司和他们的成员投入了大量的时间和资源来实施难以捉摸的"有效

（接上页④）2020年12月30日福田区人民检察院对李森等人涉嫌非法吸收公众存款案做出相对不起诉处理。深圳市人民检察院在备案审查过程中，通过阅卷审查、审计核查、企业合规、实地调研、委托合规律师事务所开展表外资产尽调等全面核查。从查明的情况看，本案涉案人员涉嫌非法吸收公众存款数额及未兑付金额巨大，不属于犯罪情节相对轻微之情形。且案发至今，李森等人也未能及时有效地进行兑付。检察机关多次督促后，目前打入监管账户的资金仅2400万元人民币。经深圳市人民检察院检察委员会讨论决定，依法撤销原案不起诉决定。福田区人民检察院更换承办人后，于2021年12月30日依法对该案提起公诉。参见《关于李森等人涉嫌非法吸收公众存款案的相关情况通报》，深圳市人民检察院 公众号，2021年12月31日。

① 陈瑞华：《什么是无效的合规整改》，《民主与法制周刊》2022年第3期；陈瑞华：《企业有效合规整改的基本思路》，《政法论坛》2022年第1期；李玉华《有效刑事合规的基本标准》，《中国刑事法杂志》2021年第1期。

的合规计划",然而每年似乎都会在企业内部产生一系列重大丑闻。从虚假账户到贿赂外国官员,严重而普遍的企业不当行为持续发生,而这些不当行为往往被贴上合规失败的标签。因此,近来更多论者从设计的有效性转向合规执行过程来洞察无效合规的成因。①

2. 实践探索:构建企业合规人工智能检察监督平台

从我国实践来看,确保企业合规有效性的要领在于,如何实现合规监督评估的有效性。学界提出诸多建议,比如,在现行法律框架内探索更有效的刑罚激励措施;落实第三方监督评估机制;检察院在合规验收过程中充分发挥听证制度的功用;将数字技术融入监督评估体系之中;等等。其中,将人工智能等新数字技术融入企业合规整改的方案意义重大,作为企业治理方式,这不仅与企业数字化转型的要求相吻合,而且是技术创新发展的必然产物。在数字经济时代,数据是企业合规的关键,构建企业合规人工智能检察监督平台,既是预防企业违法犯罪,促进企业合法经营的内在需求,又是技术创新的必然。②

实践中也进行了有益探索,比如,江苏省张家港市检察院研发合规智能管理平台,实现合规监督评估第三方组织随机规范抽取。③还比如,在"数字检察"、"数字浙江"背景

---

① Veronica Root,"The Compliance Process", *Indiana Law Journal*, Vol. 94, No.1, 2019, pp.202–205.
② 韩曜旭:《将人工智能引入企业合规为检察监督提供技术支撑》,《检察日报》2021年9月11日第3版。
③ 丁继华:《应用平台思维与智能技术提升合规监督评估效能》,《检察日报》2021年10月9日第3版。

下,岱山检察院探索了以数字平台为底层架构的企业合规模式。①

3.未来设想:"涉案企业合规链"

从实践探索来看,将信息技术融入企业合规,可能同时解决合规监管的高成本与无效合规问题。笔者认为,在目前实践中的合规智能管理平台基础上,检察院作为发起方,融入区块链技术搭建"涉案企业合规链",将监管政策、合规指南及交易数据都打包整合上链,会极大地便利多方协同监管。②

根据2021年最高人民检察院等九部门颁行的《关于建立涉案企业合规第三方监督评估机制的指导意见(试行)》所确立的涉案企业合规第三方监督评估机制(简称第三方机制),人民检察院在办理涉企犯罪案件时,对符合企业合规改革试点适用条件的,交由第三方监督评估机制管理委员会(简称第三方机制管委会)选任组成的第三方监督评估组织(简称第三方组织),对涉案企业的合规承诺进行调查、评估、监督和考察。鉴此,链上节点分为三类:第三方机制管委会、第三方组织与涉案企业。③其中,负责承担管委会的日常工作的机构为超级节点,根据不同的企业类型,全国(地方)工商联或者国务院国有资

---

① 《舟山定海:数字赋能堵塞耕地占用税征缴漏洞》,正义网,https://baijiahao.baidu.com/s?id=1742195952123941352,最后访问时间:2022年9月2日。
② 随着区块链3.0时代的临近,区块链不再是数字货币的专属底层技术,而是逐渐渗透到政府、金融监管、物联网、征信、溯源防伪等领域,与监管科技和金融科技的结合越来越紧密。其中,合规区块链将成为监管科技的重要组成部分。参见黄震《区块链在监管科技领域的实践与探索改进》,《人民论坛·学术前沿》2018年第12期,第24~32页。
③ 参见《关于建立涉案企业合规第三方监督评估机制的指导意见(试行)》第6、第8、第17条。

产监督管理委员会、财政部（或地方相关部门）为超级节点，予以管理。其他为普通节点（详细架构参见图5-8）。

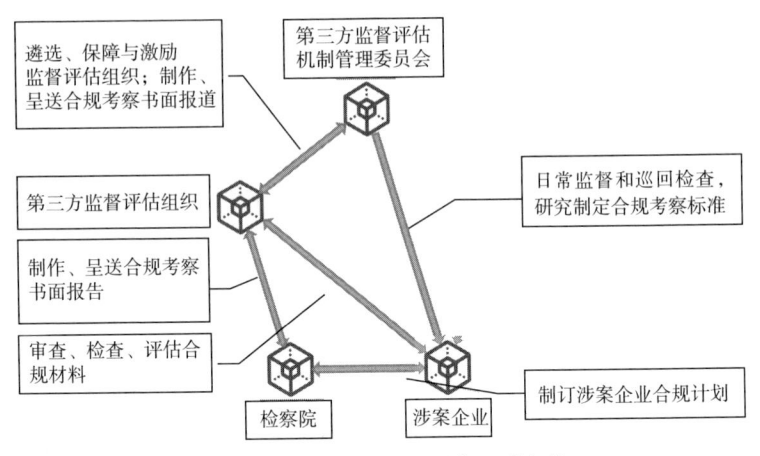

图5-8 "涉案企业合规链"系统架构

该监管链不仅能够加速信息传递从而降低成本，更关键的是，可以提高透明度并提升公信力，也可以加强监管。在检察机关与第三方机制、第三方组织、被监管企业之间构筑多个节点，实现合规材料的实时上链。合规材料包括涉案企业呈送第三方组织的定期书面报告，呈送检察院的涉案企业合规计划书，第三方组织制作、呈送第三方机制与检察院的合规考察书面报告。如此一来，在链上所形成的带有时间戳印记的不可篡改数据，不仅可以防止企业对未来可能发生的不利事项进行篡改，而且，检察机关可以据此进行实时监督。同时，引入必要的隐私计算技术，企业隐去能够分析出企业特征的、涉及企业商业秘密的必要信息，再呈送第三方组织与检察院，这能够实现评估与验收过程中的企业商业秘密保护。

当然，该合规科技的具体推进路径，检察机关应当采用

"匹配原则",即针对大、中、小微各类企业,分类分级地推进企业合规整改的数字化转型。①

(三)基于"区块链+物联网技术"的非法证据排除平台

非法证据排除规则指的是在刑事诉讼中,侦查机关使用非法手段取得的证据应当予以排除、不得在刑事审判中被采纳的系列法则。该规则的设定一方面是为了切实保障人权,一方面也是为了纠正与杜绝侦查机关违法办案的行为。但在司法实践中,非法证据排除率并不高,一个重要的原因是,侦查活动主要掌控于侦查机关手中,执法记录仪、侦查讯问监控设备也被操控于侦查人员手中,如此一来,非法证据在庭审中的证明与认定将变得十分困难。

侦查讯问过程中引入"区块链+物联网技术",似乎是一个可行的应对办法。比如,在执法记录仪与讯问监控设备中设置智能系统,侦查讯问工作开始时,设备通过智能合约开启录像、实时传输、实时上链,侦查人员不能随意手动操控进程。由此,智能化提取的执法过程记录与讯问的录音录像材料便具有了不可篡改性,这将极有利于庭审中的非法证据之证明、审查与认定。

(四)认罪认罚案件区块链平台

目前,认罪认罚从宽制度由检察机关主导,涉及犯罪嫌疑

---

① 马明亮:《合规科技在企业整改中的价值与实现路径》,《苏州大学学报(哲学社会科学版)》2022年第4期。

人、值班律师、辩护律师、公安机关、法院等多方主体,贯穿刑事诉讼全流程。这种主体多元化、内容离散化、流程链条长的领域,恰是区块链技术发挥优势、提升协同效率、降低沟通成本的用武之地。由检察机关将认罪认罚从宽的各项环节数据记录上链,使之成为更加真实、可信的法庭证据。鉴于此,2019年,湖北武汉等地的检察院开始论证"国家权威+区块链"模式应用于认罪认罚从宽制度的可行性。[1]

同时,实践中还有检察院借用区块链技术原理,模仿认罪认罚从宽的区块链模式。比如,2021年,江西省宜春市袁州区检察院便构建了认罪认罚从宽工作的"区块链式"模式,细分为"刑事案件全覆盖、个案区分、律师见证、具结签署、精准量刑、案卡翔实"6个"区块"全线链接。实施"简案快办"科学办案机制,协调沟通适用速裁程序,简化办案流程。制定和完善盗窃案、掩饰隐瞒犯罪所得案、非法拘禁案、交通肇事案等简易案件《量刑工作实施细则》、《醉酒型危险驾驶案件认罪认罚量刑指导意见》等相关配套制度8项,有力地化解了社会矛盾、节约了司法资源。[2]

目前来看,基于区块链的认罪认罚从宽制度尚无实践模式。从理论上讲,检察机关可以搭建认罪认罚案件区块链平台,重在确保被追诉人认罪认罚的自愿性。

---

[1] 蔡欣:《区块链技术在检察工作中的应用场景》,《检察日报》2019年11月12日第3版;王玉晴:《区块链存证技术在司法领域的应用之研究》,《中国审判》2020年第5期,第76~79页。

[2] 何仕霞、杨黎明:《江西宜春袁州区:建立"区块链式"认罪认罚从宽工作模式》,正义网,http://www.jcrb.com/procuratorate/jckx/202107/t20210729_2303436.html,最后访问时间:2022年9月3日。

（五）区块链阅卷模式

检察机关开展律师互联网阅卷试点工作于2021年3月9日正式启动，律师的阅卷工作可全部在线完成。据最高人民检察院有关负责人介绍，律师互联网阅卷全流程在网上操作，在"12309中国检察网"在线阅卷专区可实现在线身份核验、提交阅卷申请、办理阅卷程序等功能。特殊情况下的现场阅卷方式仍然被保留。与之前的律师阅卷工作相比，互联网阅卷服务更加高效、便捷、精准、经济，将原来的"最多跑一次"升级为"一次也不用跑"，通过信息化手段最大限度地保障律师的执业权利。最高检将根据系统使用情况，进一步优化和拓展系统功能。例如将网上阅卷拓展到移动端，推动实现律师掌上阅卷，依托互联网实现律师远程会见、法律文书远程送达等，为律师和广大群众提供更加丰富、更加便捷、更加智能的信息化检察服务。[①]

但是，在互联网阅卷模式下，律师获得案件信息材料之后，如果对信息进行修改、增加或者删除相关内容，以至于在庭审中检察官与律师所提供的案卷信息不一致，那该如何应对呢？一个可行的方案是，引入区块链技术实现防篡改功能，在区块链网络环境中，作为节点的检察院对导出的案件信息进行哈希计算，并将哈希值上链。如此一来，如果事后发现检察官与律师所持有的案件信息不一致，法院可以通过哈希计算进行验证，如果哈希值不一致，则可以推定材料被篡改，以此确保案件信息的一致性。

[①] 郭璐璐、李钰之：《律师阅卷：从"最多跑一次"到"一次也不用跑"》，《检察日报》2021年3月10日。

（六）"智慧未检"区块链平台

2020年4月，最高人民检察院印发《关于加强新时代未成年人检察工作的意见》，要求从严惩治侵害未成年人犯罪，推进"智慧未检"建设，做好未成年人检察部门部署的检察机关统一业务应用系统2.0版的应用工作，加快推进未成年人帮教维权平台建设；同时指出，探索引入区块链技术，提升特殊制度落实、犯罪预防、帮教救助等工作的精准性、有效性；强调注重未成年人检察大数据建设与应用，加强对性侵害未成年人、校园欺凌、辍学未成年人犯罪、监护侵害和缺失、未成年人涉网等问题的分析研判，提升未成年人检察的智能化水平。

据悉，实践中已经有检察院探索在"智慧未检"中引入区块链技术，着力提升特殊制度落实、犯罪预防、帮教救助等工作的精准性、有效性。

（七）财产刑执行检察监督链

在财产刑执行中，区块链技术能够为检察机关提供新的监督模式：通过区块链智能合约提前设定执行金额、执行期限、超期执行的惩罚措施等，优化财产执行、提升检察监督效率。当然，设定区块链智能合约进行刑事财产执行的前提是，该区块链具有对当事人现实财产进行转移的能力，这涉及执行机关、检察院与银行或不动产产权部门的链接，以及链上安全等问题。

第6章 区块链＋智慧法院的"区块链法院模式"

本章要目

引　言

一　区块链助推智慧审判："让可信数据多跑路"
（一）区块链存证平台为智慧审判提供可信数据
（二）"区块链＋大数据＋物联网"实现破产案件审理全程可视化

二　区块链助推智慧诉讼服务
（一）区块链立案与诉讼费用缴纳：通过全流程记录防范操作风险
（二）区块链阅卷：实现同步监管与全程记录
（三）区块链送达：保障送达的效率、透明与可靠
（四）区块链财产保全：实现财产保全远程数字化、可视化、便捷化监管
（五）区块链调解：实现纠纷"一体化、一站式源头化解"

三　区块链助推智慧执行
（一）基于区块链的"易执行－线索智能分析平台"
（二）区块链电子公告系统
（三）基于区块链智能合约的"审执衔接"、"调执衔接"平台
（四）基于区块链的"生道执行平台"

四　区块链助推智慧法院管理
（一）基于区块链的"电子卷宗存证验证应用"模式
（二）"两卷合一"自动归档智能合约试点
（三）"区块链＋电子卷宗全流程"模式

五 区块链法院的未来展望
（一）司法区块链从民事诉讼扩展到行政诉讼、刑事诉讼
（二）从狭义司法链扩展到公检法司共同参与的广义司法链
（三）系统构建区块链证据规则

引 言

《中华人民共和国国民经济和社会发展第十四个五年规划和2035年远景目标纲要》明确提出，要"加强智慧法院建设"。2021年3月11日，第十三届全国人民代表大会第四次会议通过的关于最高人民法院工作报告的决议要求"加快建设智慧法院"。在国家规划的引领下，最高人民法院进一步编制发布了《人民法院信息化建设五年发展规划（2021-2025）》，引领全国法院全面加强智慧法院建设。由此，最高院确认了"十四五"智慧法院建设目标：建设以知识为中心、智慧法院大脑为内核、司法数据中台为驱动的人民法院信息化4.0版，面向法院干警、诉讼参与人、社会公众和其他部门提供全新的智能化、一体化、协同化、泛在化和自主化智慧法院服务。

那么，区块链技术究竟如何赋能智慧法院建设呢？2021年的《关于组织申报区块链创新应用试点的通知》为"区块链+审判"（最高人民法院牵头）建设指出了三个方向：在诉讼服务方面，通过运用司法区块链技术，实现异构数据上链存证验证，帮助当事人降低成本、高效固定和追溯有关电子证据等数据，减轻人民群众诉累；在审判执行方面，构建人民法院审判、执行业务过程中异构数据上链存证验证，实现可信操作的审判执行流程优化再造，打破跨部门协同堵点，提升司法业务质效；在服务经济社会方面，加快构建面向经

济社会治理的可信合约平台，大力推进智能合约的深度应用创新，提升诉源治理、定分止争质效，助力司法公信力提升和经济社会发展。

事实上，近年来，最高人民法院在智慧法院建设方面，一直很重视加强司法链平台建设以及推动区块链技术与法院工作的深度融合问题，比如：探索结合区块链等先进技术，实现笔录签署、调解协议签订、法律文书签证等相关诉讼信息的区块链存证，保证数据安全可追溯。

最高人民法院于2019年开发了"人民法院司法区块链统一平台"，简称司法链。司法链的应用分为三个方向：存证验证、智能合约与可信操作，旨在提升司法公信力，提升司法效率与服务社会治理。它是内外网一体化的司法链平台，据笔者调研，截至2021年10月14日，法院专网建设为7个节点，互联网端为27个节点，其中涵盖了两个外部单位节点，平台具备面向全国法院提供通用的存证和验证的能力。司法链平台已对各类电子材料开展区块链应用，合计上链数据超过13亿条。2022年，区块链技术再度出现在《最高人民法院工作报告》中：2021年，司法区块链上链存证17.1亿条，形成经济社会运行大数据报告220份。[①]

最高人民法院2022年5月23日发布的《关于加强区块链司法应用的意见》指出，构建司法区块链联盟乃当下所需。

---

① 最高人民法院信息中心主任许建峰在解读《最高人民法院工作报告》时透露，最高院推动区块链技术与法院工作深度融合建成司法链平台，面向全国法院提供统一的数据存证验证服务。截至2021年底，司法链累计验证超过300万次。《最高人民法院工作报告》解读系列全媒体直播访谈第二场，https://www.court.gov.cn/zixun-xiangqing-349631.html，最后访问时间：2022年4月25日。

当前区块链建设中司法系统内部信息化不充分、外部存在行业壁垒，只有建立"全国统一、支持跨网系、跨链协同司法应用的区块链"，才能推动信息共享共用，资源整合利用，打破地域限制，促进司法协同。该《意见》具有里程碑意义，将深入推动区块链的司法应用。首先，在指导思想方面，大力加快区块链技术实际应用的步伐，促进区块链技术深度融合于多元解纷、诉讼服务、审判执行和司法管理工作的各个方面；积极挖掘区块链平台的适用空间，将其广泛应用于提升社会治理成效、打造良好营商环境、建设完备诚信体系、防范化解重大风险、助力搭建新发展格局等各方面，努力为数字正义提质增效。

其次，在设定总体目标方面，规划了三个发展阶段：第一阶段建成法院系统的区块链；第二阶段建成法院与其他司法机关的区块链，即区块链联盟；第三阶段建成法院与其他社会组织机构的区块链，即跨链联盟。同时，该《意见》明确指出了其中的重要时间节点——2025年。在此节点，一是要建成区块链联盟，打通人民法院与社会各行各业互通共享的信息壁垒，搭建较为完备的区块链司法领域应用标准体系，大幅提升区块链技术在数据核验、可信操作、智能合约、跨链协同等方面的支撑能力；二是要推进区块链更高水平、更深层次、更多角度融入司法建设领域，发挥其在化解纠纷、诉讼服务、审判执行和司法管理工作中的独特优势，大力提高司法公信力、节约司法成本、加强司法廉洁建设；三是推动司法区块链跨链联盟向社会其他领域融合，形成与经济、政法、工商、金融、环保、征信等多个领域信息共享和协同合作的闭环，以区块链技术打造良好的市场环境、降低金融发展风险、创新产业发展渠道，从而助推经济社会平稳运行、纵深发展。

目前，区块链助力智慧法院建设已成为行业共识，也是区块链应用最为迅速的领域，其已经融入存证、诉讼、审判等司法环节的全过程。目前的发展逻辑是：从解决电子数据存证难、取证难、认定难问题入手搭建平台，比如2018年北京互联网法院建立的"天平链"，逐步惠及审判多个环节，旨在提高审判质效和司法公信力。

可以说，各地法院引入区块链技术为法院工作插上了科技翅膀，这已经成为当下中国区块链司法的璀璨景色。

一 区块链助推智慧审判："让可信数据多跑路"

针对常规的诉讼案件审理，法院主要凭借区块链存证平台来助推智慧审判。对特殊案件的审理，则需要区块链与大数据、物联网等前沿信息技术相融合，形成综合性平台来助推审判，比如，针对破产案件的审理，有法院探索适用"融畅"破产案件管理系统。

（一）区块链存证平台为智慧审判提供可信数据

1.电子数据在传统取证模式下的应用困境

随着人工智能、大数据等信息技术的广泛运用，违法与犯罪的生态也发生巨变，犯罪的手段与形态不断走向智能化，由此带来的直接后果是诉讼证据的泛数字化。电子数据不仅被立法确认，更在实践中被不断提升适用比例，以至于被学界称为新的"证据之王"。我国第一次将电子数据作为法定证据是在

2012年修订的《中华人民共和国民事诉讼法》和《中华人民共和国刑事诉讼法》[①]中,此后相关的电子数据适用规范或制度相继出台。电子数据主要呈现出四个特点:数据量大、增长速度快、所占比例高、数据种类广。《2018年中国电子证据应用白皮书》的数据显示,仅在民事案件中,电子数据就被广泛应用于继承、商标侵权、网络投票等43种不同类型的场景之中。

  为确保电子数据的真实性和完整性,2014年与2016年,最高人民法院、最高人民检察院、公安部联合发布了《关于办理网络犯罪案件适用刑事诉讼程序若干问题的意见》《关于办理刑事案件收集提取和审查判断电子数据若干问题的规定》,这两项规范都明确了刑事案件电子数据取证的基本规则,规定了坚持以查封扣押原始存储介质为原则,例外情况可以提取电子数据,同时需要以打印、拍照和录像手段进行辅助固定。但在实践中,法官认定电子数据的模式是"依附性"认定,即通过传统证据类型来认定案件事实,电子数据在事实认定中没有独立的证明价值,这导致电子数据普遍存在取证难、存证难、质证难与采信难。首先,电子数据的提取往往采用"原件"和"硬拷贝"模式,该模式面临诸多痛点。第一,为了保证证据的真实性,法庭要求当事人必须提交电子数据原件,即电子数据不可脱离于其最初产生的原始设备,否则将被认定为复制品,无法作为定案依据。第二,传统的电子数据存储于中心化的服务器中,在互联网上形成的数据原件,都是基于当事人在互联网

[①] 参见2021年《中华人民共和国民事诉讼法》第66条、2018年《中华人民共和国刑事诉讼法》第50条。

软件服务商处注册的用户名密码下的行为，这给了当事人篡改电子数据的空间。

其次，传统存证方式成本高昂。为了保障电子数据存储的安全性，存储机构经常使用多备份的方式，这无形中又增加了存储电子数据的成本。而且，存证方式往往依赖于某些特定的第三方机构，全部证据存储于同一中央处理器中，归根结底还是一种中心化的存证方法。这种方式存在明显的"安全隐患"，一旦中央处理器遭受攻击，电子数据极易丢失或被篡改。

再次，电子数据的示证与质证难题。证据的出示或展示，是指证据在法庭中的展示方式，主要包括出示范围、出示形式、出示内容等要素。《关于办理刑事案件收集提取和审查判断电子数据若干问题的规定》对电子证据的出示方式进行了较为细化的阐述。第18条、第19条规定：对网页、文档、图片等可以直接展示的电子数据，可以不随案移送打印件；人民法院、人民检察院因设备等条件限制无法直接展示电子数据的，侦查机关应当随案移送打印件，或者附展示工具和展示方法说明。对侵入、非法控制计算机信息系统的程序、工具以及计算机病毒等无法直接展示的电子数据，应当附电子数据属性、功能等情况的说明。从实践来看，检察官展示电子数据的常用方式是出示光盘与打印件。在庭审中，检察官通常着重展示电子数据的内容性信息，而忽视电子数据的系统性信息。这主要是因为，绝大多数的电子数据争议是通过检察官出示勘验检查笔录以及提取笔录予以化解的。但技术鸿沟的存在使得检察官与法官之间存在信息偏差，系统性信息未能得到充分重视。即便将电子数据相关的系统性信息向法官展示，也通常无法使特定电子数据在判决中得到认定。而在涉及计算机病毒等专业问题时，虽然检察官不得不对相关的系统性信息加以展示，但法官通常会将相关的问题提交鉴定机构，通过对鉴定报告的解读来完成对电子数据的认定。①因此，目前电子数据示证与质证的实践模式，不仅因为技术性鸿沟带来质证的形式化，而且呈现出诉讼成本高、司法效率低的尴尬局面。

2. 区块链存证的探索与萌芽

针对实践中的难题，互联网法院率先找到了应对方案——搭建区块链存证平台。即利用区块链技术以及电子身份认定、时间戳、数据加解密、智能合约等叠加技术手段，实现证据生成、存储、传输、提交、验证全过程、全周期的可信、可溯。

（1）区块链存证案与平台建设

2018年6月28日，全国首例区块链存证案在杭州互联网法院一审宣判，法院支持了原告采用区块链作为存证方式并认定了对应的侵权事实，首次确认了区块链存证的法律效力。

以下为判决书节选的法院认定部分：

保全网将网页截图、源代码和调用信息打包压缩计算出SHA256值后上传至FACTOM区块链、比特币区块链中以保证电子数据未被修改，要审查该种保持内容完整性方法的可靠性，应当首先对区块链技术予以分析判断。区块链作为一种去中心化的数据库，是一串使用密码学方法相关联产生的数据块，每一个数据块中包含了一次网络交易的信息，用于验证其信息的

---

① 冯姣：《论互联网电子证据的出示》，《哈尔滨工业大学学报（社会科学版）》2020年第4期。

有效性（防伪）和生成下一个区块。

具体来说，区块链网络是由多个机构或公司服务器作为节点所构成的网络，该网络上某节点会对一个时间段内所产生的数据打包形成第一个块，然后将该块同步到整个区块链网络。网络上的其他节点对接收到的块进行验证，验证通过后加到本地服务器。之后，某节点会将新产生的数据及本地服务器内已有块的信息放在一起打包形成第二个块，其他节点接收该块并验证通过后，将第二个块加到本地服务器，第一个块与第二个块相连，之后的网络内部的数据均经上述相同方式打包成块，块与块首尾相连形成链，该链即为区块链。若需要修改块内数据，则需要修改此区块之后所有区块的内容，并将区块链网络所有机构和公司备份的数据进行修改。因此，区块链有难以篡改、删除的特点，在确认诉争电子数据已保存至区块链后，其作为一种保持内容完整性的方法具有可靠性。

本案中，为确认电子数据确已上传至区块链，本院将从电子数据是否真实上传和上传的电子数据是否系诉争的电子数据两方面进行审查。

第一，审查电子数据是否真实上传。判断案涉电子数据是否真实上传，可根据华泰一媒公司提供的交易哈希值，在FACTOM区块链中进行搜索，以查看该条交易哈希存放的内容以及生成的时间.根据华泰一媒公司提交的区块高度，在该区块高度中可查询到前述交易哈希中存放的内容存入该区块高度中以及该条内容上传的时间，且上传的时间和使用puppeteer和curl自动获取网页截图和源码的调用日志中显示的时间具有合理性，区块高度生成时间符合调用日志生成时间和FACTOM

打包规则二者间的时间逻辑。根据该区块高度锚定到比特币区块链的交易哈希值，在比特币区块链中查询到该区块节点中包含的内容和FACTOM中存放的内容hash值一致，故本院确认保全网已将电子数据上传至FACTOM区块链和比特币区块链中。

第二，审查是否为诉争的电子数据。将在保全网中下载的网页截图、源代码和调用信息打包压缩文件进行hash值计算，经比对，该数值与华泰一媒公司所提交的进行区块链保存的电子数据hash值一致，故可确认涉案电子数据已经上传至FACTOM区块链和比特币区块链中，且从上链至今保存完整、未被修改。

综上，本院认为，对于采用区块链等技术手段进行存证固定的电子数据，应秉承开放、中立的态度进行个案分析认定。既不能因为区块链等技术本身属于当前新型复杂技术手段而排斥或者提高其认定标准，也不能因该技术具有难以篡改、删除的特点而降低认定标准，而应根据电子数据的相关法律规定综合判断其证据效力；其中应重点审核电子数据来源和内容的完整性、技术手段的安全性、方法的可靠性、形成的合法性，以及与其他证据相互印证的关联度，并由此认定证据效力。[①]

同时，2018年6月28日，杭州互联网法院发布上线了全国

---

① 本案中，涉案电子数据上传至FACTOM区块链和比特币区块链，为何要存证于两个区块链？有专家认为，这属于"公私双保险"业务模式。因为2018年区块链存证刚刚兴起，联盟链的公信力不足，所以，同时在比特币公链上存储哈希值，保证存证时间点之间的连贯和可解释性，形成完整的证据链。

首个电子证据平台,该平台基于联盟链的区块链技术,由公证处、认证机构和登记机构、法医鉴定中心和法院共同开发。这也是司法系统在证据、举证及存证领域最前沿的探索。自此以后,基于区块链的电子数据存证平台不断出现。[1]比如,北京互联网法院于2019年初,建立了首批通过国家网信办备案的区块链"天平链"电子数据平台。2019年4月11日北京互联网法院完成了首个"天平链"存证的案件。"天平链"通过确权证据上链、侵权证据上链、链上验证三步,实现了全流程链上电子数据存证,降低了当事人维权的时间、金钱成本,提高了审判效率。[2]

我们以"天平链"为例介绍其技术原理与成效。首先是数据存证方面,电子数据在产生或被上传后,"天平链"的应用接入方要第一时间进行摘要处理,然后广播至可信联盟链网络,待"天平链"存证成功后反馈出唯一的存证编号;其次是数据验证方面,在诉讼发生时,为了保证电子数据真实可信、完整未被篡改并有效提取存证时间,应用接入方需要向北京互联网法院诉讼平台提交电子数据和存证编号,诉讼平台将以此为根据向可信联盟链查询存证内容并进行自动摘要比对。由此,当事人上传到电子诉讼平台的诉讼文件和证据可以在"天平链"

---

[1] 2019年5月,长三角四地法院引入区块链技术,全国首次实现起诉、立案、送达、举证质证、开庭、审判、执行、档案管理、数据管理等影响审判质量效率、影响司法公信力的关键环节的实时上链。祝婷兰:《"区块链+司法":打开司法改革新世界》,杭州市司法局网站,http://www.hangzhou.gov.cn/art/2020/6/8/art_812262_45418647.html,最后访问时间:2021年3月29日。
[2] 《北京互联网法院发布天平链应用接入技术规范》,中国法院网,https://www.chinacourt.org/article/detail/2019/12/id/4701148.shtml,最后访问时间:2021年1月27日。

上得到完整存证,由区块链的技术支持和独特优势保证其不被篡改,进一步确认证据的真实性。另外,即使对"天平链"上存证的证据存疑,也可以通过链上认证比对来进行验证,从而化解诉讼过程的证据难题,优化当事人的诉讼体验。同时相较于人工验证,"天平链"可以通过对接入的第三方平台制定接入标准,将电子数据真实性审查工作前置化,免去法官对电子数据是否为原件的验证工作,提高验证准确性和验证效率。目前"天平链"已形成集数据生成、存证、取证、采信为一体的审判服务平台,实现全流程无纸化,取证时间由几周甚至几个月缩至一瞬间,有力地提高了审判效率,降低了当事人的维权成本。[1]

目前,天平链有21个节点单位,节点单位包括北京市高级人民法院、北京互联网法院以及公证处、司法鉴定所等,节点单位之间数据一致存储。在涉网案件中,司法联盟链对审判效率的提升日趋显现。电子数据取证架构由基础层(技术原理、行业标准、法律法规),对象层(本地存储数据、网络空间数据),技术层(PC端取证,移动端取证)以及应用证据层组成。一条可信的区块链存证证据,包括"上链前数据生成可信、上链后数据防篡改存储"两个核心环节。其中,权证链是北京互联网法院天平链的应用接入系统,其取证存证技术架构详见图6-1。

---

[1] 蔡长春:《区块链为法院工作插上科技翅膀》,《法治日报》2021年5月6日第6版。

权证链存证取证技术架构

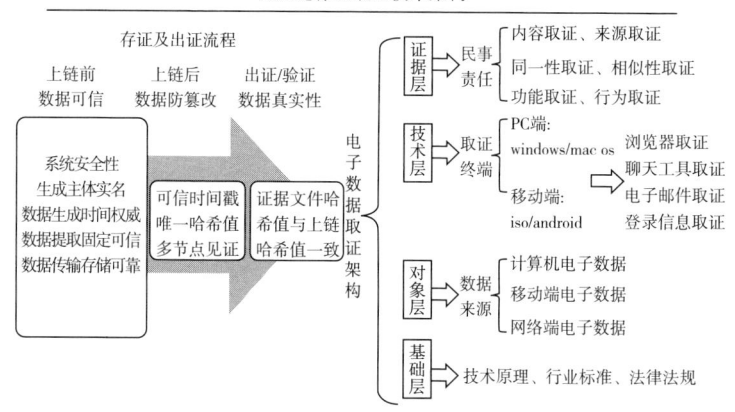

图6-1 权证链存证取证技术架构①

2022年4月20日，全国首例NFT维权案件在杭州互联网法院正式宣判。这一判决具有里程碑式意义。本案值得关注的亮点是采取了以飞洛印为代表的区块链电子存证工具，并且得到了法院的认可（具体业务流程详见图6-2）。区块链电子存证以其低成本、高效率和可靠性的特点，对发生在元宇宙和NFT这种典型的Web 3.0网络环境中的侵权行为固证有着巨大的应用价值。

实践中，各地法院不断推出区块链技术的相关创新应用，存储对象从电子数据延伸至实物证据。值得一提的是，嘉兴中院为了解决知识产权案件物证仓库"物满为患"的问题，在2020年推出了以"3D+AI+区块链"为核心的"云上物证室"。

---

① 《"区块链电子存证实操要点及视听作品维权应用"上线"京律学苑"》，腾讯网，https://new.qq.com/omn/20210108/20210108A07PBG00.html，最后访问时间：2022年7月1日。

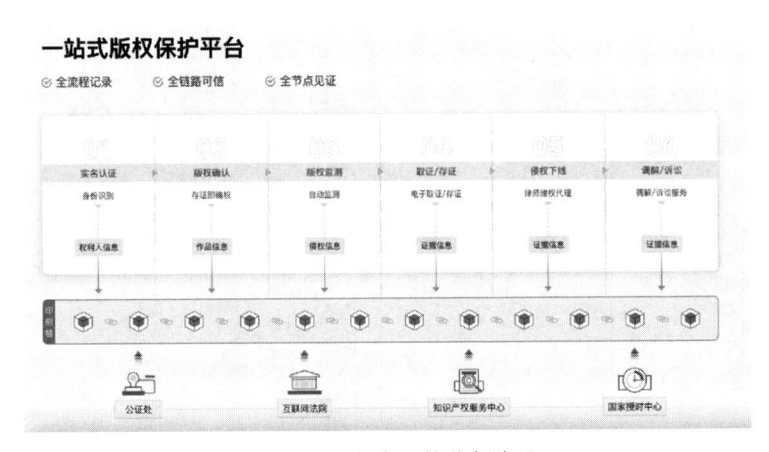

图6-2 版权存证的业务流程

这是一种新型的、数字化的、智能化的物证管理应用系统，能够有效解决目前法院物证存储、管理和查询过程中存在的难题。按照传统的刑事案件诉讼流程，物证需要从公安机关流转到检察院，再到法院。这既不利于证物的妥善保管，也有悖于当下刑事案件一体化的办案宗旨。而"云上物证室"则改变了物证的流转模式：公安机关先将物证完成3D扫描，之后输入办案办公平台，由此，在刑事诉讼的后续阶段，公安机关都不必移送实物证据，而是代之以3D影像。该平台目前已经付诸实践。2021年3月19日，在审理一起故意伤害致人死亡案件时，嘉兴市中级人民法院在举证质证环节中，就没有使用作为作案凶器的瓷盘碎片等原始物证，而是利用了"云上物证室"的技术，将所有的物证都以3D的形式呈现在了法庭上。①

---

① 《天平链、云上物证室，区块链为法院工作插上科技翅膀》，中国长安网，https://baijiahao.baidu.com/s?id=1698975485543684034，最后访问时间：2021年5月6日。

（2）区块链存证的司法规则演进与学界讨论

基于区块链的电子数据平台的出现，与学界热议、最高司法机关在规则层面的推动密不可分。学界关于区块链存证的讨论非常热烈，包括存证标准问题、存证的可靠性问题、①证据属性问题②以及区块链存证技术对证据法的冲击等。③

比如2018年9月7日，最高人民法院出台的《关于互联网法院审理案件若干问题的规定》④就明确指出，可以用区块链来解决电子数据的存证问题。

2019年6月14日，由最高人民法院信息中心指导，中国信息通信研究院、上海高级人民法院牵头，联合6所省市高级人民法院、3所互联网法院等25家单位共同发起的《区块链司法存证应用白皮书》正式发布。它是司法存证领域的第一本白皮书，其内容主要包括电子数据存证现状、区块链电子数据存证与证据认定的关系、设计原则和参考架构、区块链司法存证的应用与挑战。根据《白皮书》的界定，区块链司法存证是指，以无利害关系的技术作为第三方身份（技术和算法充当虚拟第

---

① 陈全真：《区块链存证电子数据的司法适用》，《人民司法》2019年第4期；郑妮、毛荣：《"区块链+电子证据保全"：比较观察与实践反思》，《应用法学评论》2020年第1辑，总第4辑；Collin Spring, "The Blockchain Paradox: Almost Always Reliable, Almost Never Admissible", *Southern Methodist University Law Review*, Vol.72, No.4, 2019。

② 曾梦：《区块链信息的证据属性研究》，《信息安全研究》2020年第12期。

③ 张玉洁：《区块链技术的司法适用、体系难题与证据法革新》，《东方法学》2019年第3期。

④ 《关于互联网法院审理案件若干问题的规定》第11条规定："当事人提交的电子数据，通过电子签名、可信时间戳、哈希值校验、区块链等证据收集、固定和防篡改的技术手段或者通过电子取证存证平台认证，能够证明其真实性的，互联网法院应当确认。"

三方），将需要存证的电子数据以交易的形式记录下来，打上时间戳记录在区块中，从而完成存证的过程。①

  2020年5月1日起施行的《最高人民法院关于民事诉讼证据的若干规定》完善了电子数据的范围，②更是创新性地明确了电子数据真实性的审查判断规则，③初步确立了电子数据真实性推定规则，第94条规定，由记录和保存电子数据的中立第三方平台提供或者确认的电子数据，人民法院可以确认其真实性，但有足以反驳的相反证据的除外。该规定虽然没有直接提及区块链存证平台，但的确为该平台的发展提供了证据法上的支持。

3. 区块链证据及其规则的形成与实践应用

  最高人民法院2021年8月1日起施行的《人民法院在线诉

---

① 《区块链司法存证应用白皮书》，中国电子银行网，https://www.cebnet.com.cn/20190625/102582734.html，最后访问时间：2021年3月10日。

② 《最高人民法院关于民事诉讼证据的若干规定》第14条，电子数据包括下列信息、电子文件：（一）网页、博客、微博客等网络平台发布的信息；（二）手机短信、电子邮件、即时通信、通讯群组等网络应用服务的通信信息；（三）用户注册信息、身份认证信息、电子交易记录、通信记录、登录日志等信息；（四）文档、图片、音频、视频、数字证书、计算机程序等电子文件；（五）其他以数字化形式存储、处理、传输的能够证明案件事实的信息。

③ 《最高人民法院关于民事诉讼证据的若干规定》第93条，人民法院对于电子数据的真实性，应当结合下列因素综合判断：（一）电子数据的生成、存储、传输所依赖的计算机系统的硬件、软件环境是否完整、可靠；（二）电子数据的生成、存储、传输所依赖的计算机系统的硬件、软件环境是否处于正常运行状态，或者不处于正常运行状态时对电子数据的生成、存储、传输是否有影响；（三）电子数据的生成、存储、传输所依赖的计算机系统的硬件、软件环境是否具备有效地防止出错的监测、核查手段；（四）电子数据是否被完整地保存、传输、提取，保存、传输、提取的方法是否可靠；（五）电子数据是否在正常的往来活动中形成和存储；（六）保存、传输、提取电子数据的主体是否适当；（七）影响电子数据完整性和可靠性的其他因素。人民法院认为有必要的，可以通过鉴定或者勘验等方法，审查判断电子数据的真实性。

讼规则》(下文简称《在线诉讼规则》)首次规定了区块链存证的效力,明确了区块链存储的数据上链后推定真实的效力;[①]同时确立了区块链存储数据上链前后的真实性审核规则[②]以及区块链证据补强规则。[③]据此,在学理上可以说,区块链证据及其规则初步形成,而且案件的适用范围不限于民事、行政诉讼案件,也包括刑事速裁程序案件,减刑、假释案件,以及因其他特殊原因不宜线下审理的刑事案件。[④]

随后,地方法院纷纷使用区块链证据。比如,内蒙古法院于2022年上线了"区块链证据核验中心",由"至信链"提供技术支持。该中心能够在交易或纠纷发生时,方便当事人第一时间使用区块链存证技术将电子数据进行固定,并在诉讼中通过网上立案等渠道将其流转提交至法院,也可以为法官提供便捷化的操作平台,方便其随时核验证据是否被篡改。法官仅需将待核验证据文件拖动至核验中心网页,核验中心即可自动计算证据文件哈希值,并与原文件在链上的哈希值进行核验比对。如两次哈希值一致,则说明当事人提交的证据自上链以来未被篡改,可以推定其具有法律上的真实性。在此过程中,存证平台等第三方不会接触到电子数据原件,能够切实有效地提高当事人个人信息保护、商业秘密保护、人民法院数据保护的安全性。在此,我们介绍两起

[①] 《在线诉讼规则》第16条,当事人作为证据提交的电子数据系通过区块链技术存储,并经技术核验一致的,人民法院可以认定该电子数据上链后未经篡改,但有相反证据足以推翻的除外。
[②] 参见《在线诉讼规则》第17条、第18条。
[③] 参见《在线诉讼规则》第19条。
[④] 马明亮:《区块链司法的生发逻辑与中国前景》,《比较法研究》2022年4月第2期。

适用案例。一是2022年2月28日,内蒙古自治区呼和浩特市赛罕区人民法院在线开庭审理了一起金融借款合同纠纷案件,承办法官当庭对区块链存证证据进行核验,认可原告提交的证据,这是内蒙古法院首次对区块链存证证据实际运用、探索区块链技术进行审理的案件。二是同年4月2日,锡林郭勒盟中院首次运用"区块链证据核验"技术线上开庭审理一起侵犯商标权纠纷案。该案中,关于侵权的关键证据是公证处的公证书,其记载了公证员实地购买侵权产品并取证的过程。虽然原告可以通过在线诉讼平台提交公证书,但是作为附属品的相关照片与视频无法提交到法院,而传统的邮寄方式不仅存在风险而且耗时。通过司法区块链技术可以巧妙地解决上述难题,法官通过"区块链证据核验"平台对原告证据进行核验并予以采信,通过对上链核验证据的认可,双方当事人达成调解协议并即时履行。[①]

将区块链技术运用到存证领域,最大的优势是安全存证,传统的电子数据有遭受攻击或被篡改的风险,而利用区块链技术进行电子存证,在电子数据生成时被赋予时间戳,存储固定时则通过比较哈希值来验证数据完整性,在传输过程中则采用不对称加密技术保障传输安全,以此充分保障电子数据的真实性和安全性。[②] 相比传统的取证模式,区块链存证、取证模式的费用低、时空局限少,通过智能合约还可以自行操作。因此,区块链技术赋

[①] 《一起来看看·区块链如何为内蒙古法院司法赋能》,内蒙古高院网站,https://www.thepaper.cn/newsDetail_forward_18195233,最后访问时间:2022年9月2日。

[②] 工业和信息化部信息中心:《2018年中国区块链产业白皮书》第68页,工业和信息化部网站,http://www.ce.cn/culture/whwx/tu/201805/28/P020180528390616322095.pdf,最后访问时间:2022年9月2日。

能电子数据管理，不仅方便了当事人参加诉讼，而且能够促进司法信任体系建设，逐步勾勒出"技术可信、身份可信、证据可信、审判可信、治理可信"的区块链可信司法模式。

实践中，区块链存证案件从民事案件逐步扩展到刑事案件。2019年7月，浙江省绍兴市上虞区人民法院对全国首例区块链存证刑事案件进行宣判，判决被告人汪某某构成诈骗罪，在该案中，应用区块链技术对证据进行了固定。为防止光盘中数据丢失或被篡改，上虞区司法机关联合互联网企业的区块链团队，以区块链技术对数据进行加密存储，通过后期哈希值比对，确保电子数据的真实性，公检机关一致认可了本案证据的流转和比对处理过程。①

（二）"区块链+大数据+物联网"实现破产案件审理全程可视化

为保障债权人和债务人等主体的合法权益，充分发挥破产审判工作在完善市场主体退出与拯救机制等方面的积极作用，更好地服务和保障市场经济的高品质发展，助推国际一流营商环境。人民法院积极深化改革破产案件办案流程，利用区块链等科技力量助力破产案件的审理，构建"区块链+破产"的数字化办案模式。

1. 审理破产案件面临的现实困难

第一，破产案件涉及公告、财产调查、审计、评估、拍卖

---

① 《知产权利人提供区块链证据在刑事案件中效力》，网易新闻，https：//www.163.com/dy/article/HA2VS55Q0538RV5H.html，最后访问时间：2022年9月2日。

处置等事项，程序较复杂，审理周期较长。传统的线下方式会导致沟通成本较高，而采取线上方式，当事人行为的合法性和有效性的保障是尤为关键的。[①]第二，法院监管的困难。一方面，破产管理人在破产案件中起到重要作用，不同的破产管理人团队履职能力仍存在一定差异，相关行为在某些情况下仍需要法院予以监管。另一方面，由于破产案件周期较长且程序相对复杂，若缺乏全流程资金监管，容易产生资金风险。因此，法院监管难度较大。第三，府院联动机制中的数据共享困难。在破产案件中，企业在债务清偿之外产生的诸如职工失业救济安置等社会问题，需要相关机关的配合以及政府相关政策的支持。但实践中，府院联动机制成员的数据共享不及时，导致除了法院外，其他机关对案件进展情况知之甚少，对突发、偶发情况更是一无所知。长此以往，府院联动机制就面临沦为"空中楼阁"的危险。

2. 实践的探索与成效

将区块链技术运用于破产案件，有助于破解审理周期长、沟通成本高的难题。例如，在债权人会议中融入区块链技术，债权人据此可以线上申报债权、实时获取管理人发布的公告和信息，参加债权人会议并进行线上投票。这一构想在实践中已有雏形。

例1：2018年9月，杭州市江干区人民法院上线"络谱区块链登记开放平台"。该平台是中钞技术研究院与其合作伙伴共同推出的区块链登记开放平台，法院将该区块链技术运用到破产

[①] 《盈科上海律师受邀参加徐汇法院破产审判白皮书发布暨破产管理人座谈会》，搜狐新闻，https://www.sohu.com/a/490542756_121123690，最后访问时间：2022年9月2日。

案件中,在债权人大会上运用区块链技术进行投票。①

例2:2021年4月,苏州银行、苏州市中级人民法院共同开发的"融畅"破产案件管理系统正式上线。该系统利用大数据、区块链、物联网等前沿信息技术,结合苏州中院丰富的办案经验,开创性地融合了可视化的立体流程管理、开放性的资产监管系统、多维网络债权人会议系统以及动态破产资源信息库。通过与银行进行专线接入,在法院内网端和管理人互联网端实现破产案件工作协同。通过该系统,法官可对案件全流程监督及对账户资金进行监管;破产管理人可在线管理案件、召开网络债权人会议、审核债权、分配债权;债权人可在线参加债权人会议,将传统"线下"破产案件办理流程节点转移至"线上",并与现有案件管理系统深度结合,为解决破产工作难提供了新方案,进一步提高了破产案件办理效率,有效助力营商环境优化。作为深化企业破产处置府院联动机制的创新举措,"融畅"系统还预留了开放式数据接口,可以通过市大数据局共享服务平台,与联动机制各成员单位的信息系统进行数据共享,逐步打通数据梗阻、融合信息资源,构建更高水平的破产处置"一盘棋"格局。②

例3:2019年12月13日,东莞市第三人民法院与平安银行东莞分行签订破产业务合作协议,在东莞市率先引入智慧破产审判管理系统。该系统创新应用区块链技术,实现破产审理全

---

① 《全国首例!杭州江干法院尝试破产案件用区块链投票》,浙江频道,http://zj.cnr.cn/hzbb/20180928/t20180928_524372709.shtml,最后访问时间:2022年2月7日。

② 《苏州银行与苏州中院深度合作上线"融畅"破产案件管理系统》,经济参考网,http://www.jjckb.cn/2021-04/06/c_139862241.htm,最后访问时间:2022年9月2日。

程可视化,可达到规范破产管理人职业行为、提升破产案件审理效率、保障债权人合法权益"三赢"的目的。[①]

利用区块链技术助力法院监管,将区块链、物联网等技术融入破产案件的审理中,将法院、管理人、债权人等纳入区块链节点,这不仅可以实现案件流程中的数据透明且不易篡改,有利于法院对破产管理人行为和案件整体流程的监督,而且极大地提高了破产案件效率,促进了案件处理的高效化。同时,利用区块链技术分布式存储原理,还可实现数据融通,打破数据壁垒,赋能社会治理。例如苏州中院的"融畅"系统,在区块链上预留了开放式数据接口,联动机制各成员可以上链成为节点,实行数据共享。相关机关通过数据共享,实时了解破产案件的具体进展,能因地制宜地解决破产案件所带来的诸如职工失业救济安置等社会问题,这为府院联动机制的落地创造了数据条件。

二 区块链助推智慧诉讼服务

根据2014年《最高人民法院关于全面推进人民法院诉讼服务中心建设的指导意见》的要求,网上诉讼服务平台建设是人民法院诉讼服务中心建设的重要组成部分,它和诉讼服务大厅、12368热线与移动通信平台共同组成的面向社会的多渠道、一站式、综合性"诉讼服务中心",不仅拓展了法院诉讼服务覆盖范围,而且与人民法院裁判文书、执行信息、审判流程三大公开平台互联互通,将法院所有对外服务集中在一起,可以为当事

[①] 刘满元:《法院智慧破产审判管理系统上线》,《广州日报》,https://baijiahao.baidu.com/s?id=1653018390512656189,最后访问时间:2022年9月2日。

人提供从起诉立案、诉前调解、案件查询、司法救助到判后答疑、信访接待等全方位、多层次的服务。

当前，各地法院正在推行"诉讼服务中心"建设，其主要功能包括：诉讼引导、法律宣传；登记立案、先行调解；受理申请、材料收转；接受当事人等提出的财产保全、证据保全、委托鉴定等申请，形式审查后转相关部门办理；查询咨询、联系法官；文书送达、判后答疑；信访接待、投诉建议。实践中，区块链技术主要应用于先行调解、送达与财产保全方面。

（一）区块链立案与诉讼费用缴纳：通过全流程记录防范操作风险

目前，民事案件的立案与案件诉讼费用的提交主要通过互联网完成。但是，基于传统互联网的立案模式面临着诸多问题，比如：其一，法院通过互联网将电子票据发送给当事人，但当事人无法及时、准确地辨别电子票据的真实性，因为现有的互联网并不具有电子票据的存证、验证功能；其二，传统互联网无法全程、实时地记录诉讼费的变动情况，也无法从技术角度防范司法人员的违规操作行为；其三，法院通过互联网审查当事人委托诉讼代理人的真实性与合法性过程中，如何确保审查效果以及如何保障个人信息和数据的安全，如何做到数据的"可用不可见"、材料的"可验不可改"？

实践中的应对方案是建立区块链立案平台。比如，在解决法院审查当事人授权委托尤其是跨地域的授权委托问题方面，广州中院"涉港澳案件区块链授权见证通平台"即为比较成功的探索。2019年3月，广州市法院充分借助区块链等技术，创新"5G+区块链"司法服务模式，上线了全国首个涉港澳案件的"区块链授权见证通平台",打破时空限制,从"省时、省力、省钱"三个维度方便港澳当事人委托诉讼代理人。此前,内地公证费用在300元至500元之间不等,港澳律师见证授权委托费用在3000元至5000元之间不等,诉讼当事人还需来回奔波,传统的授权委托手续从预约到完成需耗时约30天,整个过程费时费力。应用"区块链授权见证通平台"后,当事人只需与诉讼代理人在约定的时间共同登录广州微法院微信小程序,便可进入该平台并在法官的见证下进行授权委托。在线认证完全免费,从登录平台、核验身份到签署授权委托书,全流程在线操作,5分钟不到即可足不出户地完成授权委托。该平台帮助港澳当事人大幅度地节省了参加诉讼的经济、时间和人力成本,真正做到"让数据多跑路,让群众少跑腿"。自平台上线试运行以来,截至2021年6月底,已有近700件案件完成在线授权见证。目前,平台应用范围已扩大到全省,服务对象也从港澳延伸到美国、越南、印尼等域外国家。由于平台操作便捷简单,界面简洁,当事人可以在法官的简单引导下完成相关操作,获得使用者的普遍好评。①

在区块链赋能诉讼费用缴纳方面,有的法院探索建立专网区块链平台。其运行原理如下:诉讼当事人交费成功后,财政部门将电子票据信息发送给法院,在法院专网端生成诉讼费、预收、结算、退费、减免缓等原始缴费信息,同时将电子票据材料和操作行为数据上链存证,防止被篡改。该平台通过跨链

---

① 《广州市法院区块链授权见证通平台入选"2020年度智慧法院典型案例"》,澎湃政务:广州中院,https://m.thepaper.cn/baijiahao_13923477,最后访问时间:2022年9月2日。

协议打通数据共享，据此，电子票据可在法院专网区块链平台完成核验，亦可以在互联网区块链平台完成核验。法官根据当事人的情况及案情，确定案件诉讼费数额后，通过法院专网端将诉讼费信息与法官操作行为信息上链存证，区块链平台实时地实现全流程记录，以此防范人为错误、电脑系统故障以及内部控制不当等操作风险。

（二）区块链阅卷：实现同步监管与全程记录

针对互联网阅卷所面临的弊端，比如对辩护人、诉讼代理人违规调阅电子卷宗等行为无法实时进行监管和记录，[1]实践中有法院探索基于区块链的网上阅卷可信操作模式。其原理如下：在网上阅卷过程中，对于用户调阅电子卷宗的行为，系统将对这些行为日志进行存证固化。存证信息实现全链信息同步，每一个区块链节点都存有相同的行为日志信息。法院通过区块链对调阅卷宗信息行为进行上链存证，实现对违规查阅等行为的监管。

（三）区块链送达：保障送达的效率、透明与可靠

1.送达所面临的现实困难

从实践来看，送达困难仍是法院的一个普遍性问题。有的地方交通不便，直接送达难度较大。邮寄送达成功率低，而且邮寄送达不能保证是当事人本人实际签收。留置送达见证困难，虽然法律规定受送达人或者他的同住成年家属拒绝接收诉讼文

---

[1] 互联网阅卷在刑事案件中所面临的风险，详细内容可以参见第5章关于区块链阅卷模式的讨论。

书的,送达人可以邀请有关基层组织或者所在单位的代表到场说明情况,在送达回证上记明拒收事由和日期,由送达人、见证人签名或者盖章,把诉讼文书留在受送达人的住所,并采用拍照、录像等方式记录送达过程,即视为送达,但实践中这两种送达方式都有一定难度。基层组织或者单位的人大多数不愿意配合法院的工作,而采取拍照、录像的方式可能会遭到受送达人的抗拒。公告送达普遍被滥用,作为一种"兜底的"送达方式,公告送达的使用标准不清晰,经常被随意使用。电子送达存在滞后的情况。目前司法实践中,运用电子送达的法院大多采用移动通信的方式,即通过短信的方式告知被送达人相关信息。因为法院内部使用的是"内网",即无法与互联网直接连接的封闭式网络,而被送达人使用的"外网"电脑无法与法院"内网"直接进行数据传输,需要借助网络管理员这一"中介"才能完成电子送达流程,这既耗费资源,又浪费时间。

目前统计的结果显示,司法程序中的送达占据了司法资源的40%,是造成司法程序效率无法提升的一个重要因素。各法院及执法机关也在不断尝试各种方式方法,以改善"送达难"这一现状。① 为了破解"送达难"问题,进一步提升集中送达智能化水平,大连市中级人民法院于2018年开始,历时一年技术攻关,推出"集中送达"小程序,打通了内外网数据,搭建起法官、送达实施人员以及各法院之间的互动桥梁,形成具有指派标准化、数据传输同步、信息反馈及时等特点的快捷送达

---

① 王红刚:《民事诉讼中送达难的现状及解决途径》,《法制博览》2021年3月上,第90页。

模式。①

但是，这种送达模式在文书签收过程中面临困难：法院判决后，相关的法律文书通过互联网电子平台发送给诉讼当事人，虽然当事人查看了法律文书，但为了逃避责任而拒不承认已收到法律文书，法院对这种"老赖"怎么办？

2.实践中的探索与应对

针对上述难题实践中的方案是，通过区块链技术对当事人的签收行为进行实时固化，即搭建司法文书签收可信操作平台。其原理如下：法院判决后，通过电子诉讼服务平台将相关的法律文书发送给诉讼当事人，当事人登录电子诉讼服务平台签收查看文书的同时，平台将当事人的操作行为实时存证。由此，作为文件签收的证据可以实现全链同步存储，有效地防止当事人的抵赖行为。

探索之一："区块链+电子送达"平台

2021年以来，苏州市相城法院探索利用区块链技术，将电子送达过程中的源数据，包括送达、接收、阅读等行为全部实时上链，实现全业务流程数据的实时存证，确保数据来源可信，信息不可篡改，提升信息存储的安全系数，给司法实践带来多重效益。区块链保障电子送达工作经验入选江苏法院2021年第一批司法改革案例，被《人民法院信息化工作通讯》录用，得到"智慧法院进行时"公众号的推广。项目自上线以来，共产生53435笔电子送达业务，实现212866条数据上链。该法院将继续深入探索区块链技术在其他审判业务流程中的应用，确保

---

① 大连中院：《智慧法院 | 全国首创！大连两级法院送达工作集约成网覆盖全域》，澎湃新闻，https://www.thepaper.cn/newsDetail_forward_5361843，最后访问时间：2022年9月2日。

在大力推行电子诉讼的同时,切实保障当事人相关诉讼权益不受减损,助力审判质效提升,真正实现"让数据多跑路、让群众少跑腿"[①]。

探索之二:"区块链+公证送达"平台

2022年4月,包头铁路运输法院法官通过区块链平台对一起保证保险合同纠纷案件中公证送达形成的电子数据进行了电子证据校验,平台显示"校验通过,该证据自上链之日起未被篡改。"这是该院第一次成功探索应用"区块链+公证送达"。公证送达材料的传统流转方式需要多个部门"线上+线下"协作完成。材料打印、装订、审核、线下交接等流程多,耗时长。有了区块链平台的技术支持,公证送达电子数据上传主体与内容的真实性有了保障、存证核验及流转方式更加高效,进一步提高了公证送达的效率、透明度与可靠性。未来,该院将充分发挥审判执行职能作用,持续推动"区块链证据核验"系统应用,不断挖掘信息技术在法院诉讼服务领域应用的广度和深度,探索建立交互式、全方位、立体化诉讼服务模式,为当事人提供更高水平司法服务。[②]

探索之三:区块链+支付令送达

作为民事诉讼法规定的一种督促手段,支付令有着得天独厚的优势:诉讼成本低、纠纷解决周期短、简单、高效等。其被认为是处理民事、经济纠纷中的债权债务关系的最好办法,但也存

[①] 《"区块链+法院电子送达"又出圈了》,澎湃新闻,https://www.thepaper.cn/newsDetail_forward_15668053,最后访问时间:2022年9月2日。

[②] 白杨:《"区块链+公证送达"推动智慧法院建设》,中国法院网,https://www.chinacourt.org/article/detail/2022/04/id/6619374.shtml,最后访问时间:2022年9月2日。

在诸多现实问题：比如支付令发出30天内，无法送达债务人；债务人在收到支付令15天后提出异议等。以上状况都将导致程序终结或支付令失效。法官在执行过程中，免不了会担忧：支付令是否已经成功发送到对方手中，对方会不会拒收？为此，2020年，西安市灞桥区人民法院在西北五省区范围内率先引入"区块链机"。通过区块链技术将电子送达的时间、内容、送达方身份信息、接收方信息等都进行了存证上链。从技术层面来看，凭借区块链技术的不可篡改、不可抵赖等特点，区块链机可以确保电子证据内容完整，实现支付令全程留痕、不可篡改。而且，区块链机可以作为物理节点与使用主体牢牢绑定，可从数据产生伊始就实时上链，不仅记录数据产生的时间，还能通过北斗定位保障区块链数据形成的地理位置（经纬度），从时间、空间两个维度保证上链前后数据的物理性和真实性。此外，该设备不需要请专业人士通过云端部署上链，完全破除了技术门槛，让区块链上链像U盘一样插上就能用，而且该区块链机还可以支持跨链互通，并兼容多条主流区块链技术，可以简单快捷的链接至其他司法链，从而更好促进各司法机构互联互通，共治共享，提升协同效率。①

（四）区块链财产保全：实现财产保全远程数字化、可视化、便捷化监管

1.财产保全面临的现实困难

财产保全制度是我国民事诉讼中的重要制度，但是，传统

---

① 熊成慧：《灞桥法院率先引入区块链机 实现案件批量送达和存证》，中国青年网，https://df.youth.cn/dfzl/202010/t20201022_12540916.htm，最后访问时间：2022年9月2日。

的财产保全业务存在担保手续办理难、保全信息反馈慢、反馈不足等问题，困扰着有财产保全需求的当事人，也给法院保全工作带来诸多困难。2016年12月1日起施行的《最高人民法院关于人民法院办理财产保全案件若干问题的规定》第10条第2款、第11条首次明确，诉讼财产保全可以有条件地使用网络执行查控系统（以下简称查控系统），即在申请保全人确因客观原因不能提供明确的被保全财产信息但提供了具体财产线索时，可以书面申请通过查控系统查询被保全人的财产。从理论上讲，查控系统可以有效地解决保全信息不足的问题；在实践中存在着个别法院放宽限制条件的问题，在申请保全人没有提供任何财产线索情况下，裁定对被保全人保全一定数额的财产，并利用查控系统对被保全人财产进行全面查控，易造成被保全人财产信息泄露，导致损害其合法利益，同时可能涉及徇私枉法、滥用职权行为。①

2. 实践的探索与应对

为应对上述难题，一些地方法院展开积极的探索。从目前来看，分为两种模式。一是综合性的"区块链+财产保全"模式，旨在促进信息共享，拓宽财产信息查询途径，解决申请办理耗时、保全信息难知晓等问题。比如，上海市第二中级人民法院于2019年12月17日正式上线的基于区块链技术的"智慧保全服务平台"，搭建了当事人、担保机构（保险公司）、法院之间的互动平台，形成集申请流程标准化、数据传输实时化、申请审核便利化、信息反馈及时等特点为一体的一站式服务平

---

① 夏从杰：《财产保全中使用网络执行查控系统需审慎》，《人民法院报》2021年12月8日第7版。

台。当事人欲申请财产保全时，可以登录上海"移动微法院"下的"智慧保全服务平台"，在线申请保险公司为保全行为提供担保。[①]一方面，该平台因其可在线操作而将保全业务变得十分便利，由此精简了法院内部流程，规范了法院之间委托办理，加强了其他部门的协助执行能力。[②]平台包含担保函验真、保全申请、保全变更（变更类型含"换押申请"、"续行保全"、"解除保全"）、权利救济（"保全复议"、"保全异议"）四大保全业务功能。对于线下已取得保函的，当事人将相关材料上传至平台后，平台可进行全自动验真，并一键送达法院；对于尚未取得保函的，当事人可在线提交申请，平台将实时反馈业务处理进程；对于已经办理保全手续的，可以实现在线保全变更申请。另一方面，因该平台采用了区块链技术，保证了担保行为的不可篡改性，进而确保了担保行为的合法有效性。这是全国首次将区块链技术运用到财产保全业务的探索，极大推进了财产保全业务的发展。[③]

二是围绕财产保全的具体难点搭建的专项型平台，比如基于区块链的智慧查封管理应用平台。为切实解决传统执行查封工作所面临的封条易损坏、人为破坏取证难、查封财产难管理等问题，一些法院做出了创新：基于区块链技术，将物联网、移动互联网、法律人工智能多种现代化查封体系融为一体，旨

[①] 翟珺：《上海二中院又一"黑科技"区块链应用于法院财产保全》，澎湃政务，https://m.thepaper.cn/baijiahao_5266660，最后访问时间：2022年9月2日。

[②] 庞申威：《财产保全制度的现状分析、实践困局和优化路径——基于法经济学的分析》，胡云腾编《司法体制综合配套改革与刑事审判问题研究——全国法院第30届学术研讨会获奖论文集（下）》，人民法院出版社，2019。

[③] 刘理：《上海二中院开通智慧保全服务平台率先在财产保全业务上深度应用区块链链技术–上海政务》，东方网，https://baijiahao.baidu.com/s?id=1653170645923758580&wfr=spider&for=pc，最后访问时间：2022年9月2日。

第6章 区块链+智慧法院的"区块链法院模式"

在实现法院对查封财产远程数字化、可视化、便捷化监管,并对企图破坏设备、违法入侵被查封标的物的相关人员及其行为,实时视频采集取证并同步上传存证。

示例1:2020年6月,四川省宜宾市中级人民法院统筹建设智慧查封管理应用平台,在珙县人民法院试点上线并应用完善,现宜宾两级法院已推广应用。[①]法院在执行查封的过程中,该平台系统将产生大量的结构化、半结构化及非结构化数据,数据一经产生便及时上链存证。基于区块链技术的执行查封工作,全流程动作都能及时留痕。如果法院需要倒查服务、验证服务,可以在小程序端或电脑端回溯任务信息情况,这使得监督工作更透明可信,进而提升执行的公信力。

示例2:2020年7月,江苏省泗洪县人民法院发布动态称,启用区块链技术的"电子封条",这也是江苏省首家采用这一技术的人民法院。[②]

示例3:2020年12月,吉林省高级人民法院依托区块链技术为全省中、基层法院建设了执行查控管理平台,启用"电子封条"查封房产,拟解决全省中、基层法院在执行过程中遇到的查封难题。"电子封条"是创新技术应用与传统查封业务的有机结合,实现了对被查封财产实时状态的可视化监测,监测数据上传至司法区块链电子封条平台,并上链存证。同时吉林省积极建设司法区块链电子封条可视化平台,执行单位通过可视化平台可查看案件

[①] 陈甦等:《法治蓝皮书:中国法院信息化发展报告No.5(2021)》,社会科学文献出版社,2021,第282页。

[②] 《基于区块链技术的电子封条来了:可实时监控、一键报警》,新浪新闻,http://k.sina.com.cn/article_5044281310_12ca99fde02001bj09.html,最后访问时间:2022年9月2日。

查封数量、查封财产取证照片；申请执行人、被执行人可用手机扫描"电子封条"设备上的二维码随时查阅案件详细信息。[①]

（五）区块链调解：实现纠纷"一体化、一站式源头化解"

近年来，法院积极提倡"诉源治理"改革，强调更好地实现矛盾纠纷源头预防、前端化解、关口把控，切实从源头上减少诉讼量，同时重视非讼制度改革，并将调解制度置于更重要的地位。

1. 法院调解面临的现实困难

目前，法院在适用调解制度时普遍存在一个现象：重视传统案件的调解，但对新兴案件的调解似乎"望而却步"。多年来，法院适用调解的案件主要集中于交通事故、劳动争议、民间借贷、合同纠纷等领域，而对于当前迅猛增长的家事案件、金融案件、知产案件等领域的调解工作，面临着调解率低、审理周期长、执行率低等现实难题。同时，随着数字时代的来临，法院的调解方式逐步从"线下"走到"线上"，但是，日益兴起的线上调解，却面临数据共享难与调解资源分配不合理等问题。

2. 实践的探索与应对

从实践来看，法院通过区块链技术赋能调解主要体现在两个方面。一是针对新兴领域的案件，利用信息化带动规范化与高效能。比如，江苏省苏州市昆山市人民法院于2021年正式上

[①] 《易脱落、易损毁、难取证，吉林高法运用区块链技术破解执行中的查封难题！》，第一视角，https://www.cntonan.com/block_chain/show-27-22866-1.html，最后访问时间：2022年9月2日。

线的"金e站"调解平台。该平台围绕"智能存证"、"便捷高效"、"金融为民"三大理念,分为当事人、调解员、法官登录模块,运用"区块链上链"、"API要素对接"(根据不同金融产品可配置所需要素字段直接通过接口对接平台)、"绿色置顶处理"、"音视频调解"等辅助技术,实现批量立案、智能核验、文书生成、电子送达、司法确认申请、菜单式卷宗生成等流程一键式办理,使得双方当事人能够以线上"点对点"的方式,快速规范地完成调解,并通过平台进行司法确认。①

二是通过区块链实现调解的源头治理功能。比如,2019年11月,北京市朝阳区法院上线"无讼朝阳"在线平台,这标志着全市首个应用区块链技术的矛盾纠纷源头治理在线平台正式启用。"无讼朝阳"实现了"当事人、调解员、法院"三位一体、多点在线,对于当事人而言可以实现在线法律咨询、在线风险评估、远程视频调解、一键司法确认等功能。该平台基于微信及Web应用程序开发,由服务当事人、调解员、法官的3个微信小程序和服务调解员、法官的2个Web应用程序组成。其最大的技术亮点是应用区块链技术将调解申请、证据材料、调解卷宗、司法确认裁定书等同步上链,确保了纠纷化解各环节的可信价值传输、信任体系建立、信息纽带联结,实现了一体化、一站式地将矛盾纠纷从源头化解。②

---

① 《昆山"金e站"上线助推金融纠纷多元化解》,江苏政府法制网,http://sft.jiangsu.gov.cn/art/2021/10/11/art_48514_10040385.html,最后访问时间:2022年9月2日。
② 张蕾:《北京朝阳上线新平台,房产纠纷调解用上区块链!》,北京晚报官网,https://www.takefoto.cn/viewnews-1957080.html,最后访问时间:2022年9月2日。

三 区块链助推智慧执行

目前,在有些地区执行难问题仍然存在甚至还较为突出。比如法院执行工作经常会遇到被执行人难找、执行财产难查、协助执行人难求等问题,[①]具体情况包括:各方数据共享不及时、不全面,案件进度不明确,存在数据梗堵现象;一些案件虽有明确的审判结果,但却因为数据共享问题导致审判结果执行较慢或者根本无法执行;执行案件中涉及主体较多,有关数据在各方传输对接过程中,可能会丢失或者被恶意篡改,数据的准确度会严重影响执行权威和执行公信力。鉴于此,最高人民法院制定了《关于深化执行改革健全解决执行难长效机制的意见》,作为人民法院执行工作2019年至2023年工作纲要予以实施。其中明确提出:深化以现代信息技术为支撑的执行模式变革;完善"1+2+N"执行信息化系统;加快以执行指挥中心综合管理平台为核心,以四级法院统一的办案系统和执行公开系统为两翼,以网络查控、评估拍卖、信用惩戒、执行委托等N个执行办案辅助系统为子系统的执行信息化系统建设。

实践中,很多地方法院探索基于区块链技术的执行平台,赋能审执衔接、调执衔接机制,解决数字时代的执行难题。除此之外,还探索区块链赋能新的执行方式——"善意文明执行",服务营商环境。

---

① 吉林高院:《区块链丨吉林高院:探索区块链技术与执行工作深度融合破解执行难题》,澎湃新闻,https://m.thepaper.cn/baijiahao_15497106,最后访问时间:2022年9月2日。

（一）基于区块链的"易执行-线索智能分析平台"

为解决"执行难"的问题，吉林省高级人民法院积极探索区块链技术在法院执行环节的应用场景，将区块链技术作为智慧法院建设新的着力点。2021年3月，吉林高院"区块链+执行"创新业务应用场景的"易执行-线索智能分析平台"完成了集中试点和上线应用。该平台主要包含"鹰眼查询"、"失联修复"、"失信曝光"三大模块。平台依托大数据技术、区块链技术，与银行、移动运营商、市场监督管理局等单位进行精准数据对接，对被执行人员金融消费信息、被执行企业经营情况进行多层级查询分析，全方位、立体化展现被执行人、企业经济状况。同时，平台数据可借助区块链技术进行全流程上链存证。平台可协助法院与失联被执行人建立沟通，对失信被执行人进行曝光，助力法官开展执行工作。[①]

（二）区块链电子公告系统

在法院传统的办案过程中，很多场景下仍适用纸质公告。例如，对于即将拍卖的房产，需要张贴拍卖公告，以告知相关权利人不得对房产采取转移、设定权利负担或者其他有碍执行的行为。然而，传统的纸质公告有很多弊端：容易自然脱落，易遭受人为损害，而且无法监控被执行物的状态。

---

① 平安吉林：《吉林高院：探索区块链技术与执行工作深度融合破解执行难题》，人民网，https://baijiahao.baidu.com/s?id=1717131444931551924，最后访问时间：2022年9月2日。

实践中，有法院探索以区块链为底层技术打造全新的公告模式——区块链电子公告。区块链电子公告不仅能发挥通知的功能，而且可以实现对被执行不动产的监控。区块链电子公告设备通过拍照、录像等功能实时记录证据，而后借助区块链技术及时固定证据。若有案外人非法占用被执行房产或者恶意破坏被执行房产，电子公告系统会及时录像，并借助区块链技术将这一录像证据及时固定上传至区块链系统中。同时，区块链上各节点都能同时第一时间获得上链数据，因此，若将法院纳入链上节点，法院就可以第一时间获取证据，并及时追责，避免不可逆的后果。

2020年10月16日，北京市第三中级人民法院首次在执行阶段采取了电子公告的方式。该案属于腾房类执行案件，房屋由案外人占有使用，且一直拒不配合腾退。法院将区块链技术与该案件执行有机结合，在全国率先创新使用区块链电子公告系统。相比于传统的纸质公告，该区块链电子公告系统展现了多方面优势。一是电子公告不易脱落。法院电子公告系统采用亚克力材料制作，不仅可以满足公告期时限要求，而且不易受到人工损害。为防止电子公告被人工拆除，设备内部安装了GPS定位系统，可随时对公告进行定位。二是电子公告的警示教育作用更强。电子公告表面印有超大的"法院公告、严禁破坏、损坏公告、违法行为"的字样，同时印有相关法律规定，具有警示作用。三是及时固定证据。电子公告内设声光警示系统，当有人试图破坏公告时，系统会自动触发声光警示，自动报警。而且电子公告系统内有拍照功能，不仅对违法行为能及时拍照固定并上传至区块链电子公告管理平台，还能实时监控被执行房产现状，上传至管理平台后发送至执行法官的手机终端，大大提高了工作效率。①

（三）基于区块链智能合约的"审执衔接"、"调执衔接"平台

在数字时代，如何高效地实现审执、调执衔接，也是执行工作的重要课题。但从实践来看，这两个衔接机制都面临着一些困阻因素，比如，传统的执行立案方式，需要当事人持法律文书向法官申请出具生效证明，再到立案窗口申请立案。这不仅耗时长、步骤多，往往还存在衔接困难。②目前，有地方法院已经开始探索通过区块链技术赋能审执衔接、调执衔接机制。

1."审执衔接"平台

2020年，吉林省珲春市人民法院被最高人民法院确定为全国法院系统"智能审执衔接"场景应用试点法院。随后，该法院建立了以区块链智能合约为底层技术的智慧审执衔接平台。当事人通过该平台可不受时间与空间的限制，制作申请执行书、在线签字，从而实现执行立案。执行系统自动接收立案材料，在线上轻松完成"一键立案"。据悉，约定履行期限届满后，12368司法服务热线将自动向原告发送信息，确认被告是否能如期履行义务，如当事人选择"未履行"，则可在智能审执衔接平台确认被告应履行金额、填写执行申请、

---

① 陈恒：《全国首例！北京三中院创新使用区块链电子公告》，北京市第三中级人民法院，https://bj3zy.chinacourt.gov.cn/article/detail/2020/10/id/5530951.shtml，最后访问时间：2022年9月2日。
② 珲春市人民法院：《区块链+智能合约珲春法院首次实现审执衔接意见自动转执行立案》，吉林长安网，http://www.jlpeace.gov.cn/jlscaw/dfdt/202002/aeb9dd9998dd4b4eac5c690e7fb1dd09.shtml，最后访问时间：2022年2月8日。

完成电子签名等操作，使案件直接进入立案程序，案件将会自动跳转进入执行立案程序，经区块链技术验真审核后纳入执行系统。①

2. "调执衔接"平台

北京互联网法院通过上线"调执衔接"智能合约，实现了未履行调解协议案件自动发起执行案件立案。其具体流程是，法院在送达调解协议时会附带履行条件，如果调解协议没有履行，平台在核验当事人信息通过后便根据合约设置条件，由执行立案系统触发自动立案流程，采集调解系统材料，当事人补充材料进行自动执行立案。该平台在优化流程的同时，也对当事人履行协议起到了督促作用。②

（四）基于区块链的"生道执行平台"

1.善意文明执行理念的提出

为贯彻落实《中共中央 国务院关于完善产权保护制度依法保护产权的意见》《中共中央 国务院关于营造更好发展环境支持民营企业改革发展的意见》等文件精神，进一步提升人民法院的执行水平，推动执行工作持续健康高水平运行，为经济社会发展提供更加优质的司法服务和保障，最高人民法院于2019年下发了《关于在执行工作中进一步强化善意文明执行理

---

① 珲春市人民法院：《区块链+智能合约珲春法院首次实现审执衔接意见自动转执行立案》，吉林长安网，http://www.jlpeace.gov.cn/jlscaw/dfdt/202002/aeb9dd9998dd4b4eac5c690e7fb1dd09.shtml，最后访问时间：2022年2月8日。
② 《〈最高人民法院工作报告〉解读系列全媒体直播访谈第二场》，最高人民法院网，https://www.court.gov.cn/zixun-xiangqing-349631.html，最后访问时间：2022年4月25日。

念的意见》(以下简称《意见》)。

该意见指出,当前,被执行人规避执行、逃避执行仍是执行工作中的主要矛盾和突出问题。《意见》突出执行工作的强制性,提出持续加大执行力度,及时保障胜诉当事人实现合法权益,依然是执行工作的工作重心和主线。但同时我们也要注意到,执行工作对各方当事人影响重大,人民法院在执行过程中也要强化善意文明执行理念,严格规范公正保障各方当事人合法权益;要坚持比例原则,找准双方利益平衡点,避免过度执行。鉴于此,法院要充分认识善意文明执行的重要意义和精神实质。要坚决防止执行人员以"善意文明执行"为借口消极执行、拖延执行,或者以降低对被执行人的影响为借口无原则地促成双方当事人和解,损害债权人合法权益。

2.实践探索:"生道执行"模式

"善意文明执行"的语境下,有地方法院开始探索新的执行方案。比如,吉林省法院在2020年制定出台了《关于妥善处理涉疫情法律纠纷依法服务保障企业复工复产的意见》,开始推行"生道执行"模式。所谓"生道执行"就是对于有盈利能力,但账面财产不足以满足执行标的额的被执行企业,灵活采取执行措施。动态管控被执行人财产,使其分批、逐步执行到位,确保各方当事人合法权益得以实现。[①]

"生道执行"综合运用了大数据技术、网络情报获取与分析技术、区块链技术,其原理如下:区块链上有法院、律师、

---

① 李婷:《"文明执行"+"生道执行" 吉林中院助力企业走出困境》,搜狐新闻,https://www.sohu.com/a/514918212_121039860,最后访问时间:2022年9月2日。

"生道执行"当事人等多个节点,法院将被执行人的财产全部统计上链固定,通过密码哈希算法输入财产数字化数据得到唯一对应的哈希值。在案件审理过程中,涉案财物的实时变化也及时上链,即通过全过程信息化支持,实现案件进展及时共享。由于区块链的分布式存储结构,链上各个节点能同时获取数据,因此法院、律师、当事人等链上主体都可以实时监控涉案财产情况。这不仅保证了合议庭及时了解涉案财产从而做出合理的裁判,灵活采取执行措施以保障当事人双方权益,同时有效地解决了申请执行人与被执行人之间的信任问题。在执行过程中,智慧生道执行平台可全程通过区块链固化存证,案件的进展情况随时上链供法院、律师、当事人核查,形成当事人"有证可查"、失信企业"生钱可还"的良性循环。①

四 区块链助推智慧法院管理

区块链助推智慧法院管理主要体现在电子档案的存证、验证与归档方面。根据《最高人民法院关于深化人民法院司法体制综合配套改革的意见》的要求,为深入贯彻落实全流程无纸化办案,法院应当建立"以电子档案为主、纸质档案为辅"的电子档案单套制模式。但是,基于传统互联网的电子卷宗归档流程存在两个瓶颈问题:一是难以保证案件办理过程中,各个环节生成的电子文件数据连续可信、真实有效、安全可靠;二

---

① 参见"生道执行平台",http://sdzx.e-court.gov.cn/welcome/welcome,最后访问时间:2022年2月8日。

是归档时间受到法官、卷宗评查工作人员、档案室归档人员三方工作时差的制约,需要经过人工多次交接、多次核查,流程烦琐,耗时量大。

实践中,有地方法院探索"区块链+电子卷宗"模式,试图解决电子卷宗归档流程中的瓶颈问题。该模式主要分为两个阶段:一是通过区块链重点解决庭审材料遗漏、缺失或被篡改等问题;二是通过区块链实现电子卷宗的全流程可信、可控。

(一)基于区块链的"电子卷宗存证验证应用"模式

2020年6月,最高法院面向全国三级法院征集司法链应用试点,泉州中院作为全省法院区块链应用的先行单位被最高法院确定为"电子卷宗存证验证应用"试点。该应用以线上的文档管理平台和线下的卷宗生成制度为基础,将审判执行、诉讼服务与区块链技术相结合,逐步推进司法区块链的全面应用。目前这一应用模式已在文件存储、证据保管、材料送达、归档管理等四大场景逐步落地。

以电子文件存证的场景为例:法官每天都将卷宗、文书上传到司法区块链存证,截至目前已上传55万份材料;审判管理部门可以进行统计分析;当事人和律师对于收到的存证证书,还可以到中院微信公众号或官方网站进行核验(详细流程参见图6-3)。[①]

[①] 泉州中院:《【智慧法院】四大场景:区块链在泉州法院的创新应用》,澎湃新闻,https://m.thepaper.cn/baijiahao_13556492,最后访问时间:2022年9月2日。

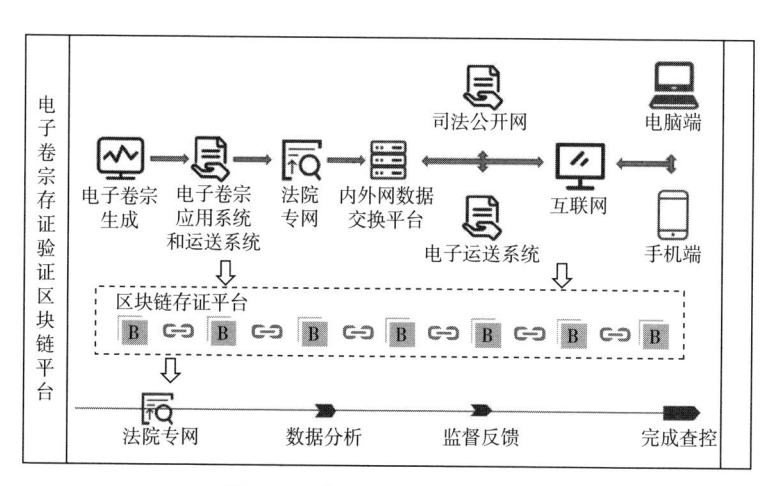

图6-3 电子卷宗存证验证应用

(二)"两卷合一"自动归档智能合约试点

2020年7月,珲春法院被最高人民法院确定为司法链应用试点单位,承接"两卷合一"自动归档智能合约的试点工作。法院将区块链技术与电子卷宗归档标准进行有机结合,利用区块链的上链固化、智能合约等技术,结合机器学习、语义分析、多元数据比对等技术,实现"两卷合一"自动归档、自动查验,这不仅提升了电子卷宗归档前检查工作的准确率,而且确保了电子卷宗归档的高效率。

"两卷合一"自动归档实行后,法官无须任何操作便可实现电子卷宗自动巡查,质量问题自动提示修改,电子卷宗与电子档案自动转换,电子档案自动归档。通过智能合约校验的电子卷宗完全符合归档标准,且自动归档不受工作时间的制约,这大大降低了时间、人力、财力、物力成本,极大地提高了工作效能。2020年8月至12月,法院共对583件案件发起自动巡查,卷宗通过率为86.3%，较传统模式归档时间缩短20天，人力资源节省80%，审判质效大幅提升。①

（三）"区块链+电子卷宗全流程"模式

自2017年5月被吉林省高级人民法院确定为绩效型智慧法院建设试点单位以来，珲春法院开始谋划与建设人工智能"i-法院"。"i-法院"取"爱法院"谐音，"i"从Information（信息化）、Inteligence（智能化）、Innovation（创新）、Immediateness（即时性）4个英文单词转化而来，其旨在通过信息化、智能化、大数据分析等手段，不断创新法院工作方式，使法官减负增效，使司法便民利民。

2018年，珲春法院在《推行诉讼档案单套制管理可行性分析报告》的基础上，以制度规范流程，以区块链为依托，通过电子签名、可信时间戳、哈希值校验等，保障电子诉讼文件在形成、接收、归档、利用等阶段符合真实性、完整性、有效性、安全性、适用性的要求，从而解决诉讼档案单套制管理的"瓶颈"问题。②

未来，"区块链+电子卷宗全流程"模式是普及版本。从目前的探索来看，该平台取得的价值成效是明显的。区块链的节点可以同步共享案件的进展情况，当事人也可以上链参与庭审，可以不受时间、空间限制地申请调取卷宗材料。据此，电子卷

---

① 《喜报！珲春市人民法院获评全国法院司法链应用试点工作一等奖》，搜狐新闻，https://www.sohu.com/a/442984901_120053785，最后访问时间：2022年9月2日。

② 张召国、王君诚：《"i-法院"打造智慧法院建设的"珲春模式"》，《中国审判》2020年第22期，第60~62页。

宗的安全性、保密性、及时性得以保障，案件的流程也更加透明化，更加符合司法为民、公正司法的要求。

五 区块链法院的未来展望

目前，从应用场景来看，区块链赋能法院工作主要集中于四个方面："智慧审判"、"智慧执行"、"智慧服务"、"智慧管理"。以法院为发起节点，司法区块链未来的发展趋势可以总结为三个方向。

（一）司法区块链从民事诉讼扩展到行政诉讼、刑事诉讼

《在线诉讼规则》第3条规定，人民法院综合考虑案件情况、当事人意愿和技术条件等因素，对民事、行政诉讼案件乃至刑事速裁程序案件，减刑、假释案件，以及因其他特殊原因不宜线下审理的刑事案件，都可以适用在线诉讼。我们从立法条文能体察到，刑事案件适用在线诉讼难度比较大。从目前实践来看，在线诉讼主要集中于民事案件；相应的，区块链赋能法院工作，在案件类型上也主要集中在民事领域。

未来，司法区块链应当逐步扩展至行政案件与刑事案件。这可以从区块链存证推延开来。目前，在刑事司法领域，虽然有些司法解释并没有充分认识到区块链证据的价值，还是寄希望于传统的证明路径，（比如根据最高检2021年发布的《人民检察院办理网络犯罪案件规定》，人民检察院办理网络

犯罪案件时,一是强调依靠传统的方法提取电子数据,[1]事后在庭审阶段通过质证、辨认等方式验证;二是针对数量居多的电子数据,应采用降低证明标准的"综合认定"与"抽样验"模式)[2]但也有司法解释已经意识到防止电子数据被篡改或者破坏的意义,并且已经开始重视区块链技术存储证据的价值。比如公安部2019年颁布的《公安机关办理刑事案件电子数据取证规则》第24条规定,网络在线提取电子数据时,应当计算电子数据的完整性校验值。[3]紧随其后,该规则第25条进一步指出,在网络在线提取时,对可能无法重复提取或者可能会出现变化的电子数据,应当采用录像、拍照、

---

[1] 比如,《人民检察院办理网络犯罪案件规定》第15条:人民检察院可以根据案件侦查情况,向公安机关提出以下取证意见:(一)能够扣押、封存原始存储介质的,及时扣押、封存;(二)扣押可联网设备时,及时采取信号屏蔽、信号阻断或者切断电源等方式,防止电子数据被远程破坏;(三)及时提取账户密码及相应数据,如电子设备、网络账户、应用软件等的账户密码,以及存储于其中的聊天记录、电子邮件、交易记录等;(四)及时提取动态数据,如内存数据、缓存数据、网络连接数据等;(五)及时提取依赖于特定网络环境的数据,如点对点网络传输数据、虚拟专线网络中的数据等;(六)及时提取书证、物证等客观证据,注意与电子数据相互印证。

[2] 比如,《人民检察院办理网络犯罪案件规定》第21条与第22条。人民检察院办理网络犯罪案件,确因客观条件限制无法逐一收集相关言词证据的,可以根据记录被害人人数、被侵害的计算机信息系统数量、涉案资金数额等犯罪事实的电子数据、书证等证据材料,在审查被告人及其辩护人所提辩解、辩护意见的基础上,综合全案证据材料,对相关犯罪事实做出认定。对于数量众多的同类证据材料,在证明是否具有同样的性质、特征或者功能时,因客观条件限制不能全部验证的,可以进行抽样验证。

[3] 电子数据的完整性校验值,是指为了防止电子数据被篡改或者破坏,使用散列算法等特定算法对电子数据进行计算,得出的用于校验数据完整性的数值。

截获计算机屏幕内容等方式记录相关信息,其中就包括计算完整性校验值的过程和结果。另外,在检查电子数据过程中,也需要核实电子数据完整性校验值是否正确以及数据是否被更改。①

现实中,刑事诉讼的实践对区块链存证也有着旺盛的需求,比如比特币、以太币、泰达币等形形色色的虚拟货币以及其数据已经被用于定罪量刑。在"币圈第一大案"中,一、二审法院认定该案涉及比特币等8种虚拟代币,折合人民币达148亿元。②再比如2020年,公安部联合银保监会在部分省份上线"资金查控电子证据化系统",构建基于区块链技术的"(资金查控)证据池",试行"打印即成证"的新机制。具体来说,每一条资金查控信息被收集后均及时入链存储,确保其可溯源且不发生篡改,从而能够清楚地用于庭审举证质证,如此调取资金数据证据不仅可靠而且高效。海量的资金数据都可以如此调取,海量的证人证言等证据亦然。③

(二)从狭义司法链扩展到公检法司共同参与的广义司法链

目前,在最高法院"人民法院司法区块链统一平台"的引领下,法院的区块链建设模式可谓"百花齐放",很多地方法院都在探索开发本地专属的区块链系统平台。区块链技术应用不再局限于证据存证场景,法院立案、庭审、执行的全流程司法

---

① 参见《公安机关办理刑事案件电子数据取证规则》第43~49条。
② "(2020)苏09刑终488号"刑事裁定书。
③ 刘品新:《论区块链证据》,《法学研究》2021年第6期,第136页。

信息的传输都将应用区块链技术。未来，各地法院的区块链平台应当扩大融合面，不仅实现全国审判机关区块链的一体化协同，而且，在刑事司法领域，公安机关、检察院、法院、司法行政机关以及仲裁委员会也应当成为区块链上的节点。这是大数据协同办案的基本需求。

在数字时代，智慧法院系统离不开数据协同。在立案风险甄别系统中，通过与公安全国身份信息库和工商组织代码库的数据协同、共享，可以确保当事人的身份认证无误。同时，该系统通过查询原告在当地法院的历史涉诉和关联数据的情况，可以最大限度地避免重复诉讼、恶意诉讼和虚假诉讼的产生。在刑事司法领域，智慧审判系统更是建立在四个协同平台（公检法之间的协同办案平台，法院和司法行政部门针对减刑、假释案件的管理平台，刑事三方远程庭审系统以及狱内法庭管理平台）之上，力图实现法院与公安机关、检察机关、司法行政部门的协同办案。在法院智慧执行系统中，法院与公安机关、其他行政机关的协同更为密切，比如法院执行服务中心设立机动车服务站，与公安交管部门进行对接，办理车辆的查封和扣押手续。

刑事诉讼区块链平台赋予不同层级、不同机关相应的数据使用权限，逐步实现司法大数据上链，以自动化和智能化的整体协同方式完成数据共享。基于区块链的智慧法院与侦查机关、检察机关互联形成以审判为中心的区块链互联司法体系，以实现司法信息高效、完整地传输。司法内部链条与外部链条进一步融合，区块链司法存证、区块链司法协作与区块链司法监督全流程上链，从而形成真正意义的"链上司法"。

（三）系统构建区块链证据规则

目前来看，区块链存证现象在全球范围已经成为重要的发展趋势。比如，早在2015年，美国佛蒙特州便讨论了区块链记录的合法性问题。①2018年，迪拜国际金融中心与智能迪拜展开合作，创建了世界上第一个区块链法庭。该法庭探索如何协助法院核实跨境执法的法庭判决，旨在简化司法程序、降低资源损耗，并提升整个法律生态的运行效率。英国也率先采用了区块链技术储存电子证据。②目前，区块链证据规则在我国还处于搭建框架阶段，相对成熟的是区块链存储的电子数据真实性推定规则，体现于《在线诉讼规则》第16条，即当事人作为证据提交的电子数据系通过区块链技术存储，并经技术核验一致的，人民法院可以认定该电子数据上链后未经篡改，但有相反证据足以推翻的除外。但是，该推定规则的严谨性值得商榷，③未来需要结合区块链技术的发展应用、既有的证据规则尤其是传闻证据

---

① See Caytas, Joanna, "Blockchain in the U.S. Regulatory Setting: Evidentiary Use in Vermont, Delaware, and Elsewhere", *Columbia Science & Technology Law Review*(May 30, 2017).

② 杜乔:《区块链技术在全球司法体系中的应用前景》,《中国审判》2019年第17期,第72~73页。

③ 比如有论者分别针对区块链生成、存储与核验之证据，试拟了新的推定规则。若当事人提交的网络数据是由区块链平台自动生成的，则推定该数据属实，但存在足以反驳的相反证据时除外。另外，还试拟一项司法认知规则：当事人提交的网络数据是由区块链平台生成、存储或核验的，且系可由法庭在链上检索的，或者由作为区块链节点的公证机构、仲裁机构、检察机关、行政机关出具法律文书的，法庭应当确认该数据的真实性，但有相反证据足以推翻的除外。参见刘品新《论区块链证据》,《法学研究》2021年第6期,第146~148页。

规则 a 以及诉讼模式的不同特点 b 予以细化，在质证机制与认定标准等方面做出进一步制度性安排，更需要针对基于区块链技术取证规则、存储规则与验证规则，做出全方位的系统构建。

---

① 在美国法来看，区块链证据属于传闻证据。他们采取"自我鉴真 + 证人声明"规则，即在电子区块链中进行电子注册的数字记录，根据《佛蒙特州证据规则》第902条进行自我认证（self-authenticating），同时附有以下内容："适格证人经宣誓所作的书面声明"。Joanna Diane Caytas, "Blockchain in the U.S. Regulatory Setting: Evidentiary Use in Vermont, Delaware, and Elsewhere", *Columbia Science & Technology Law Review*（May 30, 2017），p.10。

② 比如，欧陆职权主义诉讼模式与英美的当事人主义诉讼模式对区块链证据态度就有所不同，传统的欧洲法院似乎更倾向于接受区块链记录作为证据，因为它们的特点是证据有效性的核实负担较低，法官评估证据证明价值的自由裁量权较大。Tian Lu, The Implementation of Blockchain Technologies in Chinese Courts, *Stanford Journal of Blockchain Law & Policy*, Vol.4, No.1, 2020, pp.133-114。

第7章 区块链+司法行政机关的"区块链法治模式"

本章要目

引　言

一　基于区块链的行政执法监督
　（一）缘起：行政执法公示制度、行政执法全过程记录制度与重大执法决定法制审核制度
　（二）基于区块链的行政执法全过程记录模式
　（三）司法行政机关等多部门参与的"法治联盟链"
　（四）"云公证链系统执法仪"：实现数据溯源

二　基于区块链的刑罚执行监督
　（一）缘起：如何确保刑事司法正义的"另一半工程"？
　（二）区块链监狱执法监督平台："数据上链、同步存证，设定规则、实时告警"

三　基于区块链的公证
　（一）缘起：传统公证面临的"数字危机"
　（二）基于区块链的在线公证："信证链"
　（三）基于区块链的知识产权保护：服务平台与悬赏取证平台
　（四）基于区块链智能合约的强制执行公证

四　基于区块链的司法鉴定
　（一）缘起：司法鉴定的"公信力"问题
　（二）司法鉴定意见书的区块链赋码模式

（三）基于区块链的电子数据保全鉴定模式

五　基于区块链的人民调解

（一）缘起：如何让智慧调解更具能动性和创新性？

（二）"调解区块链数据服务系统"：区块链存证与调解体系的深度融合

六　基于区块链的普法

（一）缘起：传统线下普法工作面临"出局"的风险

（二）"普法区块链平台"：实现数据公开透明、实时展示、实时可控、实时访问、可循可查

七　未来展望

引　言

2019年11月16日，司法部在江苏省南京市举办首届"区块链+法治"论坛，提出把"区块链+法治"作为"数字法治、智慧司法"建设的新内容，为国家治理体系和治理能力现代化提供有力法治保障。[①]2021年《关于组织申报区块链创新应用试点的通知》提出了由司法部牵头的"区块链+法治"模式，该模式主要分为三个板块：在行政执法监督方面，利用区块链技术辅助实现行政执法三项制度的落实，对行政执法主体、行政执法人员资格、行政执法全过程进行记录存证和合法性审核，进一步加强行政执法监督质效；在刑罚执行方面，考虑对执法对象的考核管理、刑罚变更等数据进行存证监管，为监管、矫治、帮教提供精准支撑，构建执法追溯系统，促进严格规范执法；在公证方面，利用云计算、数字签名、区块链等技术辅助探索建设全链式电子数据公证模式，推动在线公证和知识产权公证、

[①] 张昊、丁国锋：《司法部举办"区块链+法治"论坛》，法律资讯网，http://www.dyzxw.org/html/article/201911/18/223072.shtml，最后访问时间：2022年9月2日。

强制执行公证等，进一步提升公证工作质效和服务人民群众的水平。由此，区块链+司法行政机关的"区块链法治模式"呼之欲出。从实践来看，除了上述三方面场景的探索外，地方的司法厅（局）还在司法鉴定、仲裁、人民调解、法律援助、普法、司法考试等方面，思考区块链技术如何助力司法行政数字化转型。

一　基于区块链的行政执法监督

（一）缘起：行政执法公示制度、行政执法全过程记录制度与重大执法决定法制审核制度

行政执法"三项制度"的提出有着深厚的背景：《中共中央关于全面推进依法治国若干重大问题的决定》提出，要推行行政执法公示制度；完善执法程序，建立执法全过程记录制度；严格执行重大执法决定法制审核制度。2016年12月30日，中央全面深化改革领导小组第三十一次会议审议通过了行政执法三项制度试点工作方案。2017年初，《国务院办公厅关于印发推行行政执法公示制度执法全过程记录制度重大执法决定法制审核制度试点工作方案的通知》公布实施。试点结束后，司法部总结试点经验，起草了全面推行行政执法三项制度的指导意见。2018年11月14日，中央全面深化改革委员会第五次会议审议通过了《国务院办公厅关于全面推行行政执法公示制度执法全过程记录制度重大执法决定法制审核制度的指导意见》，国务院办公厅于12月5日印发。据此，行政执法"三项制度"贯彻落实情况成为法治政府建设考核的重点内容。司法部指出，在全国

进一步纵深推进"三项制度"落实方面,将着力解决执法不严格、不规范、不文明、不透明等突出问题,使行政执法水平迈上一个新台阶。[①]从实践来看,通过区块链赋能行政执法监督就是有益的尝试,它可以进一步规范行政执法程序,有效提高综合行政执法的公开性、透明性,优化法治化营商环境。

(二)基于区块链的行政执法全过程记录模式

2020年5月26日,由苏州市司法局、市场监督管理局联合打造的全国首个"区块链+公证"行政执法全过程记录模式,开始在苏州的行政执法中应用。事实上,苏州市在"区块链+公证"领域探索已久,具有较为雄厚的技术积累和实践经验。此前苏州市曾落地全国首个区块链公证摇号系统,并搭建了联盟链"苏州公证链"。其原理与优势如下:在涉及人身自由、生命健康、重大财产权益等行政执法领域,利用"区块链+公证"模式,在行政执法过程中通过定制的执法记录仪进行录像,并将实时音视频指纹、设备标志、时间戳、地点、电池电量等信息即时加密传输并固化到"苏州公证链"网络云平台上,从而实现执法全过程跟踪记录、实时留痕和可回溯管理。与以往执法过程音视频均由执法单位自行保存的模式相比,创新设计的"区块链+公证"行政执法全过程记录模式,以数字化、网络化的方式对执法音视频加以存管、利用,具有数据易保存、安全性高、不可篡改、可追溯等特点和优势,有

---

① 张桂贵、曲源:《全面推行行政执法"三项制度"进一步推进严格规范公正文明执法》,人民网,http://www.people.com.cn/n1/2020/0916/c32306-31863200.html,最后访问时间:2022年9月2日。

效地提高了行政执法的公开性、透明性,有助于进一步规范行政执法行为。"区块链+公证"模式在苏州市行政执法全过程记录中的应用并非一蹴而就,其离不开前期积累的大量技术基础和实践经验。此前,苏州市曾先后落地区块链公证摇号系统和上文提及的"苏州公证链"。2019年3月25日,全国首家区块链公证摇号系统在苏州上线。该系统由苏州市相城公证处现场公证,同济区块链研究院提供梧桐链存证平台支撑,使用区块链公证摇号系统进行现场摇号公证和直播。随后,苏州市搭建完成了全国首个区块链技术与公证业务深度融合的区块联盟链——"苏州公证链"。①

值得关注的是,"苏州公证链"的应用还辐射到了其他地区。比如,2021年,张家港市锦丰镇率先应用"区块链+公证"行政执法全过程记录,通过线上公证赋能,为规范行政执法再添"安全锁"。②

(三)司法行政机关等多部门参与的"法治联盟链"

2020年6月10日,桐乡市人民法院、人民检察院、公安局、司法局、综合行政执法局、政务数据办等六部门签约成立了"法治联盟链"。法治联盟链有助于行政执法更加公开、透明,让老百姓信服:两院工作人员可以直接从区块链上提取完

---

① 邢萌:《苏州市在全国首创"区块链+公证"新模式 实现行政执法全过程"上链"》,证券日报网,http://www.zqrb.cn/jrjg/hlwjr/2020-05-28/A1590653172842.html,最后访问时间:2022年9月2日。
② 万鑫:《张家港市率先应用"区块链+公证"行政执法全过程记录》,张家港市人民政府网,https://www.zjg.gov.cn/zjg/fzgzdt/202108/95853afc2239457bbb0f1e36b38b9b75.shtml,最后访问时间:2022年9月2日。

整、真实、可回溯的证据材料，大大缩短了查验证据真伪的时间，有效地提高了工作效率。① 相似的平台还有云南省司法厅的"区块链+行政执法监督"平台。云南省司法厅联合市场监管、交通等部门打造全省区块链存证中心，开发整合行政执法管理信息系统和行政执法监督平台，构建全口径数据采集上链、全视角系统监督、可视化运行监控、立体式效能评价、数字化支撑决策的执法及监督体系（详细架构参见图7-1）。②

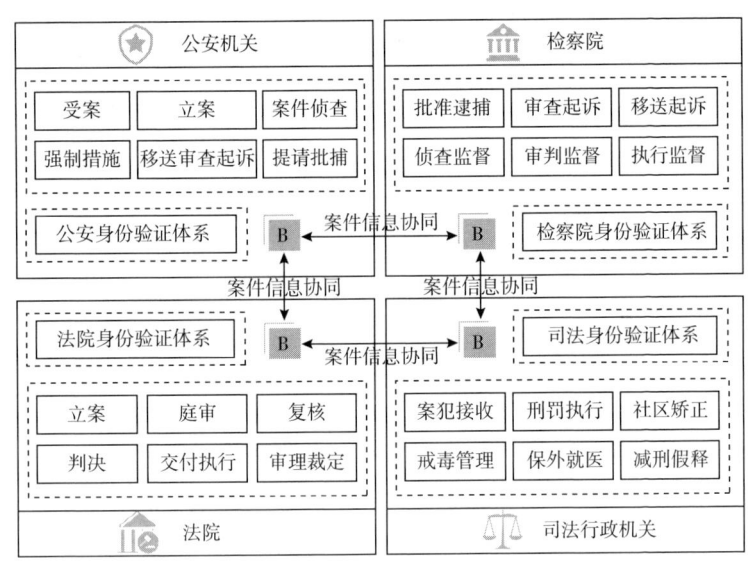

图7-1 "法治联盟链"系统架构

---

① 嘉法宣：《桐乡法院等6家单位发起成立"法治联盟链" | 开启"区块链+法治"新模式》，澎湃新闻，https://www.thepaper.cn/newsDetail_forward_7794047，最后访问时间：2022年9月2日。

② 段晓瑞：《我省3家单位和企业入选国家区块链创新应用试点》，《云南日报》2022年2月17日第3版。

（四）"云公证链系统执法仪"：实现数据溯源

2020年，杭州市临安区司法局推出了5G云公证链系统执法仪。该执法仪具备拍照、录屏等功能，执法人员对当场取得的视频图像数据可实时上传至云公证链存储平台，同时利用区块链技术进行加密处理，防止数据被篡改，同时实现数据的可溯源性，保留执法第一现场的真实状态。[1]

另外，北京市司法局作为"区块链+法治"创新应用试点单位，2022年伊始，其工作聚焦两个方面：行政执法监督和监狱刑罚执行业务。在行政执法监督业务中，北京市司法局构建了可信设备身份体系和可信数据采集链路，力图打造统一的行政执法监督信息区块链平台，从而实现行政检查、行政处罚、行政强制等数据上链、存证、验真功能，解决行政执法源数据易改动、人工审查效率低等问题，提升事中事后监管水平，促进阳光透明执法，降低执法监督成本，提升行政执法效率。[2]

区块链赋能行政执法监督的实践效果显著，以"法治联盟链"为例，其通过对行政执法电子数据公证存证、固化保全等，强化行政执法全过程可追溯管理，助推形成多方参与、多点见证监督的执法管理新模式。它主要发挥四个方面作用。一是全流程同步记录。通过执法机关执法设备与公证存证系统同步对接，执法过程中产生的电子数据实时存证上链，行政执法的启

---

[1] 杭州市临安区昌化镇人民政府：《杭州市临安区昌化镇关于2020年度法治政府建设工作的报告》，杭州市临安区人民政府网，http://www.linan.gov.cn/art/2021/2/24/art_1229289872_1722351.html，最后访问时间：2022年3月21日。
[2] 沙雪良：《北京在行政执法监督、监狱刑罚执行中试点应用区块链技术》，《新京报》，https://www.bjnews.com.cn/detail/164448021314553.html，最后访问时间：2022年9月2日。

动、调查取证、审核决定、送达执行等全过程被跟踪记录、实时留痕和可回溯管理。二是全节点安全见证。每个联盟成员单位可以看到行政执法电子数据生成、流转的全过程信息，行政复议、诉讼等相关处理流程数据也自动上传。同时，根据执法隐私保护的需要，通过区块链技术密码体系，执法电子数据均以具有唯一性的存证编号上链。三是全链路完整可信。针对电子数据真实性的审查成本高、效率低、采信难等问题，通过区块链共识机制、智能合约和时间戳等核心技术，执法电子数据生成时就将关键信息固定。区块数据按时间顺序准确显示且不可逆，可以有效地防止人为篡改，进而保障执法电子数据的原始性、完整性与公信度。四是全方位联动协作。当行政复议发生时，执法机关可直接从链上提取由市复议局为其提交的行政复议相关证据材料。市法院作为联盟成员，通过市复议局提供的存证编号也可直接从链上提取完整、真实、可回溯的证据材料，由此，法官查验证据真伪的时间被大幅度地缩短，司法审判效率随之提升。[①]

二　基于区块链的刑罚执行监督

（一）缘起：如何确保刑事司法正义的"另一半工程"？

在学界，量刑被誉为定罪之后的刑事司法的"另一半工

---

① 桐乡市司法局：《桐乡市首创"法治联盟链"打造法治建设新引擎》，嘉兴市人民政府网，http://www.jiaxing.gov.cn/art/2020/6/11/art_1578779_46559143.html，最后访问时间：2022年9月2日。

程"，量刑公正与定罪公正一起构成刑事司法正义的全部内容。[①]广义的看，对违法犯罪分子的侦查、起诉、审判等，是实现司法公平正义的"上半篇文章"，那么根据人民法院发生法律效力的刑事判决或裁定，依照法律规定的程序，将已经确定的刑罚付诸实施的刑事司法活动，则是至关重要的"下半篇文章"。这关乎正义能否落地有声，关乎公众对司法的信任信赖。司法实践也一再印证，一旦在刑事执行上"走样变形"，再公正的司法判决也会黯然失色。在刑事执行中，减刑、假释和暂予监外执行"三大环节"尤其令人关注。[②]

早在2014年，中央政法委就发布了《关于严格规范减刑、假释、暂予监外执行切实防止司法腐败的意见》，这一文件的核心关键词即为"严格规范"。2021年12月1日，最高人民法院、最高人民检察院、公安部、司法部又联合印发了《关于加强减刑、假释案件实质化审理的意见》，目的是严格规范减刑、假释工作，进一步加强减刑、假释案件实质化审理，确保案件审理公平、公正。由此可见，国家对刑事执行的监督力度越来越大，但现实中仍有一些不法分子利用制度漏洞，玩弄诸如"律师花钱找线索，监所人员开后门，民警破案帮立功，案犯减刑早出狱"等手段，抵消刑罚甚至逃脱刑罚的制裁。实践中的违法减刑系列案件往往一经披露，即引发社会高度关注和公众的不满。[③]

[①] 李玉萍：《刑事司法正义的另一半工程——怎么看量刑活动及其规范化》，《人民法院报》2012年5月7日第2版。
[②] 柳宇霆：《规范刑事执行，兜住司法公平正义底线》，《新京报快评》，https://www.bjnews.com.cn/detail/1666174347168977.html，最后访问时间：2022年11月1日。
[③] 柳宇霆：《规范刑事执行，兜住司法公平正义底线》，《新京报快评》，https://www.bjnews.com.cn/detail/1666174347168977.html，最后访问时间：2022年11月1日。

除了人为因素外,刑罚执行管理机制的滞后也是一个重要原因。比如,在刑罚执行过程中被广泛使用的计分考核,已经逐渐暴露出诸多弊端。计分考核是指对服刑人员的日常表现和改造情况依法进行评分评价的量化考核方式。在执行过程中每月对服刑人员的"监管改造"、"教育和文化改造"、"劳动改造"这3个部分进行评分,在一个考核周期结束后进行等级评定,并实行考核工作责任制,谁考核谁负责。但是由于评分制定不明确,在实际执行过程中,不同监狱的评分标准不一、模式不等。且监督模式滞后,审查流程烦琐,导致徇私枉法的现象时有发生,对客观公平地进行刑罚变更造成了影响。[1]

那么,司法行政机关该如何应对这些难题呢?2022年10月19日,在中国共产党第二十次全国代表大会新闻中心举办的第三场记者招待会上,司法部党组成员、副部长左力提及了解决方案:在刑事执行工作上,推进监狱工作的标准化、规范化、法制化建设,全面排查减刑、假释、暂予监外执行的案件,健全案件办理的责任制,强化制度的刚性约束,重拳整治违法违纪问题。实践中,针对执法人员工作流程复杂、各部门协同度低、司法成本高的问题,有的司法行政机关则探索运用基于区块链技术的罪犯刑罚变更智能辅助决策来解决刑罚变更流程中的问题。这不仅可以将刑罚变更制度进一步完善,而且系统将自动为监狱干警在罪犯刑罚变更的提请方面给予一定决策建议,

---

[1] 王平:《减刑、假释适用比例失衡的成因与立法应对》,《北京联合大学学报(人文社会科学版)》2020年第4期;孙宇皓、宦星宇等:《基于区块链的罪犯刑罚变更智能辅助决策研究》,《科技传播》2022年第14期;乔成杰:《试论监狱提请罪犯减刑、假释工作的法治化》,《中国司法》2022年第1期。

并在存证方面实现永久保存，从而解决监狱管理工作压力大的问题，且利用区块链各项技术构建多方（监狱、检察院、法院）协同办案平台，可以使三方无疑，提高刑罚执行监督的针对性和有效性。[①]

提到暂予监外执行，我们不得不提及社区矫正。根据《中华人民共和国刑事诉讼法》第269条的规定，对被判处管制、宣告缓刑、假释或者暂予监外执行的罪犯，依法实行社区矫正，由社区矫正机构负责执行。目前来看，传统的社区矫正监督模式越来越难以适应现代社会的监督需要。一是它主要通过定期汇报、实地调查、电子监控等方式进行，社区矫正鉴定材料等文书常常需要采取邮寄的方式送达，导致工作人员的日常工作量大、整体成效却不高。二是社区矫正工作涉及多个部门，需要公、检、法、司和监狱共同介入，层层监管。传统模式缺乏统一的信息管理平台，业务部门之间存在壁垒，导致信息不对称和约束行为减弱。2021年2月司法部办公厅印发《关于加快推进全国"智慧矫正"建设的实施意见》，决定自2021年起在全国开展"智慧矫正中心"的建设。从实践来看，各地区以实现智慧矫正为宗旨，以检察院或司法行政机关作为发起方，不断探索区块链赋能社区矫正的场景（简称"社矫链"）。关于"社矫链"的模型及其价值描述，参见本书第5章"基于区块链的社区矫正系统"，在此重点介绍基于区块链的监狱执法监督平台。

[①] 孙宇皓、宦星宇等：《基于区块链的罪犯刑罚变更智能辅助决策研究》，《科技传播》2022年第14期。

（二）区块链监狱执法监督平台："数据上链、同步存证，设定规则、实时告警"

从理论上讲，区块链技术与智慧监狱的深度融合，可以推动监狱管理的突破性升级，并成为"智慧监狱"的一个重点发展方向，实践中也进行了有益的探索。

1. 全国监狱系统首创的区块链执法监督

江苏省的多所监狱于2021年12月1日通过司法部"智慧监狱"的验收，在全国监狱系统首创区块链执法监督的经验做法被全国政法队伍教育整顿办转发推广。该区块链执法管理平台，系统整合了监狱系统的执法管理链，建设成全省监狱证据保全中心，将区块链校验机制嵌入监狱执法办案全过程，构建了刑罚变更、计分考核、岗位管理、钱款管理等四个主要执法流程、55个重点环节全部纳入区块链监管，智能存证、不可篡改、实时预警。[①]

2. 广东监狱区块链执法监督平台

为进一步加强监狱执法工作全流程监督，按照"数据上链、同步存证，设定规则、实时告警"思路，广东省司法厅与省监狱局全力推进区块链监狱执法监督平台建设，以实现区块链技术与监狱执法监督业务的深度融合。2021年12月29日，广东监狱区块链执法监督平台上线运行启动仪式在试点单位肇庆监狱举行。接下来，广东省将在总结试点经验基础上，继续深化完善区块链执法监督平台功能建设，持续探索区块链技术在监

---

① 陈瑜：《科技日报｜江苏在全国监狱系统首创区块链执法监督》，《科技日报》，http://news.sohu.com/a/507387703_120099883，最后访问时间：2022年9月2日。

狱工作中的应用，形成一套可复制、可推广、可持续、有价值的"区块链+执法监督"方案。①

3.北京市司法局拟将区块链技术引入执行业务流程

2022年，北京市司法局计划将区块链技术融入计分考核、减刑假释、暂予监外执行等业务流程，实现关键环节数据上链存证，不可篡改，可追溯，落实刑罚执行案件终身负责制，进一步规范刑罚执行，强化权力运行监督，保障刑罚执行公平公正，有效地提升司法公信力。②

从试点来看，区块链技术与监狱系统融合的价值成效还是很明显的，比如广东监狱区块链执法监督平台发挥了四方面功能。其一，执法环节全数据上链存证。平台以自动抓取数据的方式将监管改造、刑罚执行、医疗管理等9大业务应用系统中涉及的权益保障、考核管理、减刑假释等关键执法数据上链存证。上链的数据一旦被人为修改，平台就会发出告警，从而实现了防篡改、可追溯的功能。其二，执法工作全流程监督。平台设定三大智能告警规则，实现对监狱执法全流程实时监督：（1）全过程反向监控业务系统数据库，严防业务系统数据库被篡改；（2）立足制度与执法监督现实需求，梳理出可用计算机语言量化的50条执法业务告警规则；（3）开发数据比对模块，对执法数据进行综合分析研判，为开展全流程监督和处置提供

---

① 陈司悦：《广东监狱区块链执法监督平台正式上线》，南方网，https://economy.southcn.com/node_37cc8d2742/c4ffbfd8a2.shtml，最后访问时间：2022年9月2日。

② 沙雪良：《北京在行政执法监督、监狱刑罚执行中试点应用区块链技术》，《新京报》，https://www.bjnews.com.cn/detail/164448021314553.html，最后访问时间：2022年9月2日。

决策参考。其三，执法风险全过程预警。监狱聚焦日常执法管理各环节风险点，全面梳理形成罪犯计分考核、狱务公开、疾病管理、罪犯通信管理、行政奖惩等10大重点监督内容，逐一设置智能告警规则，借助平台对存在执法风险的环节实现全过程自动预警管控。其四，执法问题全闭环管理。平台将监狱各业务系统数据串联存证，一旦出现违反既定智能告警规则的情况，区块链执法监督平台将实时告警提醒，并将告警信息发送到相关责任部门落实跟踪处置，确保执法环节中的问题得到及时解决。[①]

三　基于区块链的公证

（一）缘起：传统公证面临的"数字危机"

传统公证模式在数字时代面临两方面危机。一是传统公证的高成本取证。根据《公证程序规则》的规定，公证机构派员外出核实或办理遗嘱公证时，应当由二人共同办理。公证员的稀缺性和法律对公证程序的硬性要求之间形成矛盾，这就进一步抬高了公证费用。这种高成本在电子信息公证和异地公证问题上显得尤为突出。近年来，利用互联网开展电子商务成为商业流行模式，此类电子商务企业对存证的需求量极大，而且所需公证的信息时效性强、地域广泛、所涉信息量大，这是传统人工在场公证所难以应对的。传统公证区域往往限于原籍地，随着社会经济的发

[①] 陈司悦：《广东监狱区块链执法监督平台正式上线》，南方网，https://economy.southcn.com/node_37cc8d2742/c4ffbfd8a2.shtml，最后访问时间：2022年9月2日。

展，公证内容与公证申请人出现地域上的隔离属于常态化情形，传统公证基本上不具备异地公证的能力，客户服务范围狭窄且业务黏性低。另外，由于公证处是根据当事人申请才审核相关材料来证明某行为的真实合法性，并不涉及对事件起因、经过和结果的全程调查，因此，其取证能力十分有限，公证的事项范围也比较狭窄。另外，在传统公证模式下，公证员外出公证需要耗费大量的出行时间，其固定的、有限的工作时间往往被途中交通占用，这必然降低其公证效率。而且，对于较远地域的侵权取证等需要按时计费的公证事项而言，公证费用更是一笔高额的支出。

二是传统公证极易引发公证错误。公证结果错误的一个原因是，申请主体篡改公证内容。以遗嘱公证为例，纸质遗嘱或是录音遗嘱都存在被人为变更的可能，如果享有继承份额较多的主体联合作弊修改遗嘱，那么，最后被公证认定的遗嘱必然失真。另外，公证员以牟利为目的为不真实、不合法的事项出具公证书，也是重要的引发公证错误的原因；再加上司法行政部门对于公证处的监管体系不完善、监管力度弱等现实原因，公证员极易受到外部利益的引诱而违背职业道德。

从技术上看，"区块链技术信任力＋公证国家公信力"的双重增信作用，可以解决传统公证业务的短板问题。目前，"区块链＋公证"的实践探索，主要表现在助力在线公证、知识产权保护和强制执行公证三大场景上。

（二）基于区块链的在线公证："信证链"

近年来，公证行业普遍转变服务理念，主动适应经济社会发展新需求，丰富公证服务类型，深化公证在金融、民营企业、知识产权、产权保护、保障"三农"等领域的实践作用，综合运用公证证明、协议公证、保全证据、存证取证、现场监督、合法性审查等服务手段,力图提供在线金融赋强、知识产权溯源、存证取证、纠纷调解等更多符合市场需求的公证产品。①

2020年3月,司法部党组发布了2020年1号文——《关于加强公证行业党的领导 优化公证法律服务的意见》,明确提出:要创新优化服务方式方法;要深入推进"互联网+公证"服务;合作制试点公证机构于2020年底前要全部具备应用电子公证书,在线电子证据保全保管,债权文书网上赋予强制执行效力,海外远程视频公证服务等能力。各地的公证机构积极响应司法部的号召,积极探索并推进"互联网+公证"服务,即在线公证服务。有论者指出,在线公证是传统在场公证的补充,它在很大程度上提高了公证工作人员的跨地域、跨领域作业能力,有效地拓展了业务生态并拓宽了业务领域,提高了公证行业数据确权的应用能力及价值。②

但是,由于公证业务与个人信息数据息息相关,稍有不慎将造成很大的法律风险,因此,很多信息并不适合通过普通的互联网进行传播。那么,在线公证如何避免数据泄露、数据篡改等问题呢?实践中的一个探索是引入区块链技术。因为上网只能实现数据共享,但上链可以实现"可信数据共享"。具体而言,区块链技术的匿名性满足了公证申请人对隐私保护的要求:公证机构将公证数据存储在区块链上,凭借不对称加密算法防止数据泄露,唯有掌握私钥的公证申请人或其他授权主体才可以见到公证的具体内容。

---

① 钱敏、王璐:《拓展在线公证事务领域 推动市域社会治理现代化》,《中国公证》2022年第5期。
② 王钦颢:《区块链+法治的应用趋势与发展》,《学术大视野》2020年第10期。

区块链在线公证一个典型的探索应用是，上海市卢湾公证处于2021年作为初始节点参与的首个全国性运营级公证联盟链——信证链。该平台搭建于区块链技术基础设施之上，如今，协同链、信任链、价值链已经初具规模，开始将各地公证处蜕变为可信互联网的基础设施。这也让人民群众真正成为这场后疫情时代公证业务革新的见证者和受益者，使公证"为民办实事"的能力和举措更上了一个台阶。公证公信力+区块链的双重背书，可以确保异地公证协查中数据真实可信，不被篡改和泄露，最大限度保障当事人合法权益不受侵犯。①

具体的运行架构与流程，可以参考趣链科技以区块链技术赋能在线公证服务的模式（详见图7-2）。

图7-2　区块链赋能在线公证服务示意图

---

① 《黄浦区政府开放月——卢湾公证处创新型公证相关政策规定介绍》，https://www.shanghai.gov.cn/hpq/20221018/6823d60e61fa45d58b93af14fc01816b.html，最后访问时间：2022年11月20日。

（三）基于区块链的知识产权保护：服务平台与悬赏取证平台

在司法领域的技术创新应用中，区块链+公证为司法界引入了一种"自证"模式，[①]这种自证行为也为知识产权保护开创了新的契机。区块链具有分布式、不可篡改、可验证的技术特点，能够轻松地解决知识产权的确权问题，从而有利于知识产权纠纷的裁判。尤其是2018年杭州互联网法院在审理一起信息网络传播权纠纷案中，首度确认了区块链电子证据的效力，更是促进了公证区块链的发展。电子证据的公证，在进行互联网信息固证前，要保证所存证的数据未经篡改和加工。公证区块链能够实现从确权到维权的全流程记录、全链路可信、全节点见证，其透明性和公开性可以实现知识产权相关数据的实时可查询。一旦发生知识产权权属纠纷，权利人只需输入存证编码即可实现快速调取证据，高效低成本且信息真实可靠，可以极大地提高知识产权纠纷的裁判效率。由此，区块链技术可以全程为知识产权提供公证服务，能够为知识产权侵权纠纷提供可靠的证据支撑，改善维权难度大的现状。

2019年以来，杭州市司法局依托杭州作为全国首批5G试点城市和杭州互联网公证的先发优势，加强公证领域区块链、5G等数字技术的应用，打造了两个重要平台。

一是知识产权服务平台。结合区块链技术，杭州市司法局推出了在线公证服务，旨在高效、安全地服务原创作品、IP形

[①] 许雪梅：《区块链在公证实务中的应用——在线电子证据保全保管》，《中国公证》2021年第3期。

象等领域的知识产权保护。上线以来,平台先后为衢州官方城市形象"南孔爷爷"及"关羽"、"HELLO李白"、"鼠小心"等中国著名城市IP形象办理了典型案例"知识产权服务平台在线公证"案件。"公证知识产权服务"平台被评为"2019年中国优秀区块链应用案例"。

二是区块链公证悬赏取证平台。根据中共中央办公厅、国务院办公厅《关于加强知识产权保护的意见》的精神,杭州市司法局在全国率先推出了区块链公证悬赏取证平台,旨在为知识产权侵权线索征集提供"区块链+公证"服务,有效地破解传统知识产权侵权线索发现难和取证难的问题。目前,该平台已应用于亚组委的知识产权保护,为杭州亚运会的顺利举办发挥了保驾护航的作用。[①]

(四)基于区块链智能合约的强制执行公证

简单而言,赋强公证是对债权文书赋予强制执行效力的公证。经赋强公证的债权文书,可以不经诉讼直接成为人民法院的执行依据。该公证业务包括合同公证环节及出具执行证书环节。早在2000年,最高人民法院、司法部就联合发布《关于公证机构赋予强制执行力债权文书执行有关问题的联合通知》,规定可被赋予强制执行力的债权文书应当具备给予货币、物品、有价证券的内容,债权债务关系明确,对给予内容无疑义,债务人愿意接受强制执行的承诺等条件。后来,《中华人民共和国

[①]《杭州市司法局"区块链+5G"助力城市治理现代化》,浙江省司法厅网站,http://sft.zj.gov.cn/art/2020/1/20/art_1659556_41764164.html,最后访问时间:2022年1月11日。

民事诉讼法》与《中华人民共和国公证法》围绕赋强公证的效力又做了进一步的规定。①

赋强公证作为一种法定的非诉纠纷解决机制,对于优化民事纠纷解决方式具有重要意义,有利于发挥机制优势,规范民事法律行为,维护民事主体合法权益和法律秩序。然而,尽管有互联网技术的加持,赋强公证仍未充分发挥其规范作用,实践中还面临着诸多难点痛点,主要集中于其证明效力和强制执行效力的不足,法院裁定不予执行,致使债权无法顺利进入执行程序。

那么,如何解决这些痛点呢?实践中的探索是引入区块链技术。具体而言,金融机构、公证机构与法院利用区块链技术构建全流程可追溯、不可篡改的"区块链 + 网络赋强公证执行"平台。

1. "区块链 + 网络赋强公证执行"

2021年5月,江苏省公证协会出台了《区块链+金融债权文书网上赋予强制执行效力公证暂行规范》,这是全国首个关于区块链网络赋强公证的业务规范,也是江苏省两年来在全国率先试点区块链+金融债权文书网上赋予强制执行效力公证业务情况的经验总结。该规范主要分为5方面内容。(1)金融机构的范围。该规范明确金融机构范围为经人民银行、银保监会、证监会或者

---

① 《中华人民共和国民事诉讼法》第245条规定,对公证机关依法赋予强制执行效力的债权文书,一方当事人不履行的,对方当事人可以向有管辖权的人民法院申请执行,受申请的人民法院应当执行。《中华人民共和国公证法》第37条规定,对经公证的以给付为内容并载明债务人愿意接受强制执行承诺的债权文书,债务人不履行或者履行不适当的,债权人可以依法向有管辖权的人民法院申请执行。

商务主管部门、地方人民政府金融管理部门批准设立的从事资金融通业务机构或其分支机构,对信息系统、办证程序、软件建设及档案管理等提出具体要求。(2)信息系统方面。规范要求除达到《信息安全等级保护管理办法》第三级安全保护等级和《区块链参考架构》《区块链信息服务管理规定》等所规定的标准及网络信息安全和数据安全等规定外,系统还应具有独立性、安全性、完整性,具备完善的安全防护机制、权限控制机制和容灾备灾功能,具有实时验证、存储、加密及电子签名功能等。(3)办证程序方面。规范要求依照《中华人民共和国公证法》《公证程序规则》规定,遵循赋予强制执行效力债权文书公证基本流程,并由公证员亲自、逐件办理,通过人脸身份识别、活体检测、身份证件交叉验证等识别方式,辅助确认债务人身份。(4)软件建设方面。规范要求以区块链存证和远程视频公证所需信息软件技术为依托,融入CA身份认证、电子签名、人脸识别、电子公证文书出具等功能,并要求设区市公证协会对公证机构人员配备、硬件建设、信息化建设水平及办理区块链赋强公证平台软件开发、部署环境等进行综合评估,报省公证协会备案后方可开展相关业务。(5)档案管理方面。规范要求相关电子数据独立存档、另行备份,能够与江苏省公证管理系统平台对接,符合《江苏省公证档案信息化应用管理规范》要求,并接受管理部门调阅。[①]

2. 跨省赋强公证文书强制执行核验

2022年5月,鄂尔多斯市东胜区人民法院灵活运用区块链技术,核验了由四川省成都市蜀都公证处出具的公证债权文书,

[①] 朱成彦:《率先!江苏出台区块链网络赋强公证业务规范》,澎湃新闻,https://www.thepaper.cn/newsDetail_forward_12627122,最后访问时间:2022年9月2日。

成为内蒙古自治区首例跨省赋强公证文书强制执行核验案件。位于广东省的S融资担保公司通过网上立案，向东胜区人民法院提交了强制执行申请，其申请执行依据是四川省成都市蜀都公证处做出的具有强制执行力的公证债权文书。为了让当事人少跑路，东胜区人民法院主动与四川省蜀都公证处联系，了解到该处已经与"至信链"区块链存证平台对接，具有成熟的区块链存证能力。东胜区人民法院立即要求四川省蜀都公证处对该案中三份关键的公证文书进行区块链存证，并补充提交区块链存证后的电子版公证文书和存证报告。执行指挥中心审核人员在审管办信息中心技术人员的指导下，仅用数分钟，便在"内蒙古法院区块链证据核验中心"完成了核验。①

四　基于区块链的司法鉴定

（一）缘起：司法鉴定的"公信力"问题

长期以来，如何确保公信力是司法鉴定行业的焦点问题。而影响司法鉴定结果公信力的因素非常多，比如市场化问题、管理问题、标准混杂等。为了解决鉴定机构与鉴定人不中立的问题，2005年全国人民代表大会常务委员会通过的《关于司法鉴定管理问题的决定》明确要求：侦查机关根据侦查工作的需要设立的鉴定机构，不得面向社会接受委托从事司法鉴定业务；人民法

---

① 《东胜区人民法院运用区块链技术完成首例跨省赋强公证文书核验》，腾讯新闻，https://new.qq.com/omn/20220502/20220502A01F1W00.html，最后访问时间：2022年9月2日。

院和司法行政部门不得设立鉴定机构；各鉴定机构之间没有隶属关系；鉴定机构接受委托从事司法鉴定业务，不受地域范围的限制。但这种独立化也带来了市场化的消极影响：比如，独立后的鉴定机构为了获取生存空间采取市场化运营，会受到"成本—效益"盈利模式的影响，该模式会使得鉴定机构在追求效益和保持中立之间产生冲突。虽然理论上鉴定费用最终由败诉方支付，但是作为启动鉴定后鉴定费用垫付人的鉴定申请人，其对鉴定事项的主观意图会对鉴定机构和鉴定人的鉴定过程和鉴定结果造成直接影响。更严重的是，有些鉴定机构和鉴定人为了拓展业务，争夺市场空间，增加案源收入，会一味听从于当事人的诉讼需求，使鉴定结果强行贴合当事人的要求，形成"量身鉴定"模式，或者以夸大鉴定损失的方式超额收取鉴定费用。如此经营，不仅影响整个鉴定行业的正常运行，还使司法鉴定公信力乃至司法裁判公信力大打折扣。

虽然自《关于司法鉴定管理问题的决定》颁行之后，我国不断颁布相关规定以加强对鉴定机构和鉴定人的管理，[①]这些规范在一定程度上对提升司法鉴定机构和鉴定人员的规范化管理水平起到了促进作用。但是，鉴定机构和鉴定人员的管理仍存

---

① 比如，2005年司法部颁布了《司法鉴定机构登记管理办法》《司法鉴定人登记管理办法》，对司法鉴定机构和鉴定人的从业资质做出强制性规定；2010年司法部颁布了《司法鉴定人和司法鉴定机构名册管理办法》，对鉴定机构和鉴定人的名册编制工作进行规定。2012年国家认证认可监督管理委员会和司法部共同印发了《司法鉴定机构资质认定评审准则》，对司法鉴定机构在管理和技术层面的资质认定要求进行了规范。2020年司法部办公厅下发《关于开展司法鉴定机构和鉴定人清理整顿工作的通知》，对存在"金钱鉴定、人情鉴定、虚假鉴定"等违法违规行为的鉴定机构和鉴定人进行为期两个月的清理整顿。

在无法忽视的漏洞，例如，鉴定机构鉴定范围和鉴定资质的审查认证程序缺乏透明度、司法机关对鉴定人资质范围的审查解释缺乏权威规范、司法鉴定类别细分领域缺乏详细规则等。该问题的原因在于一方面没有基础性的法律规范对众多规章文件进行统一梳理，另一方面则是没有与规范文件相匹配的具体化实施与监督举措体系。

另外，因为案件种类的复杂多样，司法鉴定涉及的鉴定依据和标准亦因案件所涉领域的不同而错综繁复、不可尽数。虽然在很多领域，我国经过多部门的联合规制，最终出台了统一的标准，例如由最高人民法院、最高人民检察院、公安部、国家安全部、司法部联合发布的《人体损伤致残程度分级》于2017年1月1日起正式施行。2019年9月，最高人民法院根据中共中央、国务院发布的《关于建立健全城乡融合发展体制机制和政策体系的意见》印发了《关于授权开展人身损害赔偿标准城乡统一试点的通知》，授权各高级人民法院在辖区内开展人身损害赔偿纠纷案件统一城乡居民赔偿标准试点工作。但有些司法鉴定领域尚未形成全国的统一标准。这同样影响着鉴定结果的公信力。

那么，如何有效地、系统化地解决鉴定公信力问题？有论者探讨了区块链对完善司法鉴定体系的价值。其一，"去中心化"对司法鉴定利益相关者有保护促进作用。对于司法鉴定全流程来说，利益相关者包括鉴定申请人、鉴定被申请人、鉴定机构和鉴定人。借鉴区块链"去中心化"的理念，准许司法鉴定利益相关者自行参与区块链网络建设，不仅有利于利益相关者各方通过深度参与来加强对司法鉴定工作的信任度和满意度，而且可以大为减轻法院的工作负担，提升法院的工作质效。其二，区块链的"不易篡改"功能，对司法鉴定活动数据信息能够发挥保存与流转安全的保障作用。其三，区块链的"公开透明"和"可追溯"功能，可以对司法鉴定流程节点发挥监督作用。[1]同时，实践中也在进行有益的探索，比较典型的有司法鉴定意见书的区块链赋码模式与基于区块链的电子数据保全鉴定模式。

（二）司法鉴定意见书的区块链赋码模式

按照司法部统一部署，江苏省被列为应用区块链技术赋能司法鉴定信息化建设的唯一试点省份，即司法鉴定意见书赋码首批试点省份。2021年以来，江苏省司法厅积极探索打造"区块链+司法鉴定"公共法律服务新模式，不断推进区块链技术在司法鉴定领域的广泛应用，取得了良好成效。

其中，区块链技术从四个方面赋能司法鉴定业务。一是促进司法鉴定业务数据一体化。推行区块链赋码后，所有鉴定意见书都必须通过系统将司法鉴定案件基本信息上报至司法部全国司法鉴定综合数据库获取二维码，倒逼鉴定机构及时上传司法鉴定案件数据，从而保证司法鉴定系统业务数据及时更新，防止鉴定案件游离于监管体系之外。

二是促进司法鉴定业务程序规范化。应用区块链技术的司法鉴定信息系统严格按照《司法鉴定程序通则》要求设计操作流程，利用区块链防篡改技术特性及多方联动可信的信任机制，从信息化技术层面推动鉴定流程的科学化、便捷化，包括选择

---

[1] 郝志鹏：《区块链在提升司法鉴定公信力中的应用研究——以海事司法鉴定为样本》，《中国司法鉴定》2021年第6期，第14页。

鉴定人员、确认人员回避、鉴定意见书起草、复核、签发、送达等环节都需要操作人员根据系统流程逐步操作。鉴定系统操作、文档操作等全部流程全程留痕，系统自动进行缺项和时限监控，提示和要求操作人员按要求在规定时间内完成文书项目输入，从程序上提升了鉴定服务质量。

三是促进司法鉴定业务服务便捷化。区块链赋码保证了案件当事人可随时扫码查看鉴定机构的鉴定资质，协助监管部门查处无资质鉴定机构违法从业行为，进一步保障信息化时代委托人、社会公众对司法鉴定活动的知情权、表达权和监督权，增进社会公众对司法鉴定的认知和认同，有助于规范鉴定行为，提升鉴定服务质量。

四是促进司法鉴定业务监管精细化。比如，监管部门可全面掌握鉴定数据运行态势，进而开展数据间的关联性分析，提炼警示指标。[①]

（三）基于区块链的电子数据保全鉴定模式

2021年，利用区块链技术，乌海市龙华司法鉴定所加入易保全[②]的"保全链"开放平台，让电子数据从产生、存证到使用，都有链上的司法鉴定所、公证处、仲裁委、互联网法院、版权保护中心等权威机构做公证监督，提高了区块链存证数据的权威性。

---

① 朱剑：《"区块链+司法鉴定"，江苏创新司法鉴定信息化建设管理新模式》，司法部官网，http://www.moj.gov.cn/pub/sfbgw/fzgz/fzgzggflfwx/fzgzggflfw/202110/t20211015_439336.html，最后访问时间：2022年3月21日。
② 易保全是一家第三方存证平台。

保全链不仅让乌海市龙华司法鉴定所的用户数据能实时通过区块链进行加密存证，还能让数据通过保全链开放平台实现在司法机构间的实时互通，从而提高数据的司法公证力。同时，易保全与司法鉴定所开展的深度合作实现了对区块链数据进行实时公证鉴定，可以在线出具司法鉴定保管函，证明从数据产生之初就已通过区块链存证到了司法鉴定所的服务器上，进一步提高电子数据的公信力。[①]

五　基于区块链的人民调解

（一）缘起：如何让智慧调解更具能动性和创新性？

当事人及其他参与人应用智慧服务系统进行在线调解，包括调解前的协议和解、调解组织和调解员的选定工作、助力音视频调解形式的落实，甚至可以完成制作调解协议和出具调解书等结束调解程序的行为。

在此基础上，将区块链融入智慧调解，将调解过程和调解书面结果材料实时准确上链记录，可以为后续的事实确认和追责提供实质支撑。有论者指出，区块链技术辅助下的调解制度具有系统平台的"去中心化"、解纷依据的"代码化"、解纷方

---

① 《乌海市龙华司法鉴定所引入区块链技术助力电子数据保全鉴定》，乌海市司法局网站，http://sfj.wuhai.gov.cn/sfj/254765/254801/1025304/index.html；《乌海市龙华司法鉴定所携手易保全，区块链让存证数据快速公证鉴定》，https://baijiahao.baidu.com/s?id=1690023230877739672&wfr=spider&for=pc，易保全区块链存证，最后访问时间：2022年1月11日。

案执行的"全自动化"等优势。①共识机制和算法信任的智能合约在缺乏法条明文规定的情况下也能作为解决纠纷的依据或准则,调解工作在区块链共识机制的配置下具有能动性和创新性,这赋予了调解制度新的生机和活力。区块链技术与人工智能算法相结合能够识别矛盾纠纷类型,对调解案件发生缘由进行大数据分析和模型重构,总结出民商事纠纷矛盾的主要来源,以此为调解工作提供评估意见和化解思路。实践中已经有相关探索。

(二)"调解区块链数据服务系统":区块链存证与调解体系的深度融合

为了将区块链调解数据与公证、诉讼等程序进行深度融合,更高程度地实现调解工作的解纷价值,无锡市滨湖区在2020年10月29日正式投运了矛盾纠纷多元调处区块链服务中心,创新了江苏首家新型调解模式,即"诉讼+非诉讼"(被称为"两诉中心")模式。该模式最大的新颖之处在于将滨湖区法院诉讼服务中心和区司法局非诉讼服务中心合二为一,实现"一个矛盾进门、一群人员服务",集调解、公证、复议、裁决、法援等非诉功能和立案、速裁审判、司法确认等诉讼功能于一体,建立起全面覆盖民事、商事、家事、行政四大领域的线上线下非诉讼纠纷化解综合平台。

服务中心在处理案件时,会过滤必须立案的纠纷,其他案件则会通过导诉引流、分流指派等方式进行诉前调解,最大程

---

① 杨锦帆:《基于区块链的纠纷解决机制研究》,《陕西师范大学学报(哲学社会科学版)》2021年第4期,第163页。

度发挥人民调解第一道防线的作用，提升以人民调解为首的非诉纠纷解决方式的知晓率、首选率，降低司法成本和定分止争的社会成本、减轻办案压力。①

其中，为了在办理案件过程中实现"数字化分析"和"智慧化派单"，该中心将区块链数据存证技术与全区的调解体系深度融合，搭建调解区块链数据服务系统，延伸调解触角，将影响层面辐射到各个基层调委会。2020年上半年，滨湖区97个调委会均可即时共享全区矛盾排查、案件受理、调解结果等情况。

六　基于区块链的普法

（一）缘起：传统线下普法工作面临"出局"的风险

在数字时代，传统线下普法工作模式日益遭遇挑战，原因主要有三。其一，传统线下普法工作往往需要确定固定的地点，由于场地空间的限制，普法服务的受众数量极少。其二，普法方式单一。目前普法工作的常用方式集中于摆摊咨询、定时宣讲、分发宣传单、有奖式竞答等，常年维持固定的普法方案，缺乏趣味性和新颖性，难以调动公众的学法积极性。其三，未对普法工作责任主体建立有效的考核评价监管体系，责任主体对普法工作的重视程度低。目前各级行政执法机关和司法机关都承担着一定的普法任务，但是对其普法工作开展情况的监管

---

① 张永明：《无锡司法行政致力多元解纷创新》，《法治日报》2021年9月26日第507期。

尚处于缺失状态,这就导致责任主体对普法工作的重视度低,对待普法任务采取随意性态度。

鉴于此,司法实务部门不断探索数字普法工作模式,比如创建普法网上平台,通过直播等新兴热点形式灵活开展普法活动,提高普法活动的参与人数。

(二)"普法区块链平台":实现数据公开透明、实时展示、实时可控、实时访问、可循可查

在数字普法模式的基础上,如何利用区块链作为数据集合平台的属性,实现普法相关数据的整合、改善普法数据不对称的现状?从理论上讲,区块链可以从四个方面赋能数字普法。

其一,去中心化的区块链技术能够为不同地理位置节点的信息访问减少带宽负载,提升直播的视频传输速度,实现直播主播人与观看用户之间的实时互动,提高普法直播的效益。

其二,依托区块链技术,加强对普法项目分层次、分梯度、分群体的大数据采集分析,重点突出对学法指数、社会化大普法等两大模块的采集监测,为大数据提供基础支撑,实现数据公开透明、实时展示、实时可控、实时访问、可循可查。

其三,区块链技术将普法服务对象对普法活动开展效果的评价,实时传送到平台方,从而帮助普法活动内容设计者更好地确定后续普法主题,助推普法活动组织者完成高效的普法服务。

其四,通过区块链技术实现各责任主体普法工作完成情况的信息上链,从而实现对普法工作开展的实时监管,提高责任主体对普法工作的重视程度。普法责任主体作为节点可以实时上传包括普法活动开展时间、地点、内容、事后总结反馈在内

的相关信息，通过不可篡改的区块链平台进行存证，以证明自身在普法领域所付出的工作量。

典型实例比如，2020年初，温州市龙湾区司法局依托区块链技术，加强对普法项目分层次、分梯度、分群体的大数据采集分析，重点突出对学法指数、社会化大普法两大模块的采集监测，为BI大数据提供基础支撑，实现数据公开透明、实时展示、实时可控、实时访问、可循可查。2020年，龙湾区司法局根据BI分析结果，及时调整普法方案，精准开展《中华人民共和国民法典》、《浙江省民营企业促进条例》、《温州优化营商环境办法》等新颁布的法律宣传宣讲40余场，覆盖人数过万。

七 未来展望

从实践探索来看，"区块链存证链"、"区块链鉴定链"、"区块链公证链"、"区块链法律服务链"等都是基于区块链智能合约和共识机制的新兴模式，它们充分利用了区块链去中心化存储、数据不可篡改、全程留痕、可追溯的特性，不仅可以增强司法鉴定数据的准确性、真实性和可追溯性，而且有效地提升了监管能力，提高了司法鉴定质量和公信力。可以说，这些区块链司法行政模式"创造性地"颠覆了传统模式。

从发展的视角来看，区块链赋能司法行政工作仍然需要走向深入，实现从司法行政系统迈向公检法司协同共治系统。实践中已经展开了相关探索，如在"12348江苏法网"不断扩大司法行政工作社会影响力和群众满意度的前提下，2021年，江苏省司法厅拟进一步深化区块链技术在司法鉴定领域的全面适用，全面加强与公检法平台的对接，融合"12348江苏法网"模块，推动电子证照的应用,着力促进系统协同共治,以打造高资质高水平的司法鉴定机构为目标,不断探索司法鉴定标准化管理、信息化增效的发展之路。①

  同时,司法行政机关需要充分关注来自技术与法律方面的挑战并做好应对工作。比如,在"区块链+减假暂"、"区块链+计分考评"与"区块链+狱务公开"的模式中,区块链技术的确能够在"提升执法监督能效"、"提高管理罪犯水平"与"增强执法公信力"三个维度赋能监狱治理,但是,在具体实施应用过程中,区块链可能面临"缺乏法律认可"、"数字化转型程度不一致"、"区块链的自身技术缺陷"等方面的挑战与质疑。还比如,区块链技术和公证业务在深入融合中,要理性看待区块链在电子证据固化方面的作用,要将"区块链+公证"嵌入电子数据生成阶段,要探索发挥公证对入链前数据的"保真"作用。②

---

① 《"区块链+司法鉴定"江苏创新司法鉴定信息化建设管理新模式》,腾讯网,https://mp.weixin.qq.com/s?__biz,最后访问时间:2022年11月2日。
② 汪嘉正:《【享法】青年才俊与行业大咖畅谈"区块链+法治"助力司法行政数字化转型》,https://www.163.com/dy/article/H10JG5RT05341282.html,上海市司法局网站,最后访问时间:2022年9月2日。

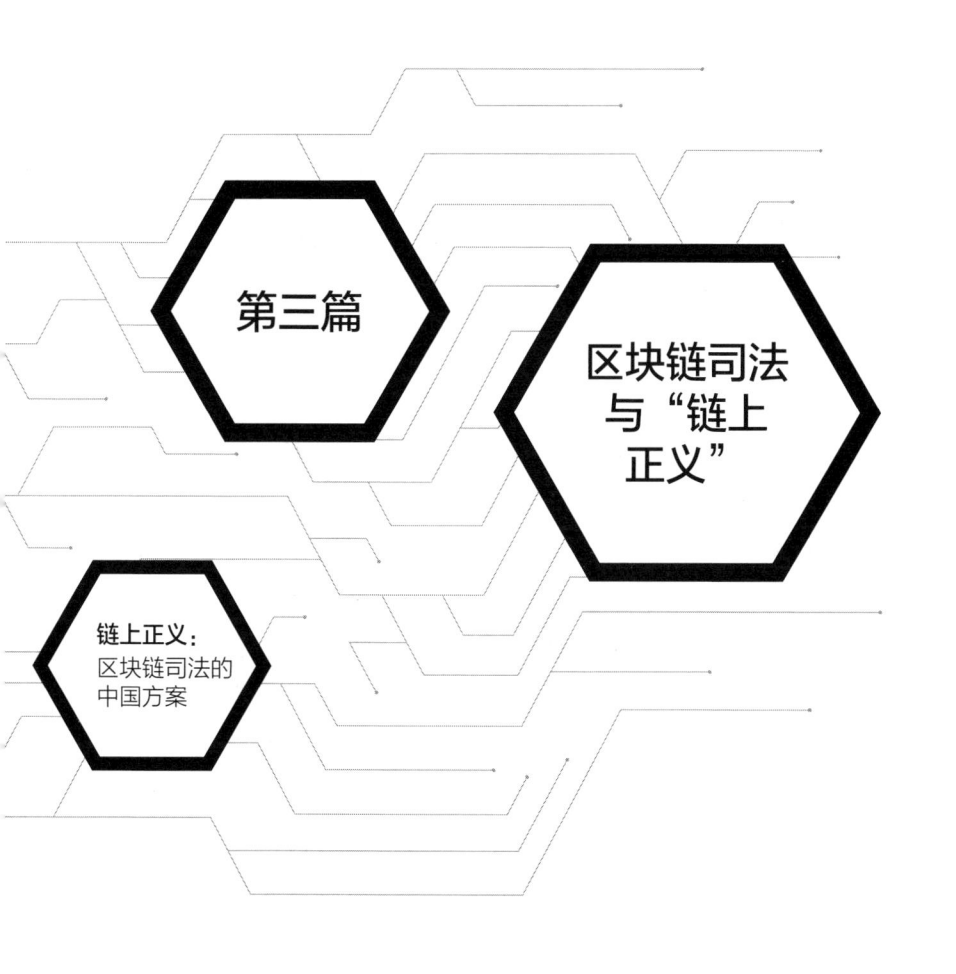

第三篇

区块链司法与"链上正义"

链上正义：区块链司法的中国方案

我国自发生成的、以区块链技术支撑的司法场景都可以称为区块链司法，简称"链上司法"。从应用层面来看，它是以互联网司法为基础，添加实时共享、防篡改、可信协作等区块链技术特性而形成的司法模式。那么，如何实现区块链司法正义？纵观历史，不同时代给出了不同的答案，这取决于当时人们可用的技术和他们的信仰体系。针对区块链司法，美国学者Federico Ast与Bruno Deffains提出了分布式正义理论的初步框架。区块链司法旨在寻求利用区块链和机制设计，以建立能够高效、公平地解决数字时代新型争议的解决程序。

实现链上正义实属不易，必须充分应对区块链司法所面临的挑战，需要从法律程序规则到技术做出体系化的准备。前者关乎司法体系的重塑，主要体现为权利、权力平衡原则，具体包括链上节点当事人、利害关系人的程序权利保障；链上司法机关权力的有效约束。后者主要关乎技术治理体系，确保司法区块链技术的合法合规。

第8章 区块链司法的兴起

本章要目

引　言

一　区块链司法的内涵与技术架构
　　（一）区块链司法：基于可信性的分布式司法
　　（二）区块链司法与司法区块链的关系：司法模式与技术类别
　　（三）区块链司法的多元场景
　　（四）区块链司法的技术架构：许可型区块链

二　区块链司法的生发逻辑
　　（一）政策背景：区块链产业创新发展的浪潮
　　（二）现实条件：区块链融入司法的系统架构基础与经验
　　（三）技术因素：互联网司法的技术性隐患需要区块链技术的融入

三　区块链司法的价值
　　（一）通过区块链技术的防篡改性提升司法公信力
　　（二）"区块链＋隐私计算技术"：有效扩展数据的开放性应用
　　（三）通过"区块链＋智能合约"优化业务流程、提升司法效率
　　（四）通过区块链互通联动的巨大潜力增强司法协同能力
　　（五）通过区块链联盟互认可信的价值属性服务经济社会治理

引 言

从实践探索来看,区块链在司法领域的应用只是拉开了序幕,其后续的发展速度惊人。比如,未来的法院区块链建设,区块链技术应用不仅仅局限于存证场景,法院立案、庭审、执行的全流程司法信息的传输都将适用。而且,司法内部链条与外部链条将会进一步融合,区块链司法存证、区块链司法协作与区块链司法监督全流程上链,从而形成"链上司法"。可以说,未来司法将演变为基于区块链技术的"技术可信、身份可信、证据可信、治理可信"的区块链可信司法模式。

一 区块链司法的内涵与技术架构

(一)区块链司法:基于可信性的分布式司法

传统的互联网只是实现了信息的获得与交换,但随着信息安全问题的日益突出,如何在可信信息基础上实现价值交换则是数字时代之必需。不同于其他新技术,区块链可以为即将到来的数字社会中的群体信任和行为规范,提供一种基于互联网的、全新的分布式基础架构与计算范式,利用不可篡改的链式数据结构存储数据,利用多方参与认可与验证的共识算法更新数据,利用密码学技术保障隐私与数据安全,利用智能合约来实现法律规则在数字空间的约束力。[1]因此,区块链的共享账本、智能合约

---

[1] 马明亮:《区块链司法的生发逻辑与中国前景》,《比较法研究》2022年4月第2期。

技术等所构建的独特信任机制，可以实现安全的价值交换。区块链技术赋能传统互联网，使其从信息互联网升级为价值互联网。①所以，在技术层面，区块链司法可以理解为互联网司法的升级版。

据此，以区块链技术支撑的司法场景都可以称为区块链司法，简称"链上司法"。从应用层面来看，它是以互联网司法为基础，添加实时共享、防篡改、可信协作等区块链技术特性而形成的司法模式。鉴于区块链是一种特殊类型的分布式账本技术，是一种跨多个数据存储记录和共享数据的方式，其中每个数据存储节点都有完全相同的数据记录，并由分布式网络集中维护和控制。因此，域外有论者将基于区块链技术的司法范式称为分布式司法（Decentralized Justice）。②

需要提及的是，虽然狭义司法的概念不包括仲裁，但事实上，"区块链+仲裁"也是重要的应用方向。比如，2017年底，深圳首度提出了区块链+司法应用的"仲裁链"，这是全球第一个区块链在司法的真实应用。③2018年2月，广州仲裁委基于"仲裁链"出具了业内首个裁决书。"仲裁链"是由微众银行联合广州仲裁委、

---

① 关于信息交换到价值交换、从信息互联网到价值互联网的论述，详细参见陈晓红、任剑等《区块链技术及应用发展》，清华大学出版社，2020，第5页。也可以参见长铗、韩锋等《区块链：从数字货币到信用社会》，中信出版社，2016，第181~207页。

② Federico Ast & Bruno Deffains, "When Online Dispute Resolution Meets Blockchain: The Birth of Decentralized Justice", *Stan. J. BLOCKCHAIN L. & POL'y*, Vol.4, No.1, 2021, pp.6-7.

③ 《区块链能为法律带来革新？它比想象中强大，中国已经率先应用了》，百度百家号，https://baijiahao.baidu.com/s?id=1599896953835280049&wfr=spider&for=pc，最后访问时间：2022年9月2日。

杭州亦笔科技三方基于区块链技术所搭建的。2019年7月18日，宁波仲裁委召开互联网在线仲裁平台暨全国首个互联网仲裁电子证据平台正式运行发布会，实现了互联网仲裁案件全流程线上解决，电子数据全流程自己跑，真正做到纠纷产生在网络，纠纷化解在网络。[①]

（二）区块链司法与司法区块链的关系：司法模式与技术类别

值得注意的是，司法机关在法律文件中曾给出"司法区块链"的概念，比如2019年广州互联网法院发布的《广州互联网法院司法区块链标准：存证平台数据格式规范》，将司法区块链定义为"一种在司法环境下，通过透明和可信规则，构建不可伪造、不可篡改和可追溯的块链式数据结构，实现和管理法务事务处理的模式"。其本质为司法环境下的块链式数据结构，它关注的是区块链的技术问题，其所对应的是金融区块链、医药管理区块链等。[②] 而区块链司法则是一种司法模式。

以生产力为视角，互联网技术的产生将整个司法模式的演进脉络切分为"线下司法"与"线上司法"两大类型。这两者的背后驱动力不同，前者以人力为主要驱动力，后者则以互联网技术为主要驱动力。根据不同的底层技术，线上司法又分为基于传统互联网技术的"互联网司法"与基于区块链技术的

---

① 《全国首个互联网仲裁电子证据平台上线运用区块链等技术》，链门户，http://www.lianmenhu.com/blockchain-12035-1，最后访问时间：2021年1月24日。
② 马明亮：《区块链司法的生发逻辑与中国前景》，《比较法研究》2022年4月第2期。

"区块链司法",两者都属于数字司法。因此,区块链司法所对应的是线下司法、互联网司法。

(三)区块链司法的多元场景

基于不同的技术特点,区块链司法的适用场景也呈现多元状态。从适用主体来看,既有司法机关内部的,也有跨部门的区块链司法机制,前者如法院内部的庭审文件存证验证、电子票据存证验证;后者如公安、检察院、法院、司法厅(局)等跨部门的可信协作场景。从适用的司法环节来看,有关乎单一诉讼环节或诉讼机制的区块链,比如法院诉讼文书签收可信操作、诉讼费变更可信操作、网上阅卷可信操作,也有关乎诉讼全流程的区块链,比如公检法三机关刑事案件办案协同链,在实现案件数据和办案信息网上流转的基础上,将办案信息实时共享,案件数据上链存证,实时校验,利用区块链可追溯以及数据统计功能,实现公检法之间相互监督。[①]

根据技术在司法决策中的作用不同,区块链司法又可以分为决策型区块链司法与决策辅助型区块链司法。前者的原理是,区块链被用于创建和执行规则,增强法律的确定性。目前的主要实现方式是通过智能合约处理司法协议,比如,2019年,全国首个区块链智能合约司法应用在杭州互联网法院上线。这属于司法区块链的"2.0版"。[②] 域外也有类似机制,比如,基于区

---

① 马明亮:《区块链司法的生发逻辑与中国前景》,《比较法研究》2022年4月第2期。
② 《全国首个区块链智能合约司法应用上线 网购发生纠纷维权更方便了》,杭州网新闻频道,https://hznews.hangzhou.com.cn/jingji/content/2019-10/25/content_7291116.htm,最后访问时间:2022年9月7日。

块链智能合约的 Dao 处理系统;① 区块链赋能传统在线争议解决系统（Online Dispute Resolution，简称"ODR"），保证裁决得到执行。② 后者的原理是，通过区块链技术辅助司法办案，提升司法效能，比如危险物品的区块链监管平台。

（四）区块链司法的技术架构：许可型区块链

从基本原理与核心技术来看，公有链的去中心化、参加人的匿名化以及任何人都能参与共识的特点使其极具理想主义，希求能够"无政府"地实现"自治化"，这与法院的"居中裁判"（尤其是刑事诉讼贯彻审判中心主义）、诉讼参与人的实名制并且均有诉讼资格要求的司法程序特点相去甚远。而联盟链与私有链这类许可链并非完全去中心，可以限制共识节点的数量以提升系统整体性能，同时开放记录节点与数据访问，能实现最大范围的跨机构、跨行业的数据和业务的协作。③ 因此，许可链与司法场景契合度更高。而联盟链应用前景更广阔，其重在提升并拥有治理能力，强调管理和监管。联盟链的核心是可控和无币，是未来区块链的应用趋势，更是当前阶段我国支持

---

① DAO（Decentralized Autonomous Organization，去中心化自治组织）代表了自动化的最高级状态。其运行不依靠人类或群体组织共识，而是完全依靠智能合约、算法及确定性代码。（法）普里马韦拉·德·菲利皮，（美）亚伦·赖特：《监管区块链：代码之治》，卫东亮译，中信出版社，2019，第158页。

② 这可以增强在线争议解决机制的法律确定性，减少代理人的机会主义行为。Federico Ast & Bruno Deffains, "When Online Dispute Resolution Meets Blockchain: The Birth of Decentralized Justice", *Stan. J. BLOCKCHAIN L. & POL'y*, Vol.4, No.1, 2021, p.4.

③ 陈晓红、任剑等：《区块链技术及应用发展》，清华大学出版社，2020，第18页。

区块链发展的重点方向。①对于区块链而言，让价值流通起来才是其真正的使命，而联盟链是当下最适合将技术和业务结合起来的形态，其目标与价值取向是，打造真实供应链以保证数据的透明，打造实时供应链以做到高效响应，具有司法落地的可行性。与之相比，私有链场景要少很多，可以适用于司法机关内部的监督工作，比如公安机关内部的法制审查工作。②

综上，从价值追求与技术特征的契合度来看，区块链技术融入司法领域，主要适用许可链型的联盟链、私有链以及混合链，不宜直接适用公有链技术。在技术实现方面，则根据不同场景侧重适用不同的核心技术。③

二 区块链司法的生发逻辑

从生发逻辑来看，区块链技术融入司法领域绝非偶然，而是国家政策的外部支持、数字法治建设内需共同推动的结果。从技术层面来看，是区块链技术秉性契合互联网司法发展的必然结晶。④

---

① 2021年5月27日，工业和信息化部、中央网络安全和信息化委员会办公室联合发布的《关于加快推动区块链技术应用和产业发展的指导意见》（工信部联信发〔2021〕62号）指出，面向防伪溯源、数据共享、供应链管理、存证取证等领域，建设一批行业级联盟链。

② 马明亮：《区块链司法的生发逻辑与中国前景》，《比较法研究》2022年4月第2期。

③ 马明亮：《区块链司法的生发逻辑与中国前景》，《比较法研究》2022年4月第2期。

④ 马明亮：《区块链司法的生发逻辑与中国前景》，《比较法研究》2022年4月第2期。

（一）政策背景：区块链产业创新发展的浪潮

区块链技术融入司法领域是"区块链+产业"洪流中的一朵浪花，这与我国推动区块链产业创新发展的背景密不可分。我国区块链产业的创新发展，不仅有政府的顶层设计，而且有相关行业协会及机构对区块链技术标准与规范的先行探索。①

在国家战略层面，区块链技术已经被视为国家治理与社会治理的重要技术支撑。我国的区块链标准化工作也在2016年便开始布局。2018年，工业与信息化部中国电子技术标准化研究院组织制定了《区块链隐私保护规范》等四大团体标准，国家级区块链标准也正在制定过程中。②

（二）现实条件：区块链融入司法的系统架构基础与经验

区块链技术融入司法领域，除了上述国家政策的支持外，还有两方面的现实有利条件。

一是我国互联网司法的实践探索与机制建设，为区块链技术融入司法领域奠定了系统架构基础。毕竟，区块链是基于互联网的分布式基础架构与计算范式，因此，区块链技术融入司法离不开互联网司法的基础建设。目前，公检法司各机关都已经建立了各自的业务信息系统，包括警综平台、检察院平台、

---

① 马明亮：《区块链司法的生发逻辑与中国前景》，《比较法研究》2022年4月第2期。
② 《区块链技术国家标准正加速制定》，上海证券报·中国证券网，http://news.cnstock.com/news, yw-202010-4609963.htm，最后访问时间：2021年7月1日。

法院办案平台等,已实现部分公检法司内部业务流程的线上化和电子化。比如在公安系统,全国公安机关刑侦部门目前通过"全国公安机关跨区域办案协作平台",可以实现网上"跨区域办案协作机制"。可以说,司法领域强有力的在线办案系统,已然为区块链技术的融入打开了基础架构之门。

二是司法实务部门丰富的实践探索积累了有益的经验。从植根土壤来看,我国司法机关对区块链并未持有"技术怀疑主义"的反对立场,相反,秉承拥抱姿态并在法律规则与技术标准方面积累了丰富的经验(详见前文关于区块链司法场景既有探索的描述)。①

(三)技术因素:互联网司法的技术性隐患需要区块链技术的融入

互联网司法的发展规划最早是由法院倡导与推进的。2017年,全国乃至全球首家互联网法院——杭州互联网法院挂牌成立,开启了互联网案件集中管辖、专业审判的新篇章。这被誉为"司法领域里程碑式的事件"。②但何为互联网司法?鉴于其内涵的复杂性,即便是最高人民法院在2019年发布的世界范围内首部专题介绍互联网司法的白皮书——《中国法院的互联网司法》也没有给出一个完整的定义。③有论者总结到,互联网司法至少有三层含义:专指技术层面的"互联网化的司法",治理层

---

① 马明亮:《区块链司法的生发逻辑与中国前景》,《比较法研究》2022年4月第2期。
② 徐隽:《互联网法院回应时代需求》,《人民日报》2017年8月22日第5版。
③ 中华人民共和国最高人民法院:《中国法院的互联网司法》,人民法院出版社,2019。

面的"互联网的司法"以及两者的综合。① 笔者倾向于技术层面的理解,即互联网技术改造、重塑后的司法模式。除了法院的推动外,公安机关、检察院等司法机关也分别发力,只是称谓不同,更多表述为数字司法或智慧司法。②

在数字时代,传统的司法正义逐步为数字正义所重塑。数字正义是人类发展到数字社会对公平正义更高水平需求的体现,是数字社会司法文明的重要组成部分。可以说,数字正义是互联网司法的最高价值目标。③但是,我国目前的互联网司法在实现数字正义的过程中还存在诸多局限。主要原因在于,互联网技术的双刃剑性质,能够输出高效、便捷功能的同时,也自带技术性隐患,主要表现为三方面问题。④

一是弱化诉讼的对抗性。数字技术所带来的司法自动化,能够提高司法效率、节省司法成本,但这种自动化可能弱化诉讼的对抗性,降低诉讼过程中的司法审查效能,个人诉讼权利保障受损。二是"跑"在互联网上的数据信息可信性问题。比如,基于人工智能的大数据挖掘使司法机关取证能力呈现指数级增长,但

---

① 李占国:《互联网司法的概念、特征及发展前瞻》,《法律适用》2021年第3期,第5页。
② 马明亮:《区块链司法的生发逻辑与中国前景》,《比较法研究》2022年4月第2期。
③ 在2021年9月16日,北京互联网法院召开"数字正义视阈下的互联网司法"新闻发布会,副院长赵瑞罡对数字正义及其与互联网司法的关系予以界定。《北京互联网法院召开"数字正义视阈下的互联网司法"新闻发布会》,北京互联网法院,https://www.bjinternetcourt.gov.cn/cac/zw/1632633533977.html,最后访问时间:2022年9月2日。
④ 马明亮:《区块链司法的生发逻辑与中国前景》,《比较法研究》2022年4月第2期。

这同时也带来涉案信息被技术性编辑或伪造的可能,进而引发数字时代的司法信任危机。三是互联网技术背景下的数据安全问题。不同的司法部门、第三方机构之间担心信息被泄露,这会导致数据壁垒现象,并且已经在实践中阻碍了司法大数据的生成。①

而区块链的技术禀赋可以有效地应对上述问题。

三 区块链司法的价值

区块链主要解决信息交换与共享中的信任和安全问题。因此,其四大核心技术(账本技术、共识机制、智能合约及密码学技术)以及由此带来的技术优势,可以有效地弥补互联网司法的技术性短板。②那么,基于区块链技术的司法模式,其价值体现在哪些方面呢?这可以结合最高人民法院2022年发布的《关于加强区块链司法应用的意见》(法发〔2022〕16号)中关于区块链技术在法院领域的应用方向予以归纳与展望。

(一)通过区块链技术的防篡改性提升司法公信力

区块链技术的防篡改性,可以充分地实现司法过程的可审计性与可监督性,有效解决数字时代的司法信任危机问题。数字时代的司法信任体系需要两个关键支点:增强司法信息的防篡改性,增强司法程序的透明性与可监督性。由于区块链拥有时序数据、

---

① 马明亮:《区块链司法的生发逻辑与中国前景》,《比较法研究》2022年4月第2期。

② 马明亮:《区块链司法的生发逻辑与中国前景》,《比较法研究》2022年4月第2期。

可编程、加密与授权的技术特点，其所具有的开放性能够从底层解决信任机制问题。①申言之，区块链技术采用分布式的对等网络，具有良好的容错性和扩展性，与中心化的数据储存方式不同，信息都会通过点到点的形式分布每个节点，以"全网见证"实现"如实记录"。据此，整个司法过程具有了更充分的透明度。②

（二）"区块链+隐私计算技术"：有效扩展数据的开放性应用

"区块链+隐私计算技术"可以有效保障数据隐私安全，打破数据壁垒，扩展数据的开放性应用。隐私计算是指在保护数据本身不对外泄露的前提下实现数据分析计算的一类信息技术，包含了数据科学、密码学、人工智能等众多技术体系的交叉融合。从技术实现原理上看，隐私计算主要分为密码学和可信硬件两大领域。③该技术的核心思想是设计特殊的加密算法与协议，从而支持在加密数据之上直接进行计算，得到所需的计算结果，同时不接触数据明文内容，实现数据的"可用不可见"。④目前，虽然云计算带来了低成本、高性能和便捷性等优势，但从安全角度讲，用户还不敢将敏感信息直接放到第三方云上进行处理。

---

① 林小驰、胡叶倩雯：《关于区块链技术的研究综述》，《金融市场研究》2016年第2期，第97~109页。
② 马明亮：《区块链司法的生发逻辑与中国前景》，《比较法研究》2022年4月第2期。
③ 闫树、吕艾临：《隐私计算发展综述》，《信息通讯技术与政策》2021年第6期，第1页。
④ 辛闻：《"可用不可见"技术有望成数据保护新趋势》，中国警察网，http：//zhjw.cpd.com.cn/n30136042/201908/t20190829_850953.html，最后访问时间：2021年5月31日。

如果利用同态加密技术（隐私计算技术之一种），加密后的数据在第三方服务处理后得到加密结果，这个结果只有用户自身可以解密，整个过程第三方平台无法获知任何有效的数据信息。[①]而区块链技术与同态加密是很好的互补，使用同态加密技术，运行在区块链上的智能合约可以处理密文，而无法获知真实数据，极大地提高了隐私安全性。[②]

（三）通过"区块链+智能合约"优化业务流程、提升司法效率

充分发挥区块链优化业务流程的重要作用，不断提高司法效率的典型场景是，"区块链+智能合约"支持调解与审判流程的衔接应用。区块链智能合约无须耗费中介性的信任成本，进而可以大幅度地提升司法效能。以区块链技术为核心的智能合约，可以改变司法机关的协作行为与信息互动方式，以自动化和智能化的整体协同方式完成数据共享，这不仅可以减少人为因素所带来的不确定性、随意性和复杂性，而且能够降低司法成本，提升跨部门、跨地域司法协作的效率和快速应变能力。[③]

也许正是预判到区块链技术能够弥补传统互联网不足的重要价值，早在2019年最高法院在互联网司法的总体发展规划中便明确了一个重要的方向——诉讼模式由线性封闭向集成开放智能转变。转变的重要方式是，各地法院要借助区块链等新技

---

① 马明亮：《区块链司法的生发逻辑与中国前景》，《比较法研究》2022年4月第2期。
② 杨保华、陈昌：《区块链原理、技术与应用》，机械工业出版社，2020，第85页。
③ 马明亮：《区块链司法的生发逻辑与中国前景》，《比较法研究》2022年4月第2期。

术,逐步将个体分散的司法实践和经验,深度集成整合为开放、共享、智能的综合运用模式。[①]在中共中央2021年8月2日印发的《关于加强新时代检察机关法律监督工作的意见》中,区块链的价值进一步被挖掘与认知:运用区块链等技术推进公安机关、检察机关、审判机关、司法行政机关等跨部门大数据协同办案,实现案件数据和办案信息网上流转,推进涉案财物规范管理和证据、案卷电子化共享。[②]

(四)通过区块链互通联动的巨大潜力增强司法协同能力

其中的典型场景是应用区块链平台提高政法部门案件协同办理能力。比如,针对刑事案件跨部门协同办理,构建人民法院与检察、公安、司法行政等部门的跨链协同应用平台,提高案件在线流转效率和数据互信水平。

(五)通过区块链联盟互认可信的价值属性服务经济社会治理

典型的场景是支持金融信息流转应用的区块链平台。比如,法院构建与金融机构区块链平台的跨链协同应用机制,支持对金融贷款合同、信用卡等审批、履行、违约过程信息的查询核验和智能合约处置,旨在更好地服务金融风险防范化解。

[①] 中华人民共和国最高人民法院:《中国法院的互联网司法》,人民法院出版社,2019,第4页。
[②] 马明亮:《区块链司法的生发逻辑与中国前景》,《比较法研究》2022年4月第2期。

第9章 "链上正义":评价体系与面临的挑战

本章要目

引 言

一 司法正义的评估标准与决定因素
　（一）司法正义的评估标准:认知的准确性、效率和合乎伦理
　（二）司法正义的决定因素:可用技术与信仰体系

二 程序性正义理论的历史迭代
　（一）线下司法:传统正当程序理论
　（二）互联网司法:技术性正当程序理论
　（三）区块链司法:分布式正义理论

三 "链上正义"的评价要素:技术、法律与社会价值要素
　（一）技术要素:区块链技术的中立性、操作的易用性、数据的可信性与安全性
　（二）法律要素:信任、高效、协同与廉洁
　（三）社会价值要素:服务经济社会治理

四 "链上正义"面临的挑战
　（一）区块链自身技术风险可能带来的司法负向功能
　（二）司法区块链技术面临的合法合规挑战
　（三）现行司法系统衔接区块链技术的抵牾与不足

引 言

自1971年美国学者罗尔斯出版《正义论》一书以来,有关程序正义的理论和学说不断出现。一些英美学者从传统的"自然正义"和"正当法律程序"理念出发,对法律程序本身的公正性和正当性进行探讨,并提出了一系列的程序正义理论。与此同时,一些德国学者也运用法社会学、心理学和人类学方法,探讨了程序正义价值的社会基础问题。① 由此可见,正义理论及其在司法领域应用所产生的程序正义理论,属于"仁者见仁、智者见智"的问题,并不存在"大一统"的衡量尺度,相反,还一直处于变动与争论之中。尤其是,随着国家治理理念的变迁、科技的发达、社会公众价值观念的演进,以及司法的理念及其制度设计的不断更迭,司法正义的评估标准与决定因素也必然变动不居。

那么,区块链司法的正义标准如何评判,与传统的线下司法以及互联网司法是否相同?这是本章所要回答的问题。

一 司法正义的评估标准与决定因素

(一)司法正义的评估标准:认知的准确性、效率和合乎伦理

从法律认识论的角度来看,司法可以被视为一种认知引擎,

---

① 详细讨论参见陈瑞华《程序正义的理论基础——评马修的"尊严价值理论"》,《中国法学》2000年第3期,第144页。

一种从一系列令人困惑的线索和指令中找出真相的工具。司法系统的关键特征是具备获取符合真相的裁决（true decision）的能力。经常宣判无辜者有罪和有罪者无罪的法庭将无法赢得公众的尊重。这只是一个评估标准，即认知的准确性，除此之外，还包括效率和伦理因素。效率主要与成本和速度有关：以低成本快速地达成一个符合真相的决策，比以高成本且缓慢地达成决策更可取。合乎伦理被公众认为是关于司法系统公平的能力。综上，司法正义的关键问题可以概括为：如何设计一种机制，能够有效地产生符合真相的裁决，并最终与公众的伦理信仰相一致？[①]

（二）司法正义的决定因素：可用技术与信仰体系

如何实现司法正义？纵观历史，不同时代给出了不同的答案，这取决于当时人们可用的技术和他们的信仰体系。[②] 自20世纪90年代以来，互联网彻底改变了世界经济体系和人类组织社会合作的能力。这对司法的影响称为翻天覆地也不为过。2020年12月，中共中央发布了《法治社会建设实施纲要（2020—2025年）》，对"依法治理网络空间"做出专门要求，特别提出要完善"互联网+诉讼"模式，推动科技创新成果同司法工作的深度融合。

[①] Federico Ast, Bruno Deffains, "When Online Dispute Resolution Meets Blockchain: The Birth of Decentralized Justice", *Stan. J. BLOCKCHAIN L. & POL'y*, Vol.4, No.1, 2021, pp.5–6.

[②] 比如，在古代雅典，审判是由大量随机挑选的志愿公民（voluntary citizens）所推进的，中世纪的商事法庭是通过商法以同行裁判者（peer judges）为基础的。而当代法律体系将法律决定权交给了专业律师和职业法官。Federico Ast, Bruno Deffains, "When Online Dispute Resolution Meets Blockchain: The Birth of Decentralized Justice", *Stan. J. BLOCKCHAIN L. & POL'y*, Vol.4, No.1, 2021, pp.5–6.

二 程序性正义理论的历史迭代

基于不同的生产力与技术支撑,线下司法、互联网司法与区块链司法这三种司法形态,应适用不同的程序性正义理论与评价体系。

(一)线下司法:传统正当程序理论

关于程序正义或正当程序的要求或判断标准,向来众说纷纭。例如,康奈尔大学法学教授萨默斯(R.S. Summers)曾提出正当程序的"十项程序价值";佛罗里达州立大学哲学教授贝勒斯(M.D. Bayles)则提出正当程序的"八项程序利益";威廉玛丽学院法学教授费奎尔(P.R. Verkuil)认为,不论程序的差别如何,一切对当事人不利的决定,必须包括四项最低限度的程序保障:(1)事先得到通知的权利;(2)口头或书面提出意见的机会;(3)决定必须说明理由;(4)做决定者没有偏见。[1]亦有论者根据德国思想家哈贝马斯的"交往行为理论"提出了判断正当程序的三项核心要素:排除偏见、听取意见和说明理由。[2]

在刑事司法领域,我国学者陈瑞华教授比较早地系统探讨了程序正义理论,将刑事审判程序的价值分为内在价值(程序的公正性)、外在价值(程序的工具性)与保障性价值(程序的

---

[1] [美]贝勒斯:《程序正义:向个人的分配》,邓海平译,高等教育出版社,2005,第155页。
[2] 参见刘东亮《什么是正当法律程序》,《中国法学》2010年第4期,第76页。

经济性）三个维度。① 拓展开来，刑事司法正当程序可以从上述三个标准来综合判断。

这些程序正义理论，是在人工智能、信息技术融入司法之前的讨论，可以称为传统正当程序理论。归纳起来，传统正当程序理论强调裁判者的独立、中立、公开、参与等核心要素，②力图通过为诉讼程序设置标准来实现程序正当化。

（二）互联网司法：技术性正当程序理论

1."技术性正当程序"的提出

在现代科学技术大举入侵司法系统之前，传统的程序正义理论作为衡量标准无疑十分有效，可以为制度的优劣评判乃至改革提供科学合理的尺度；但在作为新工具理性的人工智能、大数据与区块链等技术融入刑事司法系统之后，正当程序的内涵与评价体系便遭遇到了前所未有的挑战。③

在数字时代，以算法主导、自动化决策为特点的智能化刑事司法系统，侵蚀了传统正当程序理论所推崇的有效参与、公开透明的正当程序要素。不仅如此，智能刑事司法系统所附带的算法黑箱及归责问题，传统正当程序理论对此也无能为力。凡此种种，传统正当程序理论正面临着严峻挑战。在此背景下，算法正当程序、程序性数据正当程序等概念频频出现，技术正

---

① 关于刑事审判程序之价值的讨论，参见陈瑞华《刑事审判原理论（第三版）》，法律出版社，2020，第29～116页。
② 参见季卫东《法律程序的意义》，中国法制出版社，2012，第18页。
③ 马明亮：《区块链司法的生发逻辑与中国前景》，《比较法研究》2022年4月第2期。

当程序理论应运而生。①

早在2007年，美国马里兰大学法学院教授Danielle K. Citron针对自动化的司法便提出了"技术性正当程序"的概念，并提供了一个机制框架，旨在提高自动化决策系统中嵌入的规则透明度、可归责性和准确性。②十年之后，学者丹尼尔·季莫夫针对众包在线解决系统（crowdsourced online resolution systems），致力于程序公正性评估标准的研究，提出了14项评判要点。其中，有的明显属于在线诉讼所独有的评价要素，比如，透明度：争议解决过程应该是可以理解的，如有必要还可以复制；过程控制：参与者对作为决策基础的信息，有开发和选择的权力。③由此，"技术性正当程序"的内涵更丰富了。④

2. 技术性正当程序与传统正当程序的关系

先看两者的联系。技术正当程序并非否定传统正当程序理论，相反，是在传统正当程序基础上发展而来的，申言之，它通过化解传统正当程序理论内含的独立、中立、公开、可问责性等要素所面临的正义风险，发挥对于正义实现的促进价值，⑤

---

① See Danielle K. Citron, "Technological Due Process", *Washington University Law Review*. Vol. 85, No.6, 2008, pp. 1249–1314.

② See Danielle K. Citron, "Technological Due Process", *Washington University Law Review*. Vol. 85, No.6, 2008, pp. 1249–1314.

③ 马明亮：《区块链技术在刑事检察领域的实践探索》，《人民检察》2022年10月第20期。

④ See Daniel Dimov, "Towards Crowdsourced Online Dispute Resolution", *Journal of International Commercial Law and Technology*, Vol. 7, No.2, 2012, pp. 99–111.

⑤ 在技术正当程序规制刑事司法人工智能的框架下，透明、可问责、监督以及公平成为规制的切入点。详细的讨论与分析，参见李训虎《刑事司法人工智能的包容性规制》，《中国社会科学》2021年第2期，第57页。

其核心使命在于克服传统正当程序理论对数字背景下司法运作的解释力失灵问题。技术性正当程序，通过数据公开、算法透明和建立归责机制等，与传统正当程序理论相互支撑，共同实现数字时代的数字司法正义。

再观察两者的区别。技术性正当程序与传统正当程序的区别，宏观上表现为评判维度不同。从内在结构来看，传统正当程序的评判标准是程序独立价值和程序服务实体的价值，属于二维结构。技术性正当程序则是"三维结构"，在程序独立价值和程序服务实体的价值之外增加了技术维度。微观上看，两者价值追求的侧重点不同，技术性正当程序更加强调透明、准确、可问责性、参与等核心要素。①

（三）区块链司法：分布式正义理论

近年来，在域外，司法机关从刑事案件的侦查到审判阶段都在探索如何使用区块链技术。②针对区块链司法，美国学者Federico Ast 与 Bruno Deffains 提出了分布式正义理论的初步框架。③分布式司法旨在利用区块链技术，高效、公平地解决数字时代新型争议。构成分布式司法需要三个条件：（1）分布式的自治组织建立在区块链技术上；（2）基于一个使用加密经济激

---

① Danielle Keats, "The Scored Society: Due Process for Automated Predictions", *Washington Law Review*, Vol. 89, No.1, 2014, p.20.

② C. Alden Pelker, Christopher B. Brown & Richard M. Tucker, "Using Blockchain Analysis from Investigation to Trial", *DEP't oF Just. J. FED. L. & PRAC*. Vol.69, No.3, 2021, p.59.

③ Federico Ast & Bruno Deffains, "When Online Dispute Resolution Meets Blockchain: The Birth of Decentralized Justice", *Stan. J. BLOCKCHAIN L. & POL'y*. Vol.4, No.1, 2021.

励的机制设计;(3)产生一种公平的感觉。这也可以理解为分布式司法的三个特征。①

分布式司法这一定义的最大价值在于抓住了区块链司法的核心特征,一种去中心化的司法,即司法权运行由集中式走向分布式,体现了司法权的下放与分散,揭示了数字时代司法民主性的一种发展趋势。相应的理论也可以称为分布式正义理论。②

虽然分布式司法仍处于早期发展阶段,但它有很大的创新性和改进潜力,而且目标明确,即创建一个互联网时代固有的基础性治理框架。就像加密货币为没有银行账户的人提供银行服务一样,去中心化的司法可以提供更广泛的正义。当然,这种分布式正义理论面临着包括市场、技术、法律和道德等方面的挑战,比如伦理方面,分布式司法是一种全新的纠纷解决方式,它引入了经济激励,不依赖于对决策者道德行为的假设。为了发展壮大并获得认可,它必须让公众和政策制定者相信,它遵守了公平解决争端的若干条件。③

---

① Federico Ast & Bruno Deffains, "When Online Dispute Resolution Meets Blockchain: The Birth of Decentralized Justice", *Stan. J. BLOCKCHAIN L. & POL'y*. Vol.4, No.1, 2021, pp.2–18.
② Federico Ast & Bruno Deffains, "When Online Dispute Resolution Meets Blockchain: The Birth of Decentralized Justice", *Stan. J. BLOCKCHAIN L. & POL'y*. Vol.4, No.1, 2021, p.18.
③ Federico Ast & Bruno Deffains, "When Online Dispute Resolution Meets Blockchain: The Birth of Decentralized Justice", *Stan. J. BLOCKCHAIN L. & POL'y* Vol.4, No.1, 2021, p.17.

三 "链上正义"的评价要素：技术、法律与社会价值要素

虽然Federico Ast与Bruno Deffains并没有提出系统而完整的分布式正义理论及其评价体系，但这对我们已经有了足够的启发意义，可以视分布式正义理论为技术性正当程序理论的补充与发展。虽然两者的关注点是相同的，针对对象都是智能司法、数字司法，都在讨论如何满足透明度、问责制、可及性、公平性和正当程序等基本要求。但是，分布式司法代表着更高水平的数字正义。结合我国有关推动区块链司法建设的文件与政策，比如最高人民法院2022年发布的《关于加强区块链司法应用的意见》，我们尝试解读分布式正义的评价体系与要素，即区块链司法是否满足程序性正义的评判标准。

结合区块链的核心技术与司法系统的特点，链上正义可以拆分为三方面的评价要素：技术要素、法律要素与社会价值要素。

（一）技术要素：区块链技术的中立性、操作的易用性、数据的可信性与安全性

作为在线的、以自动性为特征并兼有"防篡改、可追溯"等可信要素的办案模式，区块链司法的司法权与当事人的参与权，更多地下放或转移给了代码与自动化程序。因此，其公平性和正当程序的判断标准中，[1]技术中立性要求更高，以智能合

---

[1] 马明亮：《区块链技术在刑事检察领域的实践探索》，《人民检察》2022年10月第20期。

约的应用为例，由于合约是由代码编纂而成，因此其在应用中虽然便捷高效，但若出现问题和漏洞，很难明确相关责任人和弥补变更相关内容。

除此之外，区块链操作的易用性、数据的可信性与安全性也是重要的评价要素。比如，最高人民法院的《关于加强区块链司法应用的意见》，总体目标设定为：到2025年，建成人民法院与社会各行各业互通共享的区块链联盟，形成较为完备的区块链司法领域应用标准体系，数据核验、可信操作、智能合约、跨链协同等基础支持能力大幅提升。

（二）法律要素：信任、高效、协同与廉洁

法律价值方面，区块链司法进一步强化廉洁、高效与诚信价值。因此，从法律层面评价链上正义，可以分解为如下四个要素：信任、高效、协同（司法内部与外部协同）与廉洁。

1. 信任。主要理解为司法公信力。比如，区块链在法院的主要应用方向便是充分运用区块链防篡改技术，进一步提升司法公信力。例如，如何保障电子证据可信？最高人民法院要求，要健全完善区块链平台证据核验功能，支持当事人和法官在线核验通过区块链存储的电子证据，推动完善区块链存证的标准和规则，提升电子证据认定的效率和质量。

2. 廉洁，即通过区块链的可追溯性与可审计性，实现司法的廉洁性。

3. 协同。即充分挖掘区块链互通联动的巨大潜力，增强司法协同能力。例如，如何提高政法部门案件协同办理能力？针对刑事案件跨部门协同办理，最高人民法院指出，未来应当构建人民法院与检察、公安、司法行政等部门的跨链协同应用，提高案件在线流转效率和数据互信水平。

4. 高效。即充分发挥区块链优化业务流程的重要作用，不断提高司法效率。例如，"区块链+智能合约"即支持了调解与审判流程的衔接应用，大幅度地提高了办案效率。

（三）社会价值要素：服务经济社会治理

社会价值评判，即是否服务经济社会治理。比如，最高人民法院的《关于加强区块链司法应用的意见》指出，充分利用区块链联盟互认可信的价值属性，支持金融信息流转应用。构建与金融机构区块链平台的跨链协同应用机制，支持对金融贷款合同、信用卡等审批、履行、违约过程信息的查询核验和智能合约处置，更好地服务金融风险防范化解。如果法院将司法区块链跨链联盟融入经济社会运行体系，就可以实现与政法、工商、金融、环保、征信等多个领域跨链信息共享和协同，进而主动地服务营商环境优化、经济社会治理、风险防范化解和产业创新发展，助力平安中国、法治中国、数字中国和诚信中国建设。

四 "链上正义"面临的挑战

区块链司法在实现"链上正义"过程中，将面临诸多风险与挑战，包括司法内部因素，即现行司法系统在容纳、衔接区块链技术方面的不足，以及司法之外的因素，主要表现为社会公众对区块链技术的认知误区与盲区。因为区块链属于小众知识，大部分的公众目前仍将区块链技术等同于虚拟货币。另外，区块链是实质意义的"刀刃向内"监督技术，司法实务部门能否有足够的勇气接受该技术也有待观察。①

（一）区块链自身技术风险可能带来的司法负向功能

在线争端解决之父 Ethan Katsh 于 2001 年便指出："技术解决争端的能力可能被技术产生争端的能力所超越。"②由此可见，区块链自身的技术风险值得重点关注，《中华人民共和国国民经济和社会发展第十四个五年规划和 2035 年远景目标纲要》（下文简称《目标纲要》）也指出，如何推动智能合约、共识算法、加密算法、分布式系统等区块链技术创新是关键，同时，性能、安全性、分布式三方面因素的平衡难题有待解决。再结合目前的区块链技术状况，其赋能司法系统的同时，可能带来三方面的负向功能。③

一是区块链技术增加司法成本的风险。事实上，区块链技术在金融、保险等领域的应用，都面临着开发、部署、运维、互通和监管成本。司法领域也不例外，分布式记账所带来的存储高成本以及操作的复杂性，便可能增加司法成本并加重控辩双方的诉讼负担。因此，区块链的应用发布方和使用方必须形成技术解决方案，不仅要在整体上减少区块链在部署、运维、应用、开发方面的投入，而且要解决关键技术问题，比如提升区块链的司法易

---

① 马明亮：《区块链司法的生发逻辑与中国前景》，《比较法研究》2022 年 4 月第 2 期。
② See Federico Ast & Bruno Deffains, When Online Dispute Resolution Meets Blockchain: TheBirth of Decentralized Justice, *Stan. J. BLOCKCHAIN L. & POL'y.* Vol.4, No.1, 2021.
③ 马明亮：《区块链司法的生发逻辑与中国前景》，《比较法研究》2022 年 4 月第 2 期。

用性，这是区块链技术融入司法领域并获得快速发展的重要前提。美国的佛蒙特州在将区块链技术引入司法领域时便受此困扰。虽然时任州长于2015年6月13日签署了一项与促进经济发展有关的第51号法案，其中有一节题为"研究和报告：区块链技术"，这一度让科技界兴奋不已，但是，2016年11月15日的一份风险评估报告却给出相反的结论："无论是搭建私有链、公有链还是国家运营的区块链，带来的可能利益不大却需要支付高昂成本，因此，区块链技术在开展政府业务方面的价值将是有限的。"该报告对当时意欲大展身手的科技界而言无异于当头一棒。①

二是区块链数据的真实性风险。操作人员的故意行为或者技术性错误等原因，会带来区块链数据真实性受损的风险。②如果参与节点希望将一段数据添加到分类账中，只要符合技术要求，系统就会接受该数据。因此，区块链并非能够自动防止数据的不准确，而是必须辅以外部机制以确保其准确性。③另外，技术性错误难以完全避免。比如有人指出，尽管分布式账本技术具有普遍的弹性或容错性，但技术性错误并非完全不可能，

---

① Caytas, Joanna, "Blockchain in the U.S. Regulatory Setting: Evidentiary Use in Vermont, Delaware, and Elsewhere", *Columbia Science & Technology Law Review* (May 30, 2017), Available at SSRN: https://ssrn.com/abstract=2988363，最后访问时间：2021年7月9日。

② 需要说明的是，在公有链，由于区块链的源代码向链上的所有节点公开，这就加大了区块链受到攻击的风险，实践中也有安全事件的发生。但是，司法区块链作为仅向特定节点开放的"联盟链"，其最大的优势之一就是不易被网络攻击。

③ Alexander Wilhelm, "BlockchainTechnology and the Development of African Economies: Promises, Opportunities, and the Legal Issues at Stake", *Law in Africa,* Vol.22, No.1, 2019, p.8.

而且也发生过实例。技术性错误主要是因为两方面因素：维护不善或程序代码不完善；缺乏谨慎。这都可能导致数据输入过程中发生错误，不准确的数据被添加到分类账中。① 如此一来，区块链技术融入刑事司法系统，因为其安全性能的有限性，数据信息上链后的安全隐患就会影响区块链司法的适用前景。②

三是错误案件信息被自动执行的风险。这主要体现于智能合约之中。智能合约是在区块链环境中，根据协议共识，自动谈判、履行、执行的区块链应用技术。其特点是自动执行性，比如，杭州互联网法院推行首个区块链智能合约司法应用，用于打造网络行为"自愿签约—自动履行—履行不能智能立案—智能审判—智能执行"的全流程闭环。③ 其风险在于，如果智能合约触发条件出现错误与失误，比如将其应用于电子卷宗建设中，一旦失误写入了违反当事人真实意愿的内容，系统仍然会执行。④

（二）司法区块链技术面临的合法合规挑战

《目标纲要》将区块链产业的监管机制列为三大重点之一。那么，为什么需要监管区块链？主要原因在于，大部分的区块

---

① Alexander Wilhelm, "Blockchain Technology and the Development of African Economies: Promises, Opportunities, and the Legal Issues at Stake", *Law in Africa,* Vol.22, No.1, 2019, pp.38–39.
② 马明亮：《区块链司法的生发逻辑与中国前景》，《比较法研究》2022年4月第2期。
③ 孙占利：《运用区块链推进智慧法院建设研究》，《法律适用》2020年第1期，第23~31页。
④ 田绘：《"区块链+卷宗"互联网法院数据全生命周期管理的创新应用》，《中国审判》2020年第14期，第17页。

链产业由商业公司负责运营，逐利性可能引发区块链技术的粗糙、虚假甚至带来运营中的腐败。实践中已经出现各种依靠"招摇撞骗"的"区块链"企业，2020年就逐渐进入监管机构以及警方的视野。① 而在金融、政务区块链领域也存在缺乏核心技术的虚假区块链的现象。②

目前来看，区块链技术在法院领域的应用规范环境较好，比如最高人民法院牵头制定了《司法区块链技术要求》、《司法区块链管理规范》、《区块链信息服务管理规定》等文件，指导规范全国法院数据上链。这可以从源头上、宏观上防止虚假区块链，但从细节观察仍有合规完善的空间，比如《区块链信息服务管理规定》对"区块链信息服务的主体"、"节点"、"技术支持"等尚未进行明确定义。这为各地区块链存证平台的技术标准和存证规则的不统一埋下了伏笔，并造成区域间的差异。更紧要的是，区块链技术标准规范在侦查与检察领域的应用规范尚为空白。因此，我国最高司法机关亟待开启司法区块链的合法合规机制建设。③

（三）现行司法系统衔接区块链技术的抵牾与不足

目前，我国现行司法系统可谓传统司法（也可称为线下司法）与线上互联网司法的混用模式。民事案件从立案到执行的

---

① 《区块链"央企"被证伪 监管重压下区块链行业在自我净化》，区块链网，https://www.qklw.com/lives/20200914/121993.html，最后访问时间：2021年6月19日。
② 马明亮：《区块链司法的生发逻辑与中国前景》，《比较法研究》2022年4月第2期。
③ 马明亮：《区块链司法的生发逻辑与中国前景》，《比较法研究》2022年4月第2期。

全诉讼流程大力推行互联网司法，包括移动微法院。①虽然行政案件、刑事案件也在探索线上移送案卷材料与辅助的智能审判，但处理案件的主要功能仍为线下实现。在此背景下，区块链技术的融入可能带来多方面的冲击，这也折射出现行司法系统在容纳、衔接区块链技术方面的不足。②

首先，区块链技术融入司法冲击了传统的正当程序理念。从技术演进的视角来看，作为比特币的底层技术，区块链天然地与数字加密货币、金融领域属于近亲，就目前的司法理念与制度架构而言，司法在容纳、衔接区块链技术方面尚存在先天不足。因为，区块链技术的植入会对正当程序理念、诉讼程序与证据规则带来冲击，甚至重塑效应。③以刑事诉讼为例，传统的正当程序理念因为区块链技术的融入而显得有些"陈旧"。可以说，在现代科学技术大举入侵司法系统之前，传统正当程序的衡量标准无疑十分有效，为制度的优劣评判乃至改革提供了科学合理的尺度。但在作为新工具理性的人工智能、大数据与区块链技术融入刑事

---

① 王春：《全国统一！中国移动微法院标准版来了！》，法制网，http://www.legaldaily.com.cn/index/content/2021-06/07/content_8524227.htm，最后访问时间：2021年9月26日。

② 马明亮：《区块链司法的生发逻辑与中国前景》，《比较法研究》2022年4月第2期。

③ 比如，智能合约加强当事人意思自治和最大限度地减少不遵守风险，但也存在一些潜在的缺陷，例如，通过软件脚本自动执行合同可能对较弱的当事人不利，因为他们可能遭受无摩擦执行的不利影响，而无法依赖国家调解的执行机制传统上提供的保障。Max Planck Institute Luxembourg, "Blockchain and Procedural Law: Law and Justice in the Age of Disintermediation, Automating Legal Instruments", Friday, 6 December 2019, https://www.mpi.lu/news-and-events/2019/december/6/blockchain-and-procedural-law-law-and-justice-in-the-age-of-disintermediation/，最后访问时间：2021年8月16日。

司法系统之后，正当程序的内涵与评价体系便遭遇前所未有的挑战。①

传统刑事司法以司法主体的接触为表征，司法程序的运行以司法主体之间的对话、协商为主要推动力，直接言词是基础性原则乃应有之义，在此意义上可以称为"接触式司法"。基于无罪推定原则，传统司法对案件事实的认定必须经过严格的法庭调查核实程序，法院在达到排除合理怀疑的证明标准时才能做出有罪判决，这是一场基于严格事实查明顺序、无外在技术预测与自动化推动的裁判程序。典型的实例是，充满技术不确定性的测谎结论在我国只能作为办案参考而不能作为证据，由此可以称为"非自动化司法"。而互联网司法却可能颠覆上述程序特征。一者，司法主体以互联网技术为对话媒介，以非接触为主要特点。二者，由于大量的人工智能技术作为司法辅助工具，从智慧审判、法律服务、案件管理到案件执行可以实现全覆盖，司法程序的运行充满了"自动化色彩"，基于大数据喂养的算法（Algorithm）②成为重要的推动力。由此，司法程序呈现"非接触式、自动化"的特点。其间，预测算法不断融入诉讼程序乃不争的事实。③有论者指出，大数据的预测算法有潜力彻底改变刑事司法系统，比如，他们可以对合理怀疑和"可能的原因"做出更准确的决定，

---

① 马明亮：《区块链司法的生发逻辑与中国前景》，《比较法研究》2022年4月第2期。
② 根据百度百科词条，算法是指解题方案的准确而完整的描述，是一系列解决问题的清晰指令，算法代表着用系统的方法描述解决问题的策略机制。算法的本质是解决问题的数学过程，表现为各种评估、预测模型。
③ 马明亮：《区块链司法的生发逻辑与中国前景》，《比较法研究》2022年4月第2期。

从而提高司法系统的效率和公平性。①在事实认定方面，预测算法让某些证据具备了真实有效性的假定功能，互联网司法因此又增加另外一个特性——预测性。在互联网司法的基础上融入区块链技术而形成的区块链司法，除了共享既有的非接触式、自动化与预测性的特点外，又增加"安全可信性、分布式数据存储、数据一致性"等特性。如此一来，整个刑事司法生态将随之改变。那么，如何保障司法系统在自动化时代、数字时代的正当性？由此看来，需要补强甚至重塑正当程序理论。

其次，区块链技术融入司法系统将引发诉讼结构的变迁。区块链技术平台以模块化架构为基础，可以提供高度的机密性、灵活性和可扩展性，因此，作为一种生产关系革命的区块链②与司法机制融合，将重塑司法机关之间、司法机关与诉讼参与人之间的关系，甚至改变传统的诉讼结构。以结构最复杂的刑事诉讼为例，公检法三机关"互相配合与互相制约"的关系可能因为区块链的加入而引发变革。出于司法权的制约、诉讼权利保障以及科学的事实发现机制之需求，分别负责案件侦查、起诉与审判的公安机关、检察机关与法院三者之间的关系，被设计为以审判为中心的等腰或等边三角结构。但从职能分工的视角来看，他们更像流水线上的三部门，以至于在实践中经常呈

---

① 详细论述，See Ric Simmons,"Quantifying Criminal Procedure: How to Unlock the Potential of Big Data in Our Criminal Justice System", *Mich. St. L. Rev.* Vol. 2016, No.4, 2016, pp. 947–1018.

② 若将人工智能、物联网、量子技术、隐私计算等前沿信息技术看作推动社会发展的生产力革命，区块链则作为一种生产关系革命，能通过与前者的融合催生出新的应用价值与商业模式。参见穆琳《国外区块链技术融合现状：从基础学科到前沿信息技术》，《中国信息安全》2021年第3期，第37～38页。

现以配合为主的流水作业样态而备受学界批评。[1]但从技术视角来看，公检法三机关的确存在大量跨机构可信协作场景，天然地适用于区块链技术。在传统诉讼模式下，公检法三机关的司法协作至少面临两大难题：一是数据化程度低，难以对执法合规性问题进行有效监管与统计；二是缺乏对历史案件数据和历史流程数据的统一存储和管理，难以进行数据的统计和分析，这导致数据中潜藏的价值被无故浪费。正是基于上述考虑，公检法协作联盟链平台被实务部门尝试推广。区块链技术融入之后，将形成"技术监管下的协同"关系，在"节能增效"的目标追求下，这种协同价值将进一步被挖掘与推广，公检法三机关的配合与制约关系可能进一步失衡。同时，在区块链环境中，司法机关与当事人之间很容易形成"技术迷信"下的可信关系，控辩之间的对抗将因技术信赖而被弱化。如是，在双重背景之下，如何保护被追诉人程序权益的旧题又有了新的内涵与意义。[2]

再次，证据法体系对区块链存证技术的融入准备不足。包括区块链在内的信息技术裹挟着算法融入司法不仅会形成一种自动化决策，更是让算法融入证据本体并可能引发证据规则的变革。比如，区块链保证数据安全、不可篡改以及透明性的关键技术之一就是共识算法。共识算法的存在会影响证据的构成要件。一般而言，证据是证据载体与证据事实的统一体。与言词证据相比，实物证据的载体更加复杂，视听资料、电子数据

---

[1] 详细讨论参见陈瑞华《从"流水作业"走向"以裁判为中心"——对中国刑事司法改革的一种思考》，《法学》2000年第3期，第25~27页。
[2] 马明亮：《区块链司法的生发逻辑与中国前景》，《比较法研究》2022年4月第2期。

有内部载体与外部载体之分。①以电子数据为例，外部载体是指存储电子数据的媒介、设备，内部载体则是作为电子证据信息在技术层面的存在形式，表现为结构化数据与非结构化数据。以证据在形成过程中是否融入算法模型为标准，可以分为基于算法模型的证据（简称算法证据）与无涉算法模型的证据（简称非算法证据）。基于区块链存证平台的电子数据即为算法证据。②

可以说，传统的证据法体系主要围绕非算法证据展开，并构建了证据的证明力与证据能力的规则体系。现在看来，其中的诸多规则并不适用于算法证据，比如真实性规则，算法证据更加依赖来源的可信度，其真实性的审查判断标准将从围绕自然人的感官与记忆等因素、物品的外在物理因素转向围绕技术的科学性因素，主要审查前端设计、输入和操作协议的可信性与科学性。相应的，审前证据开示规则、弹劾证据规则与法庭认证规则皆有不同。③以区块链存储的电子数据为例，其真实性效力由传统的公证背书转向技术自证，这必然带来链上电子数据真实性审查、质证内容的变化，区块链数据的生成机制、存储过程以及区块链技术的科学性、可信性等都成为法院查明链上信息真实性与否的内容。④但我国目前的刑事证据法规则体系，

---

① 参见陈瑞华《刑事证据法》（第三版），北京大学出版社，2018，第233页。关于电子数据载体的表述，参见褚福民《电子证据真实性的三个层面——以刑事诉讼为例的分析》，《法学研究》2018年第4期，第123~126页。
② 马明亮：《区块链司法的生发逻辑与中国前景》，《比较法研究》2022年4月第2期。
③ 详细论证见 Andrea Roth, "Machine Testimony", *Yale Law Journal*, Vol.126, No.7, 2017, pp. 1972–2053。
④ 这可以参见《在线诉讼规则》第18条关于上链前数据真实性审查；第19条区块链存储数据真实性补强认定。

对区块链存证技术的融入显然没有做好充分准备。虽然《在线诉讼规则》第16条确立了"技术核验+推定规则"的鉴真法则,当事人提交的证据系通过区块链技术存证,并经技术核验后一致的,推定该证据材料上链后未经篡改,人民法院可以确认该证据的真实性,但有相反证据足以推翻的除外。但问题是,法院如何展开技术核验?以及什么样的相反证据足以推翻区块链证据的真实性效力?这都关乎区块链存证的技术标准。由是,未来的证据法需要围绕区块链技术标准构建补强规则与质证规则。[①]

另外,区块链技术会对司法责任制产生影响。有论者指出,区块链技术有可能模糊传统的责任划分并转移风险。[②]其中的重点问题是错案中的平台责任。作为平台的区块链存证系统,如果无法确保证据的真实性而引发错案,那么,如何认定平台责任以及承担什么责任形式?目前,缺乏相应的判断原则与标准。[③]

[①] 马明亮:《区块链司法的生发逻辑与中国前景》,《比较法研究》2022年4月第2期。

[②] Max Planck Institute Luxembourg, "Blockchain and Procedural Law: Law and Justice in the Age of Disintermediation, Automating Legal Instruments", Friday, 6 December 2019, https://www.mpi.lu/news-and-events/2019/december/6/blockchain-and-procedural-law-law-and-justice-in-the-age-of-disintermediation/, 最后访问时间:2021年8月16日。

[③] 域外曾深入讨论"技术错误"所引发的个人责任,即区块链技术应用过程中出错的法律责任尤其是私法责任,需要确定因相关错误造成或形成的损失的责任归属。一些论者认为分布式记账参与者之间不存在此类责任,但有些论者则思考了合同法、侵权法和普通合伙法下的责任。目前的基本共识是,分布式记账参与者至少应根据侵权法承担责任,这意味着他们在履行职责时应相互承担(有限的)注意义务。See Zetzsche, Buckley&Arner, "The Distributed Liability of Distributed Ledgers: Legal Risks of Blockchain", *University of Illinois Law Review*, Vol. 2018, No.4, 2018, pp. 1361-1406。

第10章 "链上正义"的体系化准备：司法系统重塑与技术治理

本章要目

引　言
一　司法理念与程序机制的重塑
二　司法区块链技术治理的顶层设计
　　（一）"双重平衡"的治理目标：监管和技术创新的平衡、技术安全便捷性与司法正义的平衡
　　（二）治理重点：确保技术中立与平台中立
　　（三）治理路径：依法治链、以链治链、分类监管、他律和自律相结合、对话与协作
三　司法区块链的技术标准建设
　　（一）司法区块链技术标准的窘状：滞后性与差异性
　　（二）发展方向：技术标准、安全规范和认证审核制度之完善
四　司法区块链的技术算法规制
　　（一）算法可解释性及透明度义务的制度设计
　　（二）区块链关键应用法律主体及其责任承担规则
　　（三）智能合约的合同法规制
五　司法区块链的技术安全评估与测评体系建设
　　（一）区块链基础设施安全防护和检测标准
　　（二）区块链技术测评规范：等级保护标准与评估方法体系

六 司法区块链的伦理风险规范
（一）区块链技术应用中的伦理风险：安全、隐私、责任主体和其他伦理问题
（二）区块链伦理风险的成因
（三）应对策略：司法区块链伦理规范导则与指南

引 言

区块链的本质是分布式数据库，解决的核心问题是信任与协作。据此，区块链司法追求的终极价值可以概括为分布式正义、可信协作的正义，简称链上正义。而实现链上正义实属不易，必须充分应对区块链司法所面临的挑战，需要从法律程序规则到技术做出体系化的准备。前者关乎司法体系的重塑，主要体现为权利、权力平衡原则，具体包括链上节点当事人、利害关系人的程序权利保障；链上司法机关权力的有效约束。[①]

后者主要关乎技术治理体系。要实现链上正义，必须确保司法区块链技术的合法合规路径，这需要建立司法区块链的技术治理体系，这是技术准备。首先，应当明确司法区块链的技术治理目标与路径选择。其次，搭建司法区块链治理规则体系。虽然司法区块链主要是许可链，并非匿名，不存在犯罪的风险，但隐私安全和信任问题是存在的。因此，制定系统的司法区块链监管框架势在必行。在组织机构方面，建议公检法司联合成立司法区块链监督管理委员会。具体内容参照2021年12月中央网信委印发的《"十四五"国家信息化规划》，它围绕确定的发

[①] 马明亮：《区块链司法的生发逻辑与中国前景》，《比较法研究》2022年4月第2期。

展目标，部署了10项重大任务，"建立健全规范有序的数字化发展治理体系"便是其中之一。其中的重要任务是，建立和完善数字技术应用审查机制和监管法律体系。开展技术算法规制、标准制定、安全评估审查、伦理论证等工作，明确人工智能、区块链等关键应用法律主体及相关责任。发挥国家科技伦理委员会统筹规范和指导作用，加快构建科技伦理治理体系，加强技术伦理研究储备，规范各类科学研究活动。加强跨学科分析研判，研究制定数字技术伦理规范导则与指南。据此，司法区块链的技术规则治理体系，从内容上主要包括技术算法规制、标准制定、安全评估审查、伦理风险防范四个方面。

一　司法理念与程序机制的重塑

未来，我国司法机关应当以技术性正当程序、分布式正义评价体系为指针，重塑自动化时代的司法程序体系，从理念、原则到具体制度实现区块链技术与司法的融合性衔接，避免冲突与不自洽。区块链技术融入司法领域会形成一种自动化决策，比如区块链存证技术平台，即为证据真实性效力的公证背书转向技术自证的典范。但如前文所述，区块链技术并非毫无缺陷，如何避免程序的正义性在自动化时代、数字时代不被削弱？这需要重塑自动化时代的程序权利保障体系。在刑事司法领域，立法者应当重塑自动化司法决策领域的相关程序与证据规则。自动化决策系统必须坚守正当程序的底线，这不仅需要在技术上确保程序的透明性与低成本性，而且需要实现辩护方所要求的可解释性与可问责性。这至少需要四方面努力。

首先，为了在确保技术良性发展的基础上增强透明度，司法区块链技术需要进行分层次、可管理的开源。开源，即开放源代码。常规情况下，用户使用软件仅可得到已经编译过的二进制可执行文档，只有软件的作者才拥有程序的源代码。而开源软件是根据开源协议，在开放源代码许可证下发布的软件，其用户具有自由使用及接触源代码，甚至自行修改、复制以及再分发的权利。

开源的初衷是通过凝聚个体技术爱好者的力量开发出更好的软件。开源始于20世纪90年代，在其后的发展中，它为全球IT产业贡献了许多杰出的开源产品。开源操作系统Linux在金融、电信及石油勘探等高端市场的核心业务得到了大规模的应用，并已成为事实上的主流操作系统。国内外主流的区块链架构均在开源平台进行了代码开源。开源已经成为一种高效的技术交易和交流方式，大大加快了软件领域的创新与繁荣。[1]

开源的优势是明显的，比如，区块链所具有的开放、公开、透明、共享的特点，与开源"平等公开"、"群体共享"等核心理念一脉相承。开源可以实现区块链的节点间运行规则和共识机制的公开透明，确保智能合约等交易规则的公开透明，为区块链的数据可信共享奠定了基础。开源通过全员参与，共同维护，助力区块链实现多方对等协作。开源强调的多方参与和开放标准的理念，可以促进区块链实现系统包容对接。事实证明，区块链与开源互为驱动、互相促进，开源使区块链迅速发展演进，区块链的发展证明了选择开源才能走得更稳更远。但是，不加管理的全面开源在安全、质量和可持续发展上存在着一定的劣势和不足。一

---

[1] 安立：《区块链技术开源的产权困局研究》，《上海立信会计金融学院学报》2017年第5期，第63页；Brian Behlendorf：《超级账本和开源：基于区块链构建未来》，《软件和集成电路》2021年第6期，第27页。

是安全上存在漏洞,有黑客攻击、代码隐藏后门等安全风险。二是存在代码质量缺乏保证、代码质量参差不齐、代码可维护性差等问题。三是缺乏可持续发展的机制,例如主要贡献方的放弃导致项目中止,或者缺乏有效的激励机制导致项目半途而废等,使开源项目无法形成有效反馈、持续运转的良性循环。①

所以,司法区块链技术需要进行分层次、可管理的开源,才能得到持续发展。具体路径上,有学者指出,区块链技术的发展亟须构建面向具体行业、面向应用场景、拥有组件化开发平台的开源社区。②

其次,提升技术的权威性与可信性,司法机关应探索允许公众参与自动决策系统建设的方式,比如可以建立信息技术审查委员会,为利益攸关方和广大公众提供对系统设计和测试发表意见的机会。③

再次,司法机关应当在适用区块链技术时,明确告知利害关系人,甚至给予其抗辩权与异议权,比如区块链技术适用于非羁押强制措施,应当告知被追诉人。④

---

① 狄刚:《开源与区块链的发展道路》,《软件和集成电路》2020年第8期,第38、39页。
② 周平:《区块链开源软件应用路径的讨论》,《信息化建设》2018年8月号,第25、26页。
③ 马明亮:《区块链司法的生发逻辑与中国前景》,《比较法研究》2022年4月第2期。
④ See Zetzsche, Buckley&Arner, "The Distributed Liability of Distributed Ledgers: Legal Risks of Blockchain", *University of Illinois Law Review*, Vol. 2018, No.4, 2018, pp. 1361-1406. 在行政法领域的相关讨论见 Danielle K. Citron, "Technological Due Process", *Washington University Law Review*, Vol. 85, No.6, 2008, pp. 1249-1314.

最后，刑事司法机关应当结合区块链技术特点，以控辩平等为出发点，重点保障被追诉人的质证权，对诉讼规则与证据规则予以革新，比如，鉴于区块链技术有效应用属于基础事实，尚需要进一步明确技术有效应用的审查方法。①

二 司法区块链技术治理的顶层设计

（一）"双重平衡"的治理目标：监管和技术创新的平衡、技术安全便捷性与司法正义的平衡

治理的目标方面需要实现两个平衡。一是监管和技术创新之间的平衡。因为与互联网的情况相反，大多数区块链技术仍处于发展的初级阶段，到目前为止尚无广泛适用的技术标准。因此，司法机关应当根据司法工作的需要开发区块链技术应用，在确保监管目标的同时保持技术的主要优势。二是，技术的安全便捷性与司法程序性正义之间的平衡，即通过代码与法律的融合，实现技术的开发应用与检察正义之间的协同发展。②

（二）治理重点：确保技术中立与平台中立

从司法公正的视角来看，监管的重点是确保技术中立与平

---

① 在行政法领域的相关讨论见 Danielle K. Citron, "Technological Due Process", *Washington University Law Review*, Vol. 85, No.6, 2008, pp. 1249-1314。张中、崔世群：《司法区块链证据真实性审查》，《检察日报》2021年1月20日第3版。
② 马明亮：《区块链技术在刑事检察领域的实践探索》，《人民检察》2022年10月第20期。

台中立。① 目前,这已经成为在线诉讼的重要原则,并被视为安全可靠原则的重要组成部分。《在线诉讼规则》第2条规定,人民法院开展在线诉讼过程中,要规范技术应用,确保技术中立和平台中立。第17条则进一步细化了要求,即法院针对上链后数据真实性的审核中,一个重要的审查内容为存证平台的中立性,即审查当事人与存证平台是否存在利害关系,并利用技术手段不当干预取证、存证过程。由此可见,法院提出了中立性的两项审查要素:"利害关系"和"不当干预"。

但有论者经过调研发现,实践中,法院对区块链存证平台的中立性审查略显简单,裁判文书中着墨较少,或忽视对存证平台中立性的审查,或对中立性的表达不充分,仅以"相互独立"作为采信理由,至于如何判定"相互独立"则语焉不详。② 比如,在华泰一媒与深圳道同科技信息网络传播权纠纷一案中,杭州互联网法院认为,数秦公司(保全网控股公司)的股东和经营范围与原、被告之间相互独立,因此该平台具有中立性;③ 在全景视觉网络与深圳康辉旅行社著作权属、侵权纠纷一案中,北京互联网法院认为,"易保全公司系独立于双方当事人的第三方存证平台",具有中立性;④ 在成都云图天下与绍兴中青旅信息网络传播权纠纷一案中,被告对存证平台提出质疑,法院则认为,"针对绍兴中青旅公司对存证提出的异议,证明主体

---

① 马明亮:《区块链司法的生发逻辑与中国前景》,《比较法研究》2022年4月第2期。
② 朱福勇、曾子亮:《论区块链电子证据司法审查的核心要义》,《科技与法律》2022年第2期,第40页。
③ 参见杭州互联网法院,(2018)浙0192民初81号。
④ 参见北京互联网法院,(2019)京0491民初797号。

独立于云图公司"而具有中立性。①因此，有论者主张，应当审查存证平台的股东及其经营范围，从股权架构和经营活动入手，审查存证平台与原被告之间的交集。②对此，有论者则认为，理论和实务界均低估了中立的审查难度。因为从文义解释的角度理解《在线诉讼规则》所规定的"利害关系"和"不当干预"，在审查中均需要进行综合、系统考量。③

（三）治理路径：依法治链、以链治链、分类监管、他律和自律相结合、对话与协作

在治理路径方面，司法机关应遵循四个原则：④

1. "依法治链"与"以链治链"综合运用原则。2019年，中共中央政治局就区块链技术发展现状和趋势进行第十八次集体学习，习近平总书记强调在应用、创新区块链技术的同时，要加强对区块链技术的引导和规范，加强对区块链安全风险的研究和分析。要探索建立适应区块链技术机制的安全保障体系，引导和推动区块链开发者、平台运营者加强行业自律、落实安全责任。要把依法治网落实到区块链管理中，推动区块链安全有序发展。这是依法治链的直接依据。具体而言，从规制的方法和路径来说，要将区块链算法纳入现行

---

① 参见四川省成都市郫都区人民法院，（2021）川0117民初3121号。
② 陈全真：《区块链存证电子数据的司法适用》，《人民司法》2019年第4期，第80~85页。
③ 朱福勇、曾子亮：《论区块链电子证据司法审查的核心要义》，《科技与法律》2022年第2期，第40页。
④ 马明亮：《区块链技术在刑事检察领域的实践探索》，《人民检察》2022年10月第20期。

法律制度框架内。同时，要根据具体情况，利用区块链算法机制来监管区块链算法，即"以链治链"，①以此解决监管的有效性问题。

（1）"依法治链"。其核心要义是，将区块链的技术要素纳入现行法律制度框架内，即立法对区块链技术问题予以充分表达。例如，最高人民法院信息中心2020年牵头制定《司法区块链技术要求》与《司法区块链管理规范》，用以指导规范全国法院数据上链。但这远远不能满足实践需求。未来，立法应给出简单可用的区块链技术定义，明确"区块链技术"和"智能合约"的法律内涵、外延以及法律地位，统一区块链和智能合约的监管；确定各个区块链应用的责任主体、归责原则、救济措施等。我国可以根据司法区块链技术的特点，从数据、技术、场景应用等不同角度出台具有针对性的专门法律法规及配套制度，修订滞后的法律法规。②比如，修订《区块链信息服务管理规定》，对其中的基本概念如"区块链技术"、"信息服务"、"技术"和"系统"等予以清晰界定，并明确区块链服务主体，以提高该项专门性规定的可操作性。

（2）"以链治链"：其核心要义是，以区块链技术监管区块链。区块链技术带来新技术业态，需要监管技术和监管理念走向"自动化"。随着区块链技术推动的智能合约和数字货币等新金融业态的不断涌现，传统的人为监管模式向自动化监管模式之转变趋势已不可逆转，若不使用自动化的合法审查、记录追

---

① 赵磊：《区块链技术的算法规制》，《现代法学》2020年第2期，第117～119页。
② 马治国，刘慧：《中国区块链法律治理规则体系化研究》，《西安交通大学学报（社会科学版）》2020年4月第3期。

踪和监管变革,将难以满足极端复杂的监管需求。以区块链技术监管区块链的模式应运而生。

有论者指出,"以链治链"就是建立起"法链"(Reg Chain),借助区块链技术来对区块链应用行业进行监管。以审慎监管、功能监管、行为监管等为核心构建的传统双峰监管体系和法律法规,无法有效应对以区块链技术为代表的去中心化金融创新。因此,必须在传统金融监管维度之外增之以科技维度,将科技手段运用到监管体系中,形塑双维监管体系,从而更好地应对金融科技所内含的风险及其引发的监管挑战。[1]

2. **分类监管原则。**有论者指出,根据区块链的不同类型进行针对化监管,完善相关法律法规及其配套制度。[2]

3. **他律和自律相结合原则。**即通过自律性规范管理,实现法律监管为主与行业自律为辅的结合模式。[3]近年来,区块链技术领域兴起了诸多自律性组织,比如2020年,深圳市信息服务业区块链协会举行了揭牌仪式,并发布了《深圳市区块链行业自律公约》。[4]

4. **对话与协作原则。**监管方式方面,监管者应充分展开与

---

[1] 杨东:《"依法治链"与"以链治链"——区块链技术监管的结合之道》,中国社会科学网,http://mgmt.cssn.cn/glx/glx_gsgl/201911/t20191129_5050982.html?from=groupmessage,最后访问时间:2022年9月2日。

[2] 赵磊:《把依法治网落实到区块链管理中》,《光明日报》2019年12月20日第16版。

[3] 马明亮:《区块链技术在刑事检察领域的实践探索》,《人民检察》2022年10月第20期。

[4] 曾舒琪:《深圳市信息服务业区块链协会成立 发布深圳首个区块链行业自律公约》,深圳新闻网,http://www.sznews.com/news/content/mb/2020-01/10/content_22769514.htm,最后访问时间:2022年5月19日。

开发者、利益相关者之间的对话与协作。区块链技术的特性决定了外部监管的困难。有论者指出，如果区块链技术的底层代码为政府留出后门（backdoor），虽然可以确保政府对网络近乎完美的监督，但鉴于区块链的大部分底层代码是由开源工程社区开发的，监管机构很难对代码开发本身进行直接监督。而且，对工程师的监管难以实施且不适当，因为监管者很少或没有技术专长来决定哪些属于高性能技术。① 因此，在现实中，监管者不能也不应该独自决定代码开发。相反，应寻求与开发者、利益相关者的合作与对话。② 对话的内容可以分为两大类，一是与技术监管相关的问题。比如，相关的标准与制度建设需要区块链行业与监管机构的对话与协同推进，这是保证区块链服务供应商遵守标准、实现合规的有效路径。③ 二是更多与技术本身相关的问题，例如，互操作性的需求和确保安全性的方法。尽管这一问题只涉及技术，但所有其他利益相关者的意见在这里都是必要的，因为给定的技术会影响监管、商业决策和可用性的有效性/需求④。这个讨论可能涉及技术架构，例如为了标准化一

---

① Yuta Takanashi，Shin'ichiro Matsuo，Eric Burger，Clare Sullivan，James Miller & Hirotoshi Sato，"Call for Multi-Stakeholder Communication to Establish a Governance Mechanism for the Emerging Blockchain-Based"，Part 2 of 2, Stan. J. BLOCKCHAIN L. &POL'y. Vol. 3, No.2, 2020, p.134.
② 马明亮：《区块链技术在刑事检察领域的实践探索》，《人民检察》2022年10月第20期。
③ 区块链行业与监管机构进行对话对实现有效监管很重要。参见《区块链技术的监管标准需要重新讨论》，搜狐网，https：//www.sohu.com/a/395526369_120060925，最后访问时间：2021年6月16日。
④ 马明亮：《区块链技术在刑事检察领域的实践探索》，《人民检察》2022年10月第20期。

个基本协议的技术的水平分层,以及公共和许可区块链的可能组合。①

三 司法区块链的技术标准建设

标准化作为现代化大生产的必要条件,将区块链技术成果转化为技术标准,形成规范体系,这有利于区块链技术的推广和应用。目前,国内外各大机构都在积极牵头区块链标准的制定。从全球范围内看,不同国家对标准的着重点不一样。牛津大学网络空间安全中心主任、可信计算国际标准组专家安德鲁·马丁表示,美国更关注基础共性的标准;德国更偏向工程化的标准,工业区块链是该国的重点;日本则更关注服务类标准,如基于区块链的服务和应用实践等。②

(一)司法区块链技术标准的窘状:滞后性与差异性

如前文所述,虽然我国早在2016年便开始布局区块链的标准化工作,但我国对区块链技术标准的研究仍以基础设施为主,应用层面的标准有待进一步开发。而在应用层面,主要聚焦于数字凭证与金融领域。数字凭证主要是指警务数据共享、司法存证等方面,而且,主要是团体与行业标准。目前,法院发展

---

① Yuta Takanashi, Shin'ichiro Matsuo, Eric Burger, Clare Sullivan, James Miller & Hirotoshi Sato, "Call for Multi-Stakeholder Communication to Establish a Governance Mechanism for the Emerging Blockchain-Based", Part 2 of 2, *Stan. J. BLOCKCHAIN L. &POL'y* Vol. 3, No.2, 2020, pp.137-138.
② 零壹财经·零壹智库:《中国区块链产业全景报告(2021)》,2022年3月发布,第8页。

迅速，但是，公安机关与检察院在区块链应用及其标准方面相对滞后，且缺乏统一标准。由于没有统一标准，不同的区块链公司使用各自的区块链，而这些区块链却并不具有支持互操作的标准和协议，这也阻碍了区块链产业的发展。①

因此，对于司法区块链发展而言，制定行业标准的规范指南，对于打通协议规范统一脉络，增强互操作性，扩大应用范围具有重要意义。目前，司法区块链的技术标准与新基建标准相对滞后，在全国范围统一适用的司法区块链技术标准与基建标准更是没有形成。②虽然我国从法律法规、司法解释到通知与公告，对此一直未曾间断努力。③但直接针对司法区块链技术的，目前相对缺乏。《人民法院在线诉讼规则》也只是认可了区块链存证的效力，存证技术不过是作为质证对象而出现，至于存证、取证相应的技术标准并没有规定。而从流程上看，司法区块链技术标准十分广泛，包括取证、存证技术及其过程的系统环境、技术安全、加密方式、数据传输、信息验证等方面的具体标准与要求。④

---

① 邢萌：《我国已提出30项区块链相关标准》，新浪财经头条，https://cj.sina.com.cn/articles/view/1704103183/65928d0f02001ra08，最后访问时间：2022年9月7日。
② 马明亮：《区块链司法的生发逻辑与中国前景》，《比较法研究》2022年4月第2期。
③ 比如在法律层面，主要有《网络安全法》、《电子商务法》、《电子签名法》；在行政法规层面，主要有《计算机信息系统安全保护条例》、《互联网信息服务管理办法》等。在部门规章层面，主要有央行《金融消费者权益保护实施办法》、网信办《区块链信息服务管理规定》、人社部《网络招聘服务管理规定》。
④ 马明亮：《区块链司法的生发逻辑与中国前景》，《比较法研究》2022年4月第2期。

（二）发展方向：技术标准、安全规范和认证审核制度之完善

由工业部、中国电子技术标准化研究院牵头，司法实践部门或理论专家参与，共同成立法律区块链技术标准委员会。尽快健全关于司法区块链的相关技术标准、安全规范和认证审核制度。将法律要素融入技术标准，通过融合性标准实现"事先或静态的合法合规"。具体方案是，以实现全流程的合法合规为目标指引，以司法程序与诉讼规则、证据规则的要求为原则，以打造司法区块链技术标准为最终结果。[①]

四 司法区块链的技术算法规制

在形式上看，区块链算法是由计算机程序代码、密码以及特定运算方法构成，与传统法律制度逻辑严密的、规范化的行为规则相去甚远。但从其规则自身、目的导向以及行为结果来看，则可以纳入现行法律制度框架。[②] 有论者指出，司法区块链的技术算法规制主要关乎三方面的问题：从公法的角度看，区块链算法要符合密码法和网络安全法的相关规定；智能合约纳入合同法框架予以规制；明确区块链关键应用法律主体及责任。[③]

[①] 马明亮：《区块链司法的生发逻辑与中国前景》，《比较法研究》2022年4月第2期。
[②] 马明亮、徐明达：《区块链合规需"量体裁衣"》，《法人》2022年11月第11期。
[③] 赵磊：《区块链技术的算法规制》，《现代法学》2020年第2期，第117~118页。

（一）算法可解释性及透明度义务的制度设计

目前，学界普通达成的共识是，因为算法具有"黑箱"特征，为了避免因算法错误而导致决策错误，自动化决策不仅需要人工干预，而且要求算法提供者以可理解的方式解释算法规则，以此增强公众对算法的信任度。这些理论要求已经在国家互联网信息办公室审议通过的、2022年3月1日起施行的《互联网信息服务算法推荐管理规定》中有所体现。该《规定》不仅在原则层面要求，提供算法推荐服务应当遵循公正公平、公开透明、科学合理和诚实信用的原则。而且，鼓励算法推荐服务提供者综合运用"内容去重"、"打散干预"等策略，并优化检索、排序、选择、推送、展示等规则的透明度和可解释性。同时，要求算法推荐服务提供者应当以显著方式告知用户其提供算法推荐服务的情况，并以适当方式公示算法推荐服务的基本原理、目的意图和主要运行机制等。① 未来，围绕司法区块链的算法规制问题，司法机关可以参考《互联网信息服务算法推荐管理规定》，对算法的可解释性及透明度义务进行制度设计。②

（二）区块链关键应用法律主体及其责任承担规则

区块链技术算法的大范围推广和铺开，使算法开发者和算法平台得以获取用户数据并用以商业需求，在此经营过程中算法控制者往往因利益冲突而对用户个体造成非过失的故意妨害。

技术的应用是包含主观意图的，平台在算法设计、部署、

---

① 参见《互联网信息服务算法推荐管理规定》第4、12、16条。
② 马明亮、徐明达：《区块链合规需"量体裁衣"》，《法人》2022年11月第11期。

运行中包含的主观意图与平台是否尽到合理的注意义务，是平台算法追责的根本指向。①平台对算法结果输出负有注意义务，出现算法歧视的主要原因是算法开发者在制定算法内容时就制定了偏见的自动化决策规则，算法开发者对算法妨害负有主要责任。平台作为算法使用者时，应设计算法的干预和嵌入安全机制；对于更复杂的算法，可能需要远程监控，以便在人们认为有潜在危险时（即使在远程）加强安全措施。②

（三）智能合约的合同法规制

智能合约的出现确实对传统合同制度产生了巨大的冲击，但不足以推翻现有的法律规则，智能合约仍处于现有的合同原理以及制度框架内。智能合约约定的就是民事主体之间设立、变更、终止法律关系的相关内容，以要约和承诺的方式确立合同关系，因此智能合约在本质上并未改变现有的合同制度，其本质是提高交易效率的算法工具。智能合同以编程代码的形式记载内容，一旦条件达成，程序将自动地进行执行，应当将其认定为依托新技术产生的电子合同。③

五　司法区块链的技术安全评估与测评体系建设

从技术视角来看，区块链应用风险主要包括分布式账本引起

---

① 张凌寒：《平台算法治理制度的中国方案——〈互联网信息服务算法推荐管理规定〉解读》，微信公众号"网信中国"，2022年1月6日。
② 张凌寒：《网络平台监管的算法问责制构建》，《东方法学》2021年第3期。
③ 赵磊、孙琦：《私法体系视角下的智能合约》，《经贸法律评论》2019年第3期。

的信任风险、加密算法引发的隐私风险、智能合约造成的安全风险、共识机制导致的存储风险以及量子计算带来的算力风险。区块链的技术风险来源于两方面,一方面是内部风险,即区块链自身的技术缺陷,另一方面是外部缺陷,即量子计算、人工智能等快速发展带来的隐患。目前,区块链的关键核心技术还处在发展阶段,仍然存在某些固有缺陷与风险。因此,要想推动区块链应用的高质量发展,仅仅依靠区块链应用标准是无法满足的,还需通过建立专业全面的评估办法与测评体系来完成目标。目前,区块链技术的测评体系建设主要包括测评体系标准与网信办的备案制度等。[1]未来,司法区块链的技术安全评估办法与测评体系工作主要包括如下两个方面。[2]

(一)区块链基础设施安全防护和检测标准

区块链基础设施作为对上承载各类区块链应用、对下衔接网络基础设施的核心枢纽,为区块链应用落地提供必需的存储、传输、计算、开发和测试等底层核心能力、资源和服务,同时,它所面临的安全威胁也将对其上的区块链应用乃至整个生态带来极大的安全影响,因此,区块链基础设施安全能力将成为确保区块链安全健康发展的关键所在。[3]

---

[1] 2019年2月15日起施行的《区块链信息服务管理规定》第11条规定,区块链信息服务提供者应当在提供服务之日起十个工作日内通过国家互联网信息办公室区块链信息服务备案管理系统填报服务提供者的名称、服务类别、服务形式、应用领域、服务器地址等信息,履行备案手续。

[2] 马明亮、徐明达:《区块链合规需"量体裁衣"》,《法人》2022年11月第11期。

[3] 魏亮、查选:《区块链基础设施安全风险及评估探索》,《信息通信技术与政策》2020年第2期。

目前，在行业标准领域，中国通信标准化协会安全防护特设组，已启动制定区块链基础设施安全防护和检测相关标准，明确区块链基础设施在业务层、网络层、设备层、物理层和管理层的安全防护要求及检测方法。司法区块链的基础设施安全防护和检测相关标准，可以考虑参考此模式，由中国通信标准化协会牵头组建专家团队，展开相关的制度建设。

（二）区块链技术测评规范：等级保护标准与评估方法体系

鉴于区块链技术的特殊性，我国已经启动了区块链测评规范的制定工作，例如，中国区块链测评联盟出台了"区块链与分布式记账信息系统评估规范"。未来的重要发展方向有二。一是将等级保护标准应用于区块链测评规范制定中。等级保护（简称"等保"）是我国信息安全的基本政策，该政策的实施不仅能引导各行业按照等保标准进行安全管理，还可以使监管、测评机构有法可依、有章可循，对网络安全具有重要意义。随着等级保护2.0时代的到来，[1]信息安全等级保护制度也正式更名为网络安全等级保护制度。《中华人民共和国网络安全法》第21条、第31条规定我国实行网络安全等级保护制度，国家对关键信息基础设施在网络安全等级保护的基础上实行重点保护。根据《中华人民共和国网络安全法》《GB/T 22239-2019 信息安全技术 网络安全等级保护基本要求》等的要求，近年来很多关键性计算机技术都已经进行了等级保护测评标准的制定，而区块

---

[1] 夏冰：《网络安全法和网络安全等级保护2.0》，电子工业出版社，2017。

链等级保护的测评也势在必行。[1]

二是制订系统的司法区块链标准评估指标与评估办法,使得区块链标准更加客观、实用。这可借鉴日本的做法。2017年4月,日本经济产业省(METI)商务信息政策局制定了评估流程。该评估方法体系包含了32个不同指标,这些指标与区块链技术特点紧密相关。评估指标包括可扩展性、可移植性、可靠性、吞吐量、节点数量、性能效率和互操作性等。区块链平台将按照自己的公有或者私有性质进行分类,并且将联盟链也进行分类。METI表示,因为区块链技术被赋予众望,即将应用于多个领域与行业,所以亟须打造由权威部门领导的评估流程。区块链技术被描述为"不存在故障的低成本系统",因其"难以被篡改"而胜过无数传统系统。METI还补充道:"目前还有一套完整的评估指数或者标准来评估技术特征,并将其与现有系统进行对比。这让大众对于区块链技术产生了焦虑、误解和不合理的幻想,并极有可能会导致人们对于该技术的抵触。"值得注意的是,虽然ISO/IEC已经为传统IT系统打造了评估模型,而且企业/组织在引入新系统时都会加以运用。但是,这个模型并不能直接用于区块链系统。中心化系统(传统系统)的性能可以由某个单个设备进行评估,因为一般情况下,性能变化受该设备的计算机硬件性能或者其数量的影响。而区块链系统的性能难以由单一的价值标准来评估,因为它拥有各种独特的折中特点,如共识算法和节点数量。[2]

---

[1] 朱岩等:《网络安全等级保护下的区块链评估方法》,《工程科学学报》2020年第10期,第1268页。
[2] 毕彤彤:《日本政府发布区块链平台评估细则》,搜狐网,https://www.sohu.com/a/135516311_379963,最后访问时间:2022年6月25日。

六 司法区块链的伦理风险规范

（一）区块链技术应用中的伦理风险：安全、隐私、责任主体和其他伦理问题

随着发展程度和广度的不断深入和扩大，区块链的风险越来越多，且从技术风险更多转变为伦理风险。比如，David Houlding指出区块链技术的应用和推广中，有6个关键的道德考量：一是数据主体对自己的数据应具备拥有和控制能力；二是数据主体对自己数据的使用方式、存在的风险及收益有知情权；三是去中介的、分散式的区块链容易受到攻击；四是区块链的高效性可能会在无意间导致数据维护工作者失业率升高；五是共识算法下的竞争者会通过加大硬件使用来提升竞争力，这会对环境造成负担从而引发一个相当大的环境伦理问题；六是区块链的匿名性为许多犯罪行为提供了可行空间。[①]

从学界研究现状来看，区块链技术的伦理问题主要表现为：安全问题、隐私问题、责任主体问题和其他伦理问题。区块链的安全问题不仅体现在财产安全上，也表现为智能合约的安全性和数据的真实安全性。区块链核心技术、机制和应用部署等方面均存在诸多安全隐患，其安全问题主要表现在区块链技术安全方面、区块链生态安全方面、区块链使用安全和区块链信

---

① David Houlding, "Blockchain: 6 Key Ethical Considerations", https://lifeboat.com/blog/2019/01/blockchain-6-key-ethical-considerations，最后访问：2022年6月3日。

息安全方面。① 而隐私问题是所有基于算法、大数据、互联网等现代信息技术的应用所要面临的共同问题。② 其他伦理问题则主要表现为监管问题、资源分配和地位平等问题以及对人们生存、生活的影响。

(二)区块链伦理风险的成因

区块链伦理风险主要源于两方面原因。一是监管悖论现象。区块链作为一种新技术本身就存在风险,但目前,监管手段的滞后性催生监管漏洞风险,同时,有的监管机制还有违区块链的技术发展。③ 二是区块链的参与者、组织者责任主体意识和公众道德意识的欠缺。这主要表现为,区块链去中心化的特征造成了"谁来负责"的困境,并促使参与者、组织者没有要主动承担责任的意识,而是选择忽略责任。同时,组织者(包括设计者)的道德想象力匮乏也会导致区块链向"恶"的方向发展。而参与者的道德素养和科学文化素养的欠缺会导致无意识的"知情",无意识地泄露自己的隐私,将自己置于不安全位置等情况。④

(三)应对策略:司法区块链伦理规范导则与指南

2021年12月,中央网信委印发的《"十四五"国家信息化

---

① 参见刘曦子《2019年中国区块链发展形势展望》,《网络空间安全》2019年第1期,第31~35页。
② 参见曾诗钦、霍如、黄韬等《区块链技术研究综述:原理、进展与应用》,《通信学报》2020年第1期,第134~151页。
③ 参见苏剑《我国区块链监管体系建设对策研究》,《金融发展研究》2019第12期,第83~88页。
④ 参见张成岗《区块链时代:技术发展、社会变革及风险挑战》,《人民论坛·学术前沿》2018年第12期,第33~43页。

规划》，对数字技术发展中的伦理问题指出了应对策略与路径。这对区块链技术应用同样有指导价值。一是主体方面，国家科技伦理委员会应发挥统筹规范和指导作用。目前，成立数据算法的伦理审查委员会已成为全球共识。在司法区块链中，该委员会应由具备法律、数据技术、伦理等不同知识背景和经验的专家组成，他们共同对司法区块链算法进行伦理、道德评估。二是加快构建司法区块链伦理治理体系。包括加强技术伦理研究储备，规范各类科学研究活动；加强跨学科分析研判，研究制定司法区块链伦理规范导则与指南。

另外有论者指出，通过两条伦理规约路径可以对区块链技术进行规制。其一是线性伦理规约路径，即以区块链技术的线性发展特点为区分标志，将规约路径分为前置、中置和后置三阶段。前置规约的目的是对区块链的设计和风险进行伦理评估，分为设计和内测；中置规约的目的是发挥区块链技术和伦理委员会与区块链团队的互相监督作用，分为公测和更新；后置规约的目的是进行监督伦理调整，分为应用和推广。如此带来的优势在于能够建立负责任机制，赋予责任前瞻性，在缩小认知鸿沟的同时实现全方位监督。其二是与线性伦理规约相对应的非线性伦理规约路径。技术的发展是非线性的，因此要平衡实用性和伦理。非线性路径强调，参与者与组织者对区块链的发展不应过多干涉，而是通过完善规则和机制等方式共同承担区块链有序发展的责任。[1]

---

[1] 马明亮：《区块链技术在刑事检察领域的实践探索》，《人民检察》2022年10月第20期。

结语 区块链司法的中国推进路径

本章要目

一 顶层设计：发展目标和技术路线图
　（一）发展目标：从技术领先迈向规则引领
　（二）技术路线图：部门司法区块链→司法区块链联盟→司法区块链跨链联盟
二 基础准备：区块链技术与司法的复合型人才储备
三 推进策略与研发重点
　（一）推进策略：许可型区块链的技术创新
　（二）研发重点：安全性、可信性与成本问题司法机关如何推进司法区块链技术的发展？这直接决定了区块链司法模式的发展。这不仅需要科学合理的顶层设计，更需要现实可行的推进策略与逻辑。

一 顶层设计：发展目标和技术路线图

目前，司法区块链主要由公检法司系统独自发展，或者交由地方司法机关自发地探索适用，这不仅缺乏顶层的部署，而且没有统一的区块链操作规范。这会引发系列隐忧，比如哪些场景应当优先与重点发展，应当根据技术成熟度与实践需求热度确立相对明确的推进逻辑，否则，可能导致区块链技术平台的重复建设、不合理建设与资源浪费。还比如，各地司法机关探索区块链的应用模式，缺乏统一的操作规章，包括应用流程及日常监管和维护等工作机制，如此一来，在防止技术滥用、误用方面可能存在重复监管。[①]

因此，对区块链司法模式与司法区块链技术的发展需要有明确的顶层设计，包括发展目标和技术路线图。

（一）发展目标：从技术领先迈向规则引领

2021年的《"十四五"国家信息化规划》中的优先行动之（三）：前沿数字技术突破行动，其行动目标是，到2023年，人工智能、区块链、量子信息等前沿数字技术研发取得明显进展，在若干行业落地一批融合应用示范；到2025年，前沿数字技

[①] 马明亮：《区块链技术在刑事检察领域的实践探索》，《人民检察》2022年10月第20期。

创新生态体系日益完备,行业级融合应用示范标杆不断涌现,产业规模快速提升。从实践来看,我国区块链技术发展已经初见成效,区块链已成为数字经济发展的重要引擎,已从拼专利走向了拼实力,从找场景变成了建生态。[①] 未来,司法区块链也应该从生态建设的视角予以系统筹划。具体目标与路径是,从技术领先迈向规则引领。2022年的《最高人民法院工作报告》针对如何完善互联网司法模式时指出,在全球率先出台法院在线诉讼、在线调解、在线运行三大规则,以人民为中心的互联网司法规则体系逐步建立。我国互联网司法从技术领先迈向规则引领,为经济社会数字化转型提供司法保障,为世界互联网法治发展贡献中国智慧中国方案。这对司法区块链也是适用的,也应是未来的发展方向。

(二)技术路线图:部门司法区块链→司法区块链联盟→司法区块链跨链联盟

在推进逻辑方面,司法机关应当根据技术成熟度的高低、实践中的难易度以及实践需求热度,渐次将区块链技术应用到司法领域,比如,将数据存证、数据共享技术融入司法领域作为起点。[②]

[①] 狄刚:《区块链技术为数字经济贸易金融发展提供新动能》,BSN研习社的博客-CSDN博客,https://blog.csdn.net/BSN_yanxishe/article/details/122875953,最后访问时间:2022年9月10日。

[②] 从现阶段技术成熟度看,区块链在价值转移方面还存在性能上的争议,但其本身就是一个点对点的数据共享网络。因此,其在数据存证、共享方面的适用性存在较少分歧。姚前:《中国区块链发展报告(2020)》,社会科学文献出版社,2020,第2~3页。

根据参加的主体与任务的不同，司法区块链可以分为三个类型，部门司法区块链、司法区块链联盟与司法区块链跨链联盟。从难易度来看，这三个类型也代表着发展的逻辑顺序。

第一个阶段：部门司法区块链，是指某一类司法机关内部的区块链平台。旨在充分运用区块链数据防篡改技术，进一步提升司法公信力；充分发挥区块链优化业务流程的重要作用，不断提高司法效率。以检察区块链为例，在顶层设计方面，最高人民检察院应当在汇集各地经验的基础上及时推广有益经验，并对检察区块链做出统一的规划。首先，制定系统的规划方案，避免检察区块链的重复建设以及各地之间的技术抵牾，还要考虑与整个司法区块链的衔接问题。同时，理性看待区块链技术，既要鼓励创新还要防止泛化应用，虽然区块链技术有许多潜在的用途和发展方向，但并不是所有的场景都需要点对点交易、公共记录、全程溯源等区块链模式。其次，对区块链技术加强引导和规范。只有制定出应用场景的具体规范，才能对监管提供针对性策略。最后，明确检察区块链的技术发展方向。考虑到多中心化的联盟链具备信用多元、信息共享与高效率的属性，同时兼顾公有链与私有链的优势，又不排斥监管的特点，应当鼓励发展检察联盟链。①

第二阶段：司法区块链联盟，是指公检法司等机关出于工作协同的需要而搭建的平台，旨在充分挖掘区块链互通联动的巨大潜力，增强司法协同能力。比如，刑事诉讼的公检法联盟链。这需要最高司法机关联合推动相关技术标准的制定，比如

---

① 马明亮：《区块链技术在刑事检察领域的实践探索》，《人民检察》2022年10月第20期。

最高人民法院、最高人民检察院、公安部，应联合国家网信办等部门，共同推动司法区块链的行业标准制定。同时，邀请信息安全、标准制定、司法鉴定、信息通信及区块链等方面的专家，组建司法工作组，开展相关规范的编制工作。[①]

第三个阶段：司法区块链跨链联盟，是指司法机关与其他行政机关、第三方机构之间搭建的平台。旨在充分利用区块链联盟互认可信的价值属性，服务经济社会治理。正如最高人民法院2022年的《关于加强区块链司法应用的意见》总体目标之一，实现与政法、工商、金融、环保、征信等多个领域跨链信息共享和协同，主动服务营商环境优化、经济社会治理、风险防范化解和产业创新发展，助力平安中国、法治中国、数字中国和诚信中国建设。这需要打破司法机关之间、司法机关与其他行政机关、第三方之间的技术壁垒，形成跨链联盟。

二 基础准备：区块链技术与司法的复合型人才储备

有论者指出，区块链运用于司法领域，毫无疑问是有很大发展空间的。但目前，要想将区块链与司法领域全面融合，还要看其在社会管理与经济生活中的普遍性程度。从实践操作来看，目前工作的重心是探索一条可行路径，能够让刑事司法系统的多方司法机关达成采用区块链的共识。其次，还要注重区块链技术与司法复合型人才的培养，要加快推进培养进程，打

[①] 马明亮：《区块链技术在刑事检察领域的实践探索》，《人民检察》2022年10月第20期。

造素质过硬的人才储备队伍。这是因为，一方面，我国新兴产业人才缺口较大，从2020年开始，信息技术方面例如区块链、机器人和新材料等几个专业都面临人才缺乏问题。而区块链技术作为新兴行业领域，建设过程中最为重要的一环就是人才支撑力量，大量人才缺乏将会影响区块链技术的底层建设，约束区块链产业发展进程；另一方面，区块链本身就具有综合性、交叉性、跨学科性和跨领域性，由网络服务、数据存储、权限管理、安全机制、共识机制、智能合约等模块共同组成。所以区块链之上本身就有法律发展的空间，只需在科技的基础上再注入法律因素就可以成为区块链法治人才，这种多重复合型人才数量不多却极为重要。因此，法学教育部门研究符合我国司法实践需求的区块链法治人才培养标准体系乃当下的重要任务。[①]

三　推进策略与研发重点

（一）推进策略：许可型区块链的技术创新

按照权限的不同，区块链可分为非许可型区块链和许可型区块链。其中，比特币和以太坊是非许可型区块链的典型代表，在这些区块链中，所有节点都能以匿名的方式参与交易。为了解决系统中的节点缺乏参与共识动机的问题，通常情况下，非许可型区块链会采用"挖矿"或凭证类等共识算法对节点提供参与共识

---

① 马明亮：《区块链司法的生发逻辑与中国前景》，《比较法研究》2022年4月第2期。

的激励，但是这样造成的后果就是非许可型区块链会消耗大量电力，并且由于现有的 PoW 和 PoS 类共识机制的出矿效率较低，系统的交易吞吐量会受到限制。而与之不同的是，建立在完全已知的和可验证的节点之间的许可型区块链则很容易找到解决方案。因为其组织创建和维护的每个组织之间有共同的业务目标，即保证网络稳定和业务正常进行，所以无须使用"挖矿"等共识方式对网络节点进行激励。这意味着它对资源的消耗与普通的分布式网络接近，并不会像非许可型区块链那样耗电。①

所以，从技术层面来看，许可型区块链显然更适宜司法领域。因此，司法机关未来应当主要开展许可型区块链的技术创新。当然，基于数字时代的法治要求，区块链技术的应用发布者与使用者必须主动接受合规审查与技术监管。②

（二）研发重点：安全性、可信性与成本问题

虽然就不同的司法应用场景而言，区块链的底层技术存在些许差异，③但如何保障区块链适用的安全性、区块链数据的可信性与运行的低成本则是司法区块链共通的研发重点。④

安全性方面，主要是确保区块链运行环境安全、软件安全、网络传输安全和数据安全。这同时也是获得可信数据的保障。

---

① 详细讨论参见刘巍峰、徐好、朱俊武《基于许可区块链的托管数据中心的紧急需求响应》，《计算机应用研究》2022年第7期，第1951~1952页。
② 马明亮：《区块链司法的生发逻辑与中国前景》，《比较法研究》2022年4月第2期。
③ 事实上，在技术层面都需要从软件的可维护性、性能、开发工具、扩展性、软件协议等方面来进行分析和对比，只是侧重点有所不同。
④ 马明亮：《区块链司法的生发逻辑与中国前景》，《比较法研究》2022年4月第2期。

任何一个方面出现安全漏洞，重者可能导致国家秘密的泄露，轻者导致电子数据因缺乏真实性被排除适用。在安全性技术研发方面，需要把握三个重要方向。一是从保障国家秘密的层面来看，区块链证据必须适用国密加密存储技术。[1]二是持续关注安全性的威胁因素。比如，一直以来，量子计算可以破解区块链现行共识方式和加密算法，是备受人们关注的网络安全威胁之一。有研究人员却"以其人之道，还治其人之身"，试图利用量子技术赋能区块链，构建能抵御量子霸权的"量子区块链"。[2]三是加强区块链与隐私计算的互补融合发展。在数字信息时代，出于隐私保护的需要，区块链与隐私计算的互补融合发展是未来重要的发展趋势。[3]

在确保数据可信性方面主要解决一致性问题。一致性在分布式系统领域是指对于多个服务节点，给定一系列操作，在约定协议的保障下，使得它们对处理结果达成"某种程度"的协同。集群系统要实现一致性并非易事，因为不同节点可能处于不同的状态，不同时刻收到不同的请求，而且随时可能有节点出现故障。目前来看，要实现绝对理想的严格一致性代价很大，司法机关可以根据实际需求的不同，选择不同强度的一致性，

---

[1] 国密，即国家密码局认定的国产密码算法。
[2] 区块链通过不同方式融合量子技术，将为区块链安全应用带来颠覆性变革。当前，国外区块链与量子技术的融合主要体现在两个方面：一是区块链融合量子加密通信抵御量子霸权；二是利用量子系统替代经典区块链数据结构，极大提升区块链对破解或操纵攻击的敏感性。穆琳：《国外区块链技术融合现状：从基础学科到前沿信息技术》，《中国信息安全》2021年第3期，第37页。
[3] 穆琳：《国外区块链技术融合现状：从基础学科到前沿信息技术》，《中国信息安全》2021年第3期，第37页。

包括强一致性与弱一致性。①

在降低运行成本方面,要结合司法规律、诉讼规则以及司法实践情况制定可行方案,核心是如何提高技术平台适用的便捷性,具体如下。(1)通过区块链"端点衔接"与"可插拔技术"提高司法实操性。"端点衔接"即智能终端设备(比如移动端或者物联网设备)与链上节点直接安全连接,建立完整的区块链程序,实现区块链的全链路保全。同时,建立可插拔全链账本协议,主要适用于取证、存证环节,比如侦查人员可以直接通过程序将操作行为全流程记录于区块链,即将区块链技术直接应用于侦查人员的电子证据取证过程,再通过实名认证、电子签名、时间戳技术形成并存储于云平台。(2)运用节点配置技术缓解数据冗余问题。比如,在司法存证链上,侦查机关作为全节点,同步存储全量区块链数据,而其他机构作为轻节点只同步存储区块头数据,无须存储全量的交易列表等信息。②(3)通过跨链技术③实现司法实务部门与第三方机构之间数据共享的无缝对接,解决区块链互操作难的问题,降低不同国家、不同区域、不同部门之间的数据传输成本。(4)链上数据轻量化。为了提高区块链的运转效率,可以压缩链上数据,比如限于案号、当事人信息及相关证据等文件的哈希值。④

---

① 详细分析参见杨保华、陈昌《区块链原理、技术与应用》,机械工业出版社,2020,第49~52页。
② 根据节点存储内容的不同,节点类型可以分为全节点与轻节点。详细论述参见邱炜伟、李伟《区块链技术指南》,电子工业出版社,2022,第46~47页。
③ 跨链是旨在解决不同区块链系统间互相通信的方法。参见陈晓红、任剑等《区块链技术及应用发展》,清华大学出版社,2020,第135~137页。
④ 田绘:《"区块链+卷宗"互联网法院数据全生命周期管理的创新应用》,《中国审判》2020年第14期,第17页。

图书在版编目(CIP)数据

链上正义:区块链司法的中国方案/马明亮,李伟著.--北京:社会科学文献出版社,2023.10(2024.11重印)
("法与新科技"论丛)
ISBN 978-7-5228-1813-9

Ⅰ.①链… Ⅱ.①马…②李… Ⅲ.①区块链技术-应用-司法制度-研究-中国 Ⅳ.①D926-39

中国国家版本馆 CIP 数据核字(2023)第 085975 号

·"法与新科技"论丛·

链上正义:区块链司法的中国方案

著　　者 / 马明亮　李　伟
出 版 人 / 冀祥德
责任编辑 / 李　晨
责任印制 / 王京美

出　　版 / 社会科学文献出版社·法治分社(010)59367161
　　　　　地址:北京市北三环中路甲29号院华龙大厦　邮编:100029
　　　　　网址:www.ssap.com.cn
发　　行 / 社会科学文献出版社(010)59367028
印　　装 / 唐山玺诚印务有限公司

规　　格 / 开　本:880mm×1230mm　1/32
　　　　　印　张:11.375　字　数:256千字
版　　次 / 2023年10月第1版　2024年11月第2次印刷
书　　号 / ISBN 978-7-5228-1813-9
定　　价 / 79.00元

读者服务电话: 4008918866

版权所有 翻印必究